CIP-BRASIL. CATALOGAÇÃO-NA-FONTE
SINDICATO NACIONAL DOS EDITORES DE LIVROS, RJ

A299r
Albuquerque, Carlos
Rio Fanzine / Carlos Albuquerque, Tom Leão.
– Rio de Janeiro: Record, 2004.
272p.

ISBN 85-01-07180-3

1. Fanzines – Crônica. 2. Imprensa alternativa.
3. Repórteres e reportagens. I. Leão, Tom. II.
Título.

04-3006

CDD – 869.98
CDU – 821.134.3(81)-8

Copyright © 2004 by Infoglobo

Composição de miolo: Glenda Rubinstein
Projeto gráfico: Télio Navega
Ilustrações: Télio Navega

Direitos exclusivos desta edição reservados pela
DISTRIBUIDORA RECORD DE SERVIÇOS DE IMPRENSA S.A.
Rua Argentina 171 – Rio de Janeiro, RJ – 20921-380 – Tel.: 2585-2000
Impresso no Brasil

ISBN 85-01-07180-3

PEDIDOS PELO REEMBOLSO POSTAL
Caixa Postal 23.052, Rio de Janeiro, RJ – 20922-970

EDITORA AFILIADA

Para Ana Maria Bahiana

Este livro é dedicado a todas as bandas, artistas solos, DJs, MCs e divulgadores que não deixaram o Rio Fanzine passar em branco.

PREFÁCIO 15

86/87/88 O BÊ-Á-BÁ DE UM FANZINE 17

Fanzines em rápido do-it-yourself 18
Cinco minutos com Kid Vinil 19
"Não gostamos dos rótulos." Rock carnívoro do Hüsker Dü 20
Cinco minutos com Fê (Capital Inicial) 22
Cinco minutos com os Robôs Efêmeros 23
Cinco minutos com Marcelo Nova (Camisa de Vênus) 24
Cinco minutos com Siouxsie Sioux 25
Ramones, sacrifício vale a pena 26
Na batida de Sampa 27
O último herói da guitarra 29
Cinco minutos com Picassos Falsos 31
Cinco minutos com Echo & The Bunnymen 32
E o som tem dono? 33
Bambaataa 35
O homem forte das carrapetas 40
O passo de zydeco 41
Olha o Bezerra aí, gente! 43
A antítese do pop 44
Os potins do Limá 45
Quando eu crescer... 46

89/90 A DÉCADA DA VIRADA 51

Cinco minutos com DeFalla 52
Os pilotos de toca-discos 53
Cinco minutos com DJ Marlboro 56
Encontros marcantes 57

Cinco minutos com Fernanda Abreu ⑤⑨
Farofa-fá para o sucesso ⑥①
Cinco minutos com Afrika Gumbe ⑥②
O vinil da zona morta ⑥④
Operários da música ⑥⑤
Nem tudo são pedras ⑥⑦
Música para dançar...parado ⑥⑨
Os poderosos chefões do reggae ⑦⓪
O reggae de cara nova ⑦③
Tortelvis é o rei do rock? ⑦④

91/92 SEATTLE DESPERTA ⑦⑨

Seattle vira a meca do metal ⑧⓪
Um paraíso urbano com ar de "Twin Peaks" ⑧①
Uma caixa quebra o encanto de Kate Bush ⑧②
É hora de sacudir as franjas ⑧④
As "certinhas" de Sly Dunbar ⑧⑥
Dublê de vendedor de discos descobre o lado B da profissão ⑧⑥
A um passo da "twilight zone" ⑧⑦
Os "aphishionados" ⑧⑨
Reggae mineiro, uai! ⑨①
Páginas malditas ⑨③
Pegue santo or die! ⑨④
Cabeça dinossauro! ⑨⑥
Tatu you! ⑨⑧
Marujos do queijo quente ⑨⑨

93/94 PLANET HEMP E O RAPPA FAZEM FUMAÇA ①⓪③

Planet Hemp ①⓪④
Olha o Rappa! ①⓪⑤
Um horror de família ①⓪⑥
Delírio no fosso das cobras ①⓪⑦
Unanimidade underground ①⓪⑨
A banda que não vendeu sua alma ①①⓪
Jungle ①①①

95/96 PLUGADOS NO FUTURO ⑴⑴⑸

Mad Professor faz contato ⑴⑴⑹
Cinco minutos com Flaming Lips ⑴⑴⑺
Cinco minutos com Patra ⑴⑴⑻
Papa da arte lisérgica ainda "viaja" ⑴⑴⑼
A deusa dos filmes baratos ⑴⑵⑴
A revolução eletrônica é o império dos sentidos ⑴⑵⑶
Uma breve história do tempo "techno" ⑴⑵⑸
Reação química ⑴⑵⑺
No aquário com Moby ⑴⑵⑻
Noel, do Oasis, diz que seu grupo poderia ter competido com os Beatles. Já o Blur... ⑴⑶⓪
Lisergia musical ⑴⑶⑴
Das sombras vem a luz para um novo som ⑴⑶⑵
Fumacê dub se espalha no pop ⑴⑶⑶

97/98 NA ONDA DOS FESTIVAIS ⑴⑶⑺

Os DJs que mixam o rock ⑴⑶⑻
Careta hardcore ⑴⑷⓪
Garota de Ipanema na pista de dança ⑴⑷⑵
Embalos de sábado à noite e domingo de manhã ⑴⑷⑶
Camaleão na selva de ritmos londrina ⑴⑷⑹
Um encontro com Tricky entre luzes e sombras ⑴⑷⑺
Um filme "B" em dobro ⑴⑷⑻
Os 15 minutos de fama "cool" ⑴⑸⑴
Tem emoção no rock de bermudas ⑴⑸⑶
Vovô Lee Perry sai da toca e faz ritual reggae em São Francisco ⑴⑸⑷
Uma sombra que dança na batida do drum'n'bass ⑴⑸⑸
O "Rosebud" do cidadão Wayne ⑴⑸⑺
O legítimo homem de preto está de volta ⑴⑸⑼
As novas formas mostram sua face ⑴⑹⓪
É carnaval na Alemanha! ⑴⑹⑵
Moda, espionagem e bossa nova em Washington ⑴⑹⑷
A Baixada mergulha na onda eletrônica ⑴⑹⑹
Quebrando as barreiras do som através da grande rede ⑴⑹⑺
A parada é tocar antena! ⑴⑺⓪

99/2000 SUPERSTAR DJs? (1)(7)(5)

Os pitboys atacam na noite carioca (1)(7)(6)
Com vocês, LTJ Bukem (1)(7)(8)
Síndrome de pânico (1)(8)(0)
A hora de Marky Mark (1)(8)(2)
O "grand chef" do techno e da simpatia (1)(8)(4)
Ay, ay, caramba! El Vez não morreu (1)(8)(6)
O pierrô chora pelo amor da colombina num baile hardcore (1)(8)(8)
Um grande reforço na banda lá de cima (1)(8)(8)
Tem o dedo de um brasileiro nas sensacionais cenas de *Matrix* (1)(8)(9)
Queimando tudo (1)(9)(0)
O cavaleiro solitário (1)(9)(2)
O "nerd" que não vendeu sua alma e se deu bem (1)(9)(4)
A música livre (1)(9)(5)
A valsa agora é eletrônica (1)(9)(7)
A luz de um DJ (1)(9)(9)
A banda de uma nota só (2)(0)(0)
Festival de rock movido à base de... oxigênio (2)(0)(2)
Tiro ao alvo distorcido (2)(0)(3)
A onda das raves, enfim, estoura no Rio (2)(0)(5)

2001/2002 TOCANDO AIR GUITAR (2)(0)(9)

Kruder in Rio (2)(1)(0)
Alguns convidados nada especiais (2)(1)(1)
A resistência eletrônica do underground (2)(1)(3)
Uma gravadora shagadélica (2)(1)(4)
Ainda fora de órbita (2)(1)(6)
Uma dupla que queima o filme (2)(1)(8)
Um tricô eletrônico (2)(2)(0)
Jason ataca na Europa (2)(2)(1)
Quase famosos em 1972 (2)(2)(3)
Xerife, o Matanza está na cidade! (2)(2)(6)
Los hermanos na era digital (2)(2)(7)
Deuses da guitarra imaginária (2)(2)(8)
Elas têm aquilo rosa (2)(3)(1)

O Homem-Posto Nove ②③②
Carne de primeira ②③④
O mundo todo num só 'case' ②③⑥
Metal fora do sistema ②③⑦
Distorções no deserto ②③⑧
A pop art que veio do punk rock ②③⑨
Malhação punk ②④⓪

2003/2004 MIXANDO O PRESENTE ②④⑤

Música do Kyuss tem o sol como testemunha ②④⑥
African Head Charge ②④⑦
A volta do estrelismo ao rock ②④⑧
Como uma onda... ②④⑨
Fome zero de vinil ②⑤①
O homem que recriou o termo "progressivo" ②⑤③
O garotão ②⑤③
Larry Tee, criador da cena electroclash ②⑤⑤
Heróis da classe trabalhadora ②⑤⑥
Novas equações no som do Air ②⑤⑧
"Pornstar" popular ②⑤⑨
Emergindo na luz ②⑥⓪
N.E.R.D. contra-ataca ②⑥②
Kung fu em campo ②⑥③
Distorção na alma negra ②⑥④
O som é o limite ②⑥⑤
De volta à Terra ②⑥⑦
Cortando pelas beiradas ②⑥⑧

Prefácio

Linguado, badejo, cherne, sardinha, salmão, atum... A madame sabe que é ao redor desses saborosos peixes que acaba a maior parte dos textos de jornais — independentemente da qualidade, importância, assinatura ou procedência. Outras opções igualmente nobres — como todos nós sabemos — são servir de absorvente para o xixi do cachorro ou forrar o chão na hora da pintura. Jornais também são muito úteis quando você dá uma festa em casa e precisa cobrir a bebida que está naquela tina cheia de gelo.

Textos jornalísticos são urgentes, imediatos e de vida curta. Portanto, você tem nas mãos uma aparente contradição: uma série deles — alguns com até dezoito anos de vida — retirada do seu ciclo natural e ganhando uma inesperada imortalidade. Explicar a razão disso é como pagar fiado — só amanhã. Mas algumas pistas indicam que seja uma questão de justiça. Não só com o "Rio Fanzine", mas acima de tudo com o que ele representa. Desde 1986, quando foi criada por Ana Maria Bahiana, a coluna já passou por vários formatos — meia página, página dupla, página dupla colorida, página dupla com um anexo em outro caderno para agenda...

O que nunca mudou foi a sua essência: abrir espaço no caderno de cultura de um grande jornal diário — como *O Globo* — para a cultura alternativa, para o chamado underground. Não para brigar com a pauta nossa de cada dia — os inevitáveis lançamentos de discos, estréias de peças, shows etc. Mas para mostrar que existe um lado B, muitas vezes subestimado, e que também merece um mínimo de atenção.

E assim foi feito. Ao longo desse tempo, o "Rio Fanzine" — precursor de todos os outros cadernos "jovens"— falou de bandas que ninguém conhecia, de shows que poucos sabiam, de tendências e estilos que ainda se delineavam, com um estilo e diagramação próprios, numa linguagem mais próxima das ruas do que dos manuais de redação. Era e sempre vai ser uma missão deliciosamente subversiva: agir como um agente secreto do underground infiltrado na grande imprensa. Dar uma de Robin Hood, abrir espaço para os mais fracos, mas sem ter que tirar linhas dos mais fortes. Avisar do show do Formigas Desdentadas no Lava Jato de Bangu sem que isso batesse de frente com o show do medalhão da MPB no Canecão.

Botar os holofotes em uma banda formada por alguns skatistas, que misturava rap e hardcore, cujas letras tinham uma certa erva como elemento central, e que nem fita demo tinha. Uma banda que mais tarde ficou conhecida como Planet Hemp.

Encher a bola de um grupo mineiro que, na metade dos anos 90, fazia reggae com jeito de Clube da Esquina e cujo CD independente descia macio nas boas pistas da cidade. Isso mesmo, era o Skank.

Ou então dizer que o som eletrônico ia se apossar de diversos valores associados ao rock — rebeldia, contestação, inquietação — e tomar conta do mundo. Isso foi feito — para depois vermos o mainstream contra-atacar e usar a fachada dessa revolução para vender seu way of life. Como, aliás, cansou de fazer com o rock. Não é assim que acontece?

Nesse jogo de remar contra a maré, acertamos algumas apostas (cuidado com os pitboys, olha o Rappa, atenção no grunge) e erramos muitas outras. Faz parte, diria o filósofo. Pode conferir. O livro traz um breve best of — ou se preferir, worst of — desse período. Aqui estão alguns retratos dos últimos 18 anos de nossas vidas — e isso também inclui você, que tem uma banda, um selo, um espaço para shows, faz um fanzine (virtual ou não), pensa, se veste ou age de forma "diferente" da grande colônia de formiguinhas que nos cerca.

É proibido proibir, mas não vale ver este livro com olhos de atualidade e sim com o distanciamento que o tempo nos dá. Lembrando a velha tese do mestre psy Timothy Leary, o lance é entrar no tubo, sentir o passado rodando lá atrás, deslizar no presente e ficar de olho na saída à sua frente. Essa é a onda. Aloha!

CARLOS ALBUQUERQUE & TOM LEÃO

Rock de Brasília, Siouxsie Sioux, Steve Ray Vaughan, Picassos Falsos, Echo and The Bunnymen, a chegada dos samplers, Afrika Bambaataa, acid house, o som do zydeco, o pagode do Bezerra da Silva, Black Future, as certinhas de Messiê Limá...

86/87/88
O BÊ-Á-BÁ DE UM FANZINE

Fanzines em rápido do-it-yourself

Nascidos junto com o movimento punk inglês, entre 75 e 76, os fanzines são eficientes meios de comunicação e propagação de idéias novas, dos undergrounds, de coisas que já estão acontecendo num círculo fechado e que só chegarão à grande imprensa algum tempo depois. Eles se apresentam em vários formatos. Pode ser simplesmente uma folha datilografada, ter a forma de revista em quadrinhos xerocada, jornal impresso ou o visual e o tamanho de uma revista normal em off-set. Não importa a forma. O importante é que a mensagem chegue ao destinatário certo.

• A palavra fanzine vem da junção de duas outras: fã e magazine. Ou seja, uma publicação em ligação direta do fã com seu ídolo (e vice-versa no caso de fã-clube). Só que o fanzine pode ir muito além das coisas musicais, abrangendo todo o circuito das artes e culturas alternativas. No Brasil eles são uma espécie de descendentes das publicações alternativas da década de 70, mas no exterior (principalmente Inglaterra e Estados Unidos) foram muito além. São responsáveis por uma revolução gráfica e visual que influenciou publicações de renome como a revista inglesa *The Face*, entre outras.

• Os zines pioneiros foram o americano *Punk* e o inglês *Sniffin Glue* (cheirando cola), cujo nome veio do título de uma música do grupo punk americano Ramones, "Now I Wanna Sniff Some Glue". Ele durou o tempo exato que o movimento punk esteve na plenitude (76/79). Missão cumprida, parou de circular, resistindo a propostas de tornar-se uma grande revista. Outros fanzines ingleses importantes na época foram: *Ripped & Torn*, *Summer Salt* e *Teenage Depression* (for teen-generations). Todos extintos. O caminho para os fanzineiros de primeira hora na Inglaterra foi partir para a criação de revistas "de verdade". Uma delas, a *Zig Zag*, virou revista. Algumas revistas que surgiram em função dessa linguagem, além da citada *The Face*, foram *Blitz*, *I-D* e *Tacky Underground*. *I-D* e *The Face* continuam sendo publicadas.

• Nos Estados Unidos, os fanzines surgiram pelo mesmo motivo. O hardcore, versão mais pesada do punk rock, foi o movimento deflagrador dessa nova contracultura. Um dos mais famosos entre os pioneiros fanzines americanos foi o *Slash*, de Los Angeles. Cresceu tanto que acabou transformado num selo de discos independentes, com distribuição internacional da Warner Records. Alguns grupos que gravam lá: Los Lobos e Blasters. Entre os que continuam firmes na ativa está o *Maximum Rock'n'Roll*, que cobre o movimento punk do mundo inteiro (o Brasil já foi motivo de grandes matérias). O mais

Rio Fanzine

antigo na ativa é o *Flip Side*, que continua exatamente igual. Um dos melhores, e que chegou a se transformar numa boa revista, hoje extinta, foi o *Trouser Press*. Seu editor, Ira Robbins, é um importante jornalista e lança dicionários.

No Brasil, os motivos do surgimento foram os mesmos. Todos os fanzines tiveram circulação irregular e muitos não passaram do segundo número. Da origem dos fanzines no Brasil (79), não restou um. Entre os destacados, estava o carioca *Manifesto Punk* (editado pela banda Coquetel Molotov) e o paulista *Opinião Punk*. O mais sofisticado e que abordava assuntos diversos foi o *Spalt* (São Paulo Alternativo), editado por Fernanda Pacheco — hoje empresária dos grupos Legião Urbana e Plebe Rude, morando no Rio e a fim de relançar a publicação. Tinha formato revista e era em off-set. Outros que merecem menção: *Descarga Suburbana* (editado pelo grupo homônimo), *Blitz* (onde o Leão começou, dois anos antes do grupo idem), todos do Rio; *Diário Punk-pular* e *SP-PUNK*, paulistas.

• Os fanzines continuam existindo hoje, com a mesma efervescência do início, em quase todas as cidades do mundo onde esteja acontecendo alguma coisa e exista uma turma de amigos cheia de boas idéias. Afinal, as boas idéias têm de ser passadas adiante. (T. L.)

Cinco Minutos com Kid Vinil

Gravadoras só davam o "sim" se fizesse novo *Eu sou boy*

Aproveitando um profícuo bordejo pelo Planalto Paulista, Tom Leão foi visitar Kid Vinil, radialista, cantor, compositor, agitador, o homem que colocou os boys no mapa do pop brasileiro à frente do Magazine. Agora ele tem outros planos.

— Como vai o trabalho com seu novo grupo, os Heróis do Brasil?

— Vai bem, só que no momento estamos procurando um novo baterista, que é muito difícil de se encontrar. O nosso atual tem um grupo de heavy metal ao qual quer se dedicar integralmente.

— Que tipo de som estão fazendo?

— Alguma coisa entre o blues e o rockabilly, só que quero incrementar mais para o lado rockabilly alegre, dançante e talvez, mais tarde, para o psychobilly (N. da R.: fusão psicodelismo/rockabilly)

— Há propostas de gravadoras para o grupo?

— Fui a todas as grandes e todas disseram não. O sim só viria se fizéssemos um novo *Eu sou boy*. Já estou fora dessa. Se nada pintar, gravamos independente, mesmo. Não quero o sucesso. Eu já o experimentei. Quero apenas cantar e tocar o que gosto.

— Onde anda o Magazine?

— Eles continuam tocando e no momento estão com um cantor novo que é muito bom. Vão partir pra uma linha tecnopop e romântica, algo meio Rádio Táxi.

— E o Kid Vinil garoto-propaganda?

— Recebi uma proposta de fazer um anúncio caracterizado de Sarney. Por causa disso, um show nosso no Clube dos Oficiais foi cancelado e cheguei a ficar com paranóia de me prenderem como nos velhos tempos. Mesmo assim, o anúncio vai sair.

— E o Kid Vinil locutor de rádio?

— Voltei a fazer rádio, coisa que adoro. Faço o horário das 22h às 2h na 89 FM de São Paulo, tocando muito independente inglês e dando muitas informações a respeito.

— E o que você anda ouvindo?

Muito psychobilly, sobretudo Cramps, que adoro.

"Não gostamos dos rótulos." Rock carnívoro do Hüsker Dü

Hüsker Dü quer dizer "Você se lembra?" e é o nome de um jogo de salão sueco, tipo jogo-da-memória. Mas também é como se chama um poderosíssimo trio americano — Bob Mould, guitarra, Grant Hart, bateria (os dois principais compositores da banda), e Greg Norton, baixo — nascido em Minneapolis há sete anos e destinado a emergir, por talento próprio, da maré turbulenta do hardcore para um caminho pessoal de violento, carnívoro, incisivo rock'n'roll. Após cinco anos e seis elepês gravados e lançados em selos independentes, o Hüsker Dü assinou este ano com a Warner e está saindo, aqui e lá, com um álbum vigoroso *Candy Apple Grey*.

Tom Leão ligou diretamente para Minneapolis e conversou com Bob Mould — "uma tranqüilidade, um sujeito supercalmo, difícil imaginar pela música que eles fazem". A íntegra do papo:

— O Hüsker Dü pode ser chamado de grupo hardcore?

— Não realmente. Somos uma banda de **rock-'n'roll** que também faz hardcore. Nunca pretendemos ser conhecidos como uma banda hardcore, embora, no início, isto fosse uma marca em nosso trabalho. Somos essencialmente uma banda de rock'n'roll.

— O grupo recentemente deixou a vida de independente e ingressou numa grande companhia, no caso a Warner Records. O que acham disso e o que seu público pode achar?

— Achamos muito bom estar numa grande gravadora. É menos cansativo e dispendioso para nós. Acho que nossos fãs também pensarão assim. Nossa meta é crescer. Desta maneira, conquistaremos mais fãs ao redor do mundo. É uma boa coisa.

— Mas dessa maneira vocês não perderão o controle sobre o produto, não serão manipulados?

— Não perderemos, assim como não perdemos em nosso primeiro álbum não independente, *Candy Apple Grey*. Pelo contrário. Fizemos o disco exatamente como ele seria feito num selo independente. A produção é minha e de Grant Hart (o baterista) e nós tivemos total controle em todas as fases. A gravadora em nenhum momento incomodou; nos deu todo o apoio necessário.

— O que você tem a dizer a respeito de Zen Arcade, o quarto álbum do grupo (duplo) e o mais elogiado pela crítica, que chegou a defini-lo como um *Sgt. Pepper's* do hard-rock?

— Pessoalmente, o *Zen Arcade* é um disco de que gosto muito. Talvez seja o meu preferido, entre todos os que já lançamos. É um disco como qualquer outro que fizemos, só que foi bastante experimental, nada linear. A crítica acha o que quiser.

— E Candy Apple Grey?

— É apenas mais um disco dentro dos padrões do que sempre fizemos. A pequena diferença é que é mais suave, predominam canções mais leves. Mas nossos discos sempre tiveram tanto canções pesadas quanto leves. Não vemos diferenças.

— Fale mais sobre isso. Como conseguem passar do hardcore (ou ultracore, como batizou a imprensa americana) mais pesado para as mais simples canções acústicas e melodiosas?

— Atualmente, estamos compondo mais canções acústicas que de costume. Não temos preferências por este ou aquele tipo de música. Não gostamos de rótulos. As canções acústicas sempre existirão em nosso repertório. Não traçamos linha. Fazemos as canções mais pesadas da mesma maneira que fazemos as leves.

— Vocês aceitariam participar de algum evento do tipo Live Aid?

— Sim. Participamos de algo parecido. Já tocamos num concerto em prol da Anistia Internacional e, recentemente, tocamos em Londres num concerto para o Greenpeace. Apoiamos esse tipo de coisa e estamos sempre à disposição de convites assim.

— Uma pergunta típica. Conhecem algum grupo de rock ou alguma outra coisa de música brasileira?

— Nada. Gostaria muito de ouvir, de conhecer alguma coisa.

— Como é a relação de Hüsker Dü com outros grupos do gênero hard-rock americano, como Dead Kennedys, Black Flag, X e até mesmo os alucinados Butthole Surfers?

— Você conhece os Butthole Surfers? *(Bob ri)* Acho-os muito engraçados. Conheço o vocalista Gibby Haynes. Somos muito amigos das outras bandas que você citou. Gostamos também dos Replacements, que são da mesma cidade que nós.

Cinco minutos com Fê (Capital Inicial)

Confirmada a existência do rock-Brasília

Mais um de Brasília: Capital Inicial, da mesma fornada e geração do Legião Urbana, mas estreando agora em disco. Tom Leão ouviu Fê, baterista da banda, sobre passado, presente & futuro.

— O álbum de estréia saiu como planejado?

— Saiu. A gente colocou o repertório que vínhamos trabalhando há três anos e umas novas que nosso público não conhece.

— Houve problemas com alguma das músicas?

— Houve. Com "Veraneio vascaína", agora reduzida a "Veraneio". É uma música que o Aborto Elétrico tocava há cinco anos. O grupo era eu, Renato Russo e Flávio. Era sobre a polícia de Brasília na época, mas vale para o geral. A polícia está aí para nos proteger mas a população tem medo dela. Ela quase ficou fora do disco. Seria a primeira música da nova censura integralmente vetada.

— Como o Capital Inicial se coloca dentro do rock brasileiro?

— Acho que está sendo criado pela mídia o "rock de Brasília". Eu penso nisso como houve o rock de Liverpool, de Detroit. Pro grande público dá uma indicação de como é o som. Realmente somos diferentes do rock do Rio, São Paulo e do Sul, mas no disco tentamos fazer algo que não soasse como um novo Plebe Rude. Acho que conseguimos resolver isso com os arranjos, como em "Música urbana" e "Fátima", que tem sopro e teclados.

— Que achou dos novos discos do Legião Urbana e Paralamas?

— O novo do Legião não ouvi ainda: só conheço *Tempo perdido* e *Música urbana II*. Acredito que deve estar ótimo. Do Paralamas gostei mais do show. Acho que dentro do que se propõem conseguiram fazer um trabalho legal. Não podiam repetir o *Passo do Lui*. Pra massa pintou um disco diferente, com outro balanço. Eu ouço com reservas, mas acho que deram um passo à frente, inclusive em letras. Herbert é um cara que tem senso de oportunismo e que está sempre atento ao momento e de acordo com o momento faz o que é pedido. Eles podiam ter feito isso há dois anos, mas não era a hora certa.

— Quais os planos imediatos da banda?

— Divulgar o disco e produzir espetáculos com boa infra-estrutura. Usar os metais e teclados em shows com músicos contratados. Isso pode fazer crescer muito nossos shows.

— Quais os sons que está ouvindo no momento?

— O que ouço é basicamente o que o resto do grupo ouve. Novidades, o que está saindo na nova fornada inglesa, mas só os que têm qualidade. Nem tudo que é novo é bom. Dos bons posso citar Prefab Sprout, Simply Red e Fine Young Cannibals, que com um som simplíssimo fazem maravilhas. Não são novidades efêmeras. Fora das novidades há Tom Waits, um cara que aprecio muito.

Rio Fanzine

Cinco Minutos com os Robôs Efêmeros

Excessos do mundo em espetáculo multimídia

Tom Leão subiu ao segundo andar do Mistura Fina de Ipanema e trocou idéias com os três Robôs Efêmeros — Fausto Fawcett, poeta/letrista que canta/declama alucinantes historietas, Carlos Lauffer, guitarrista, e Nelson Meirelles, baixista. Mas os Robôs — grupo musical/performático — também tem Sérgio Mekler, produtor visual & sonoro, e Letícia Monte, que encarna uma das três personagens femininas que compõem a performance. Em breve, reforços: Regina Casé viverá "Letícia, a amante Poltergeist", um dos personagens dos Robôs.

— Falem sobre as três personagens femininas que compõem a base de trabalho dos Robôs Efêmeros, que são Juliette, a filha bastarda do carrossel holandês, a Amante Poltergeist e a sádica Chinesa Videomaker, e o que elas significam.

— Os três personagens funcionam como a síntese de aspectos culturais mundiais contemporâneos. E uma das características mais fortes no mundo contemporâneo urbano é o excesso, a saturação de informações. As três histórias que compõem a _performance_ dos Robôs lida com isso e, por isso, a música e os textos são excessivos. Elaboro os textos em função da música. (Fausto)

— Como funciona então o processo de criação texto/música?

— No início a gente se encontrava para fazer música mesmo. Então, passamos a utilizar a música para acompanhar o Fausto falando um texto. A parte performática já existia, mas o caráter musical era outro. A letra pinta em função da batida da música, que dá velocidade ao texto ou não. É algo vagamente parecido com o rap dos negros americanos em outro nível. (Laufer)

— Na _performance_ tanto o som quanto a imagem são importantes. O grupo pretende incorporar mais tecnologia ao trabalho?

— Nos Robôs, quanto mais produção, melhor. Já dependemos de apresentar o espetáculo em determinado local em função de vídeo. Agora invertemos a equação: conseguimos fazer de nossas apresentações algo que não é recital, não é show, então o que é? Um espetáculo multimídia Pretendemos nos aparelhar mais com o tempo, mas nossa apresentação não depende desses apetrechos. (Nelson)

— Os Robôs Efêmeros serão tão passageiros quanto indica o nome?

— O lance de Efêmeros restringe-se apenas à duração do espetáculo. Não pretendemos terminar nosso trabalho tão cedo. É possível até que registremos nosso trabalho em vinil. (Fausto)

— Falem da presença feminina Letícia/Regina, na _performance_ do texto mais suave dos três que é o da Amante Poltergeist.

— A coisa que fazemos acaba por ser muito tensa, então a presença física de uma mulher para a leitura do texto mais leve da performance serve para acalmar o ambiente, uma coisa mais romântica. Ela provoca o anticlímax do espetáculo. (Fausto)

Cinco Minutos com Marcelo Nova (Camisa de Vênus)

"Nosso público colocou a gente nas rádios"

Nos bastidores do Morro da Urca, Tom Leão pegou Marcelo Nova, voz & texto do Camisa de Vênus, de jeito. Marcelo, ex-jornalista e ex-radialista, falou como sabe e como gosta: muito e direto ao assunto. Na seqüência, Tom coçou a cabeça: "Foi difícil tirar cinco minutos só."

— Por que o Camisa sumiu do Rio de Janeiro?

— O Rio é uma cidade pela qual não nos sentimos atraídos. Sabemos que temos um público aqui e viemos tocar para ele. A gente não curte muito o feeling da cidade, Ipanema, Leblon, essa coisa de colega de trabalho, ninguém fala mal de ninguém. Já rasgamos o contracheque. Somos contra o oba-oba.

— Então por que vieram tocar no Morro da Urca, que é zona sul e cobra caro o ingresso para os fãs do grupo?

— Há um mês tocamos no Cassino Bangu. O Camisa toca em qualquer lugar, não fazemos distinção. Tocamos agora em Pato Branco, fronteira do Paraná com Paraguai, e foi um sucesso. O Camisa não faz TV, quando isso é fundamental para qualquer grupo. Somos a única banda que faz sucesso sem freqüentar a mídia, seguimos o processo inverso de 99% das bandas de rock. Foi o nosso público que nos colocou nas rádios.

— Como vai a produção do novo disco na nova gravadora?

— O novo disco (ainda sem nome) é uma extensão de *Batalhão de estranhos*, o que a gente quis dizer nele e não conseguiu completamente. Já tem sete faixas prontas de um total de nove, sendo que uma dura seis, sete minutos e tem uma orquestra inteira. A temática continua a mesma. Vai da gozação até a coisa da constatação político-social. Pela primeira vez o Camisa tem uma gravadora que está entendendo o que o grupo fala. A RGE tinha dificuldade por seu catálogo não ter nada a ver com nosso som. Por outro lado, na época (83), foi a única que quis gravar a gente. A própria WEA, onde agora estamos, recusou nossa fita. Gozado, né?

— O que você está ouvindo no momento?

— Vai desde Raul Seixas até Laurie Anderson. Meu gosto pessoal é muito eclético.

Rio Fanzine

Cinco Minutos com Siouxsie Sioux

"Esquecem o nosso lado flamenco"

Depois de dias e noites aflitas, muitas caipirinhas e encontros fugazes em corredores de hotéis, Tom Leão viu-se, finalmente, cara a cara e a sós com a morcegona em pessoa: Siouxsie Sioux. A perna tremeu, o olho embaçou (o Leão é fã, confessa), mas o papo rolou mais ou menos lúcido no camarim do Clube Caiçara, em Santos. "Siouxsie estava trajada ao estilo Sarita Montiel, com chapeuzinho espanhol, longo vestido negro, sapato de salto e um belo sorriso em seus hipnotizantes olhos", o Leão descreve, entre suspiros.

— **O repertório do novo disco já está definido?**
— O novo disco já está pronto. Gravado, mixado e com dois videoclipes produzidos. Chama-se *Through a Looking Glass* e provavelmente será lançado em janeiro ou fevereiro.
— **O som difere de *Tinderbox*?**
— Não. É o estilo dos Banshees. O disco soa como seu título.
— **Falando em estilo, você sabia que no Brasil a imprensa a vende como rainha dos darks e Bob Smith, do Cure, como rei? O que você acha disso?**
— Muito engraçado essa coisa (**ela** ri). Por que, em vez de só falarem desse nosso lado pesado, não falar de nosso lado glitter, nosso lado flamenco, que é tão perceptível ou mais? Não gosto de rótulos.
— **O que a banda vai fazer depois do Brasil?**
— Tocamos em Buenos Aires e depois vamos direto para Londres. Temos duas semanas para ensaiar novo repertório e partir em turnê para lançamento do novo disco.
— **Você costuma pesquisar sons de outros países para incorporar aos trabalhos dos Ban-

shees. **O que está ouvindo no momento e que talvez seja utilizado no futuro?**

— Estou ouvindo música balinesa, da Indonésia. Também gosto do som de certos tambores japoneses, principalmente aqueles grandões. Por enquanto, não estamos usando isso no som da banda, mas pode ser que o façamos em breve.

— Há possibilidade de usar alguma coisa brasileira?

— Não, porque não deu para ouvirmos ou conhecermos nada do Brasil. Sei que aqui há muitos ritmos que gostaria de conhecer.

— Gostaria de deixar recados, reclamações, elogios?

— Sim. Não gostamos das matérias a respeito de nosso show de estréia. O jornalista tem que conhecer o grupo e assistir ao show mais de uma vez, pois o repertório nunca é idêntico, assim como a atuação da banda. Gostamos muito do público, que não esperávamos ser tão grande. E eu adorei a bebida caipirinha. Esperamos voltar um dia.

Ramones, sacrifício vale a pena

Gabba-gabba-hey: Tom Leão enfrentou terríveis perigos, barreiras caindo na estrada, "carecas" em fúria e en-chentes paulistanas, mas conseguiu ver os famigerados Ramones no Palace. Numa noite punk, lado a lado com Loro e Fê do Capital Inicial, Charles e Brito dos Titãs, Andre X do Plebe Rude (um superfã, Tom esclarece), Clemente dos Inocentes, Renato Rocha do Legião Urbana e mais um verdadeiro who's who da cena paulista. "Foi uma noite tranqüila, sem os tumultos dos carecas que marcaram o sábado", ele conta. E conta mais, como vocês podem ler:

One, two, three, four! O ritmo entra acelerado e contagiante. As músicas se sucedem coladinhas umas nas outras. A impressão é de um trem em alta velocidade: não há tempo pra "boa noite" ou frases feitas tipo "olá São Paulo". Ao final de quase todas as músicas, o guitarrista Johnny vai gritando *"one, two, three, four"*, a chave que ativa a máquina e passa a marcha para a outra — é a deixa para entrar com tudo de novo e o vocalista Joey continuar se esgoelando. E assim entram "Psychotherapy", "Blitzkrieg Bop", "Do You Remember Rock'n'roll Radio?" e outras, numa seqüência vertiginosa que mal dá para tomar fôlego.

Hey, ho, let's go! O pique continua, sendo interrompido apenas por problemas com a guitarra de

Rio Fanzine

Johnny. O som é alto, muito alto. Uma verdadeira parede sonora. Carecas dançam em frente das caixas de som. O ritmo é uma variante do velho punk rock (rock'n' roll mais acelerado), hardcore e hard rock. O baterista Richie arrasa, mas suas mãos movem-se quase delicadamente. Johnny e o baixista Dee Dee vão soltando cada vez mais a potência de seus *amps*. Joey continua desfolhando hits como "Sheena Is a Punk Rocker", "Rockawat Beach", "Love Kilss", "Rock'n roll High School". Após 40 minutos de show os ouvidos estão zunindo.

Gabba, gabba, hey! O set se encerra, mas o público pede mais. É uma tradição dos Ramones tocar enquanto o público quiser. Então, a pedidos, o grupo volta para dois encores — e só não houve mais devido ao curto espaço de tempo entre esse show, às 21h, e o segundo da noite, às 23h. Treze anos se passaram e a banda continua com a mesma energia, tocando igual como o registrado no álbum ao vivo *It's Alive!*. Os fãs não se decepcionaram e ouviram tudo o que queriam.

Na batida de Sampa

Uma nova tribo ocupa o centro de São Paulo, antigo reduto dos punks da cidade. São os hip-hoppers, menos politizados e mais dançantes, mas tão vistosos quanto seus antecessores. Ao som de funk pesado, eles ensaiam passos de break e trocam idéias na estação São Bento do metrô paulistano. Em vez de Sex Pistols e Clash, Beastie Boys e Run DMC. Mudou a música e o visual, mas a essência é quase a mesma: adolescentes procurando um novo caminho para seguir.

Entre 1981 e 1983, a estação São Bento do metrô paulistano, bem no centrão da city, era o maior e principal point de encontro de punks e rockers, que dali saíam para as "funções", as festas no Templo (salão da periferia), para as "tretas". Hoje o panorama mudou muito. O punk foi mastigado e deglutido pela mídia, recolheu-se, e, como acontece a tudo o que é considerado novo um dia, envelheceu, quase perdeu a razão de ser. Punk is not dead? Quem sabe. Mas aqueles dias foram inesquecíveis.

Agora uma nova tribo surgiu: tão vistosa quanto, um pouco menos politizada e mais dançante, ela tomou conta do espaço que outrora pertencia aos punks. São os hip-hoppers da zona norte. Eles freqüentam os mesmos points: estação São

Bento do metrô, edifício Grandes Galerias, por aí. A galera do funk pesado e alto reúne-se nesses locais nos fins de semana para ouvir som, trocar idéias, armar "funções" com os incautos, grafitar e ensaiar uns passos de break e electric boogaloo.

Não mais Londres. Agora, Nova York. Não mais *destroy!* e sim *fight for the right to party!*, como berram os Beastie Boys, substituindo o brado dos punks ingleses. Os Punks da Morte, os Carecas do Subúrbio, gangs que freqüentavam o local, foram substituídos pela Nação Zulu (será que ela se corresponde com a Zulu Nation de Afrika Bambaataa?) e Crazy Crew. Mas, de algum modo, a anarquia continua e o *do-it-yourself* ainda pode ser considerado um lema válido, já que os DJs criam suas próprias músicas e toda uma nova subcultura floresce.

Coisas menos atraentes, como pancadaria entre heavies e funkers, rolam. Corrida, polícia, também. É como um novo ciclo. Mudou a música e o visual, mas a essência é basicamente a mesma. Adolescentes e pós, descobrindo um novo caminho a seguir, achando que isso é o máximo e jamais existirá nada melhor na vida.

A pitada rock não foi posta de lado. Pelo contrário: o hip-hop é a cruza perfeita de rock pesado com funk idem. Assim, há espaço para grupos como o Fábrica Fargus, Gueto, Lagoa 66 e outros que surgirão. Enfezados moleques. Novos garotos de subúrbio. A poesia-protesto de Clemente (vocal dos Inocentes, um dos expoentes do punk paulista) dá vez às rimas de rappers como Thaíde, que mostra seus raps ao estilo *human beat box* (produzindo sons rítmicos com a boca) e fez uma versão para "My Adidas", do Run DMC, intitulada "Minha mina".

E acompanhando os *rappers* vem os DJs. Ainda não arrebentando nos *scratchs* como os do Harlem, mas já dando suas arranhadinhas. São figuras conhecidas e bem diferentes entre si: Skowa, que já foi um Sossega Leão, agora totalmente *overpowered by funk*; Nazi, que, nas horas vagas, é o vocalista do Ira!; Otávio (Tatá) Rodrigues, jornalista que sempre esteve atento às blackitudes; e muitos outros.

O Templo, ou sucessor do Madame Satã, para essa turminha, é a boate Cais, que fica bem na praça Roosevelt, algo parecido com a Lapa carioca, cheio de boates eróticas. O punk teve a sua festa-manifesto em 1983, no Sesc Pompéia, o "Começo do fim do mundo"; o funk teve a sua há pouco tempo, no espaço Mambembe, com o nome de "Festa my baby". Lá, a turma se conheceu e houve o mix entre "periféricos" — da periferia — e "jardineiros" — dos Jardins; do mesmo modo como o punk atraiu a zona sul, o hip-hop também está deslumbrando aqueles que jamais foram a um baile funk na vida (quanto mais ao subúrbio). Bom. É assim que rola a divulgação, que a coisa chega até a grande imprensa. Como uma novidade. Mais uma novidade que será aproveitada e explorada como são todas as novidades. Muda o filme em cartaz, mas o cinema é sempre o mesmo.

E por incrível que pareça, tudo isso está acontecendo em São Paulo, aquela metrópole de concreto que parecia imune aos requebros de um bom funk. No Rio, onde a coisa sempre rolou e continuará como se nada estivesse acontecendo, o que tem mais é o funk tradicional, ainda com raízes no movimento Black Rio, de uns quinze

anos atrás. O hip-hop ainda está entrando aos poucos. Aqui não há tantas gangs como as que povoam a Paulicéia. Elas começam a se formar, tímidas. Por ironia, o primeiro encontro do gênero aconteceu há dois meses no Crepúsculo de Cubatão, tido como a igreja dos sombrios. Ficou tudo preto no preto.

Mas a tendência é crescer. Vamos aguardar as cenas do próximo capítulo. Enquanto isso, "stay on the scene, like a sex machine!" (T. L.)

O último herói da guitarra

É fato. Nenhum outro instrumento simbolizou tão bem o espírito do rock quanto a guitarra. Dos primórdios do blues, com Robert Johnson, até os primeiros acordes do rock'n'roll, com Scotty Moore, Carl Perkins, entre outros, as referências sempre foram intensas. Nos anos 60, a coisa começou a tomar contornos mais fortes e o termo "guitar hero" foi definitivamente incorporado. Os ícones, a partir de então, se sucederam. O grupo inglês Yardbirds cedeu três de uma só vez: Eric Clapton, Jeff Beck e Jimmy Page. A lista não parava de crescer. Mick Taylor, Rory Gallagher, Paul Kossof, Johnny Winter e, supremo absoluto, Jimi Hendrix; só pra citar alguns.

E um assunto que daria farto material para teses de sociologia e psicologia. O "guitar-hero" está para o rock assim como o pistoleiro solitário está para a mitologia westerniana: ambos parecem resistir imbatíveis ao tempo, acompanhados apenas do seu instrumento, o revólver/a guitarra. E, como não poderia deixar de ser, sempre vai existir um desafiante, alguém disposto a tomar o trono do mais rápido, do mais ligeiro. Quem quer a coroa? Nos econômicos anos 80, a coisa não mudou muito de figura. A tradição continua. Pergunte só ao texano Stevie Ray Vaughan, por exemplo.

Stevie nasceu em Dallas, Texas. Entusiasmado pelos progressos alcançados pelo seu irmão mais velho, o fabuloso Jimmy Vaughan, ele se encorajou e abraçou o instrumento, para não mais largá-lo. Os nomes das bandas em que ele tocou se sucedem como pessoas numa fila de mercado: The Chantones, The Night Crawlers, Blackbird, The Cobras etc. No final dos anos 70, conseguiu formar um grupo sólido, coeso. Nascia o Double Trouble.

Em 1982, num show em Montreux, o grupo foi visto por David Bowie e Jackson Browne, além de uma platéia de alucinados amantes do blues. Agradou tanto que Bowie o convidou para tocar no seu disco *Let's Dance*, e Browne ofereceu a ele tempo livre no seu estúdio particular, de onde saiu a fita que gerou seu primeiro elepê, *Texas Flood*.

Depois de mais três elepês, *Couldn't Stand the Wheather*, *Soul to Soul* e *Live Alive*, Stevie Ray Vaughan firmou-se, com seu estilo agressivo e selvagem de tocar, como um dos mais empolgantes guitarristas de blues dos últimos anos. Apesar da postura inflamável dos seus shows, Vaughan se mostrou uma pessoa bastante calma, acessível e até tímida durante o telefonema que ligou o Rio ao Texas.

— Quais foram as principais influências, no seu modo de tocar e de cantar?

— Bem, como guitarrista eu tive inúmeras influências. Citaria como as principais Jimmy Vaughan, meu irmão, B.B.King, Albert e Freddie King, Buddy Guy, T-Bone Walker, Albert Collins e Jimi Hendrix. O chato é que eu nunca vi o Hendrix tocar ao vivo. Eu gostava também muito dos guitarristas ingleses, como Eric Clapton e Mick Taylor, entre outros. Como cantor, eu sempre admirei pessoas como Bobby Bland, O.W. Right e Howlin' Wolf.

— A partir de quando você começou a desenvolver o gosto pelo blues? Foi através de seu irmão?

— Sim. Jimmy foi uma das principais razões do meu gosto pelo blues. Ele comprava muitos discos, de B.B. King a Muddy Waters. Comecei a me envolver demais com esses discos. Até o dia em que comprei o meu primeiro, um do Lonnie Mack.

— Como o cenário local de blues texano o influenciou?

— O movimento musical de blues é muito intenso aqui no Texas. Existem vários bares e clubes onde você pode assistir a alguns dos maiores "bluesmen" do mundo se apresentando. Eu tive essa oportunidade, e nunca mais me esqueci disso.

— Que tal foi tocar com David Bowie, em Let's Dance?

— Foi muito divertido tocar naquele disco. Ele entrou em contato comigo depois do nosso show em Montreux. Naquela época, o Double Trouble já tinha se firmado e tínhamos planos de gravar um disco. Mas achei interessante dar um tempo e ir gravar com Bowie. Ele já tinha as faixas prontas e só estava colocando os vocais; eu toquei praticamente junto com ele. Na maioria das músicas eu gravei de um take só, isso foi ótimo para dar calor aos solos.

— É verdade que você planeja produzir um disco de Albert King?

— Sim, definitivamente, isso é algo que eu quero fazer. Só me falta tempo, a ele também. Mas estamos sempre em contato. Nós tocamos juntos alguns dias atrás, num especial do B.B. King para a televisão. Um grande show. Eric Clapton, Paul Butterfield, Gladys Knight, Etta James, Phil Collins, Dr. John e eu. Um belo time, não? (risos).

— Como é tocar blues para grandes audiências?

— Eu tento tocar da mesma maneira, tanto em clubes quanto em grandes arenas. O principal, pode parecer óbvio, é que as pessoas estejam ali dispostas a assistir você. De qualquer modo, tocar em pequenos bares te dá uma maior intimidade com o público. Eu gosto disso.

— Você manteve algum contato com Stevie Wonder antes de regravar "Superstition"?

— Eu já o tinha encontrado inúmeras vezes antes disso. Ele me disse ter ficado muito satisfeito com a nossa versão, e isso me deixou bastante feliz. Ele é um dos meus grandes ídolos. Aliás, eu, Albert e B.B. King tocamos numa faixa do seu novo elepê. A canção chama-se "Love Come Down".

— Você acha que o mercado americano ainda é racista ao ponto de não se abrir para artistas negros de blues?

— Infelizmente, acho que sim. Isso não é de hoje. Mas aos poucos a situação vai mudando. Veja só o caso do Robert Cray, um músico de blues brilhante, que conseguiu chegar no topo das paradas. O problema com o blues é que sempre existem outros gêneros de música que vão parecer mais comerciais, e é com eles que as gravadoras vão que-

Rio Fanzine

rer trabalhar. Mesmo assim, a situação melhorou bastante. Hoje já é possível a um músico de blues sobreviver só tocando blues. Isso é bom na medida em que ele pode se sentir seguro para ir para a estrada e divulgar mais seu trabalho.

— Para finalizar, o que você acha de um guitarrista como Stanley Jordan?

— Stanley Jordan? Nossa! Ele é incrível. Fantástico mesmo. Parece que ele tem outras três pessoas tocando com ele (risos). Eu o encontrei numa recente convenção de uma gravadora e nós acabamos a noite fazendo uma jam-session no meu quarto. Eu não conseguia tirar os olhos das mãos dele (risos). Ele toca blues de um jeito todo particular, mais suingado, mais redondo. Ele é brilhante. (C.A.)

Cinco minutos com Picassos Falsos

Cabeças abertas, troca de idéias

Eles tocaram ontem e sexta no Crepúsculo de Cubatão e entram amanhã em estúdio para gravar o primeiro disco de suas jovens vidas. Carlos Albuquerque investigou quem eram e o que queriam os Picassos Falsos, da Tijuca para o mundo!

— Qual a trajetória da banda até o momento atual?

— Nós já tocávamos juntos desde o início de 85, como uma outra banda, o Verso Aos poucos a idéia de seguir com a banda foi ficando mais forte. A gente também teve a sorte de ver o amadurecimento do nosso som chegar na mesma hora em que as pessoas se aproximaram, como o Alvin L., que produziu a demo, os contatos na rádio, o convite da gravadora. (Humberto, vocal).

— Existe a possibilidade de um resgate ou (re)nascimento do rock carioca? Ultimamente só se tem falado das bandas de Brasília e São Paulo.

— Aqui no Rio nunca rolou essa coisa tipo Brasília, uma banda ligada a outra. Mas agora, de repente, já está existindo uma integração maior entre as bandas novas, não tem mais essa de uma tirar o espaço da outra, tem lugar pra todo mundo. Cada uma tem seu estilo e as cabeças parecem mais abertas pra ver que é muito mais interessante essa troca de idéias. (José Henrique, baixo).

— Existe para vocês o dilema tocar no rádio versus manter a qualidade?

— Eu acho que tudo pode tocar no rádio, até Beethoven pode. O lance, principalmente para quem faz música popular, é não se ligar muito nisso de tocar ou não no rádio, isso pode até prejudicar o estilo da banda. O legal é você ter uma linha, um estilo, mas não se prender muito a ele, manter uma diversificação musical dentro de uma coerência, uma identidade e uma sonoridade próprias. (Humberto)

— E como vão os preparativos para a gravação do disco?

— Estamos aproveitando toda a liberdade que estamos tendo para tentar fazer as coisas do modo como realmente desejamos. Das participações especiais até a capa estamos tentando ter o domínio completo do nosso trabalho sem subverter a idéia inicial. (Humberto)

— **O que vocês estão ouvindo e lendo no momento?**

— Eu estou ouvindo muito blues e gospel, tipo Mahalia Jackson, Aretha Franklin, Billie Holiday, e também muito Hendrix, Beatles e Temptations, que eu ouço quase todo dia. Estou lendo um livro de Baudelaire, *Paraísos artificiais*. (Humberto)

— Eu sempre leio Arthur Clarke, que não faz uma ficção científica idiota e é superatual. Tenho ouvido muito Hendrix, cada audição você descobre algo novo. E muito funk, algo de reggae. Eu acho que o feeling do meu instrumento, o contrabaixo, está na música negra. (José Henrique)

Cinco minutos com Echo & The Bunnymen

Bastidores do Canecão

Tom Leão infiltrou-se nos bastidores do Canecão disfarçado de fanzineiro e captou alguma coisa dos simpáticos e acessíveis Bunnymen, que não queriam falar com jornalistas da grande imprensa depois do show. O único que não falou foi o guitarrista Will Sergeant, o mais tímido e reservado da banda.

— **Por que, nos shows brasileiros, vocês não tocaram "Bring on the Dancing Horses", a música que mais toca nas rádios daqui?**

— A música é difícil de ser tocada ao vivo porque possui timbres e instrumentos que não podemos ter em cena. Nós já tocamos em alguns shows e se quiséssemos fazê-lo de novo, poderíamos. Mas ela é uma música para ser ouvida em disco, mesmo sendo sucesso de rádio. Nós não seguimos essa linha de tocar muito o que, por acaso fez sucesso aqui ou ali. (Pete de Freitas, baterista)

— **O que acharam da recepção do público carioca?**

— Foi fantástica. Achamos São Paulo uma cidade melhor que o Rio, mas o público do Rio foi muito melhor, mais quente. Gostei de ter visto as pessoas cantando a maioria das canções, acertando todas as frases e refrões, jogando presentes no palco (buquês de flores, presentinhos e até um coelhinho de pelúcia). Realmente não esperava tal reação. (Ian McCulloch, vocalista)

Rio Fanzine

— **Ficaram contentes com o resultado do jogo Brasil x Inglaterra?**

— Não. Acho que o futebol brasileiro está numa má fase. As jogadas são muito retas, não existem bons jogadores como Pelé e Jairzinho. Gosto do Careca, mas fiquei sabendo que ele foi para a Itália. A Inglaterra merecia vencer, principalmente por uma ótima jogada perdida por Lineker. (Les Pattinson, baixista)

— **O grupo pretende gravar algum disco só com os "covers" que interpreta nos shows?**

— Não. Os "covers" entram nos shows sem nada determinado: quando achamos que uma certa música cai bem na ocasião, tocamos ela, como fizemos com "Twist and Shout", dos Beatles. (Ian McCulloch)

— **Já decidiram o nome do novo disco?**

— Provavelmente vai se chamar *The Game*, que também será o primeiro "single". O fotógrafo Anton Corbjin está filmando os shows brasileiros que terão algumas cenas inseridas no clip da música, dirigido por ele mesmo. Vai ser meio ao vivo, meio produção. Talvez o material seja aproveitado para um vídeo de longa duração incluindo a turnê americana. (Les Pattinson)

— **Quando será essa turnê? Será mesmo junto com o New Order?**

— Sim. Vai começar em agosto. Voltamos para a Inglaterra agora para finalizar o novo disco e partimos para a América junto com o New Order. Parece que eles vão tocar aqui em novembro. (Ian McCulloch)

— **Vocês estão curtindo a noite, visitando pontos turísticos?**

— Não muito. Em São Paulo fomos ao Victoria Pub e eu particularmente gostei muito. (Les Pattinson)

— Depois dos shows estamos tão cansados que eu só penso em ir dormir. Gostaria de conhecer algum ponto turístico do Rio, mas não vai dar. (Ian McCulloch)

E o som tem dono?

De James Brown a músicos mortos, tudo se reproduz nos teclados dos "samplers"

As caixas tremem aos primeiros acordes da canção. Aos poucos tudo começa a se delinear: é um rap, pesado, muito pesado, vozes esganiçadas se sobrepondo delirantemente. Alguma coisa contudo soa familiar. Não seria a bateria? De fato: uma investigação mais apurada nos permite saber que aquele peso todo vindo dos bumbos é obra de ninguém menos que John Bonham, saudoso baterista do Led Zeppelin. Mas, afinal, o que um músico como ele estaria fazendo, quase dez anos depois da sua morte, num elepê dos Beastie Boys?

Por mais surrealista que possam soar, tais observações são totalmente reais e palpáveis. A causa de tudo? O sampler, misto de gravador e computador que permite a gravação e posterior armazenamento de sons/trechos musicais em chips, reproduzidos mediante a pressão de teclas que em geral acompanham tais equipamentos. Essa possibilidade de se gravar praticamente tudo e todos está não apenas revirando os conceitos de direitos autorais, como também fazendo com que a própria concepção musical seja radicalmente questionada.

Um dos primeiros usos do sampler envolveu também Mr. Bonham, "forçado" a acompanhar o grupo Frankie Goes To Hollywood em seu elepê da estréia. Quase na mesma época, o hip-hop dava seus primeiros passos e mostrava que seria com ele que tais conceitos se desenvolveriam. Afinal, os "samplers" eram usados com mais freqüência, ao menos em sua fase semilaboratorial, pelos DJs, sempre prontos a recriar o estabelecido.

Assim, não foi surpresa ver Afrika Bambaataa "sampleando" em seu *Planet Rock* trechos e mais trechos de grupo alemão Kraftwerk. A partir daí, veio uma verdadeira enxurrada de artistas 'sampleados', sendo que James Brown, Bonham e o próprio Kraftwerk passaram a liderar imbatíveis a lista dos músicos mais copiados.

A coisa começou a esquentar, literalmente, quando um obscuro tecladista americano entrou na justiça, reclamando ter tido trechos de suas músicas usados por Jan Hammer (mais conhecido por seu trabalho com Jeff Beck) no tema de abertura do seriado *Miami Vice*. Foi quando se notou a precariedade judicial frente a tal questão, afinal o fato era inédito e sem precedentes para facilitar o julgamento. No final das contas, ninguém conseguia responder com precisão a questão: a quem pertence o som?

As mais recentes ações envolvem grupos como os já citados Beastie Boys (que além de Bonham, também "samplearam" Jimmy Page), Coldcut Crew, M/A/R/R/S e Age of Chance, entre outros. Homenagem ou roubo? Evolução ou pirataria?

— Olha, eu acho difícil se fazer um julgamento nessa questão — diz o produtor e músico Liminha. — Ao mesmo tempo em que pode parecer roubo de uma idéia musical, também soa com uma evolução tecnológica inegável. No caso dos Beastie Boys, o uso de determinado compasso do John Bonham, acho que se perde o lado humano da coisa, favorecendo uma concepção mecânica e robotizada.

Liminha utilizou o sampler nas gravações do último elepê dos Titãs, *Jesus Não Tem Dentes no País dos Banguelas*: "Mas o que ocorreu aí, na minha opinião, foi o inverso, ou seja, uma utilização positiva, se é que isso existe, desses equipamentos", justifica ele. No seu estúdio, Nas Nuvens, ele se permitiu o uso insólito do sampler.

— Em *Todo Mundo Quer Amor* nós "sampleamos" gritos deles mesmos, além de coisas tipo assadeira na cozinha etc.

As possibilidades acenadas pelo sampler parecem infinitas e algumas vezes assustadoras. Como por exemplo construir, qual uma colcha de retalhos, uma música através de trechos de outras: esse *riff* de baixo, aquela parte da guitarra, esses "backings", e por aí vai.

Pat MacDonald, do grupo americano Timbuk 3, em entrevista exclusiva ao Rio Fanzine, não se esquivou de comentar o assunto:

— É realmente uma questão muito delicada. Nós utilizamos o sampler, mas só copiamos trechos de

Rio Fanzine

nossas próprias canções. A questão dos direitos, contudo, me deixa um pouco confuso. Imagine se copiarmos um som de uma buzina e depois tivermos que pagar royalties à Volkswagen? — indaga.

Quem tem uma abordagem um pouco diferente do assunto é Egberto Gismonti. Segundo ele, é um absurdo se pensar em transformar uma máquina eletrônica em acústica:

— Na verdade, eu acho o sampler a evolução natural do sintetizador. Essa questão, aliás, me lembra outra levantada quando surgiram as baterias eletrônicas. O baterista que ficar preocupado com elas deveria parar de tocar — diz ele.

— O que eu acho — continua — é que existe um direito a ser respeitado. Seria como se utilizassem trechos vocais da Elis Regina em gravações de terceiros. O que eu faria se fosse "sampleado"? Eu diria ao sujeito que ele perdeu tempo à toa. Ele deveria pegar esse dinheiro todo e comprar uma casa na praia.

Os direitos do autor são defendidos por Lulu Santos que, além de músico, já trabalhou como produtor dos Titãs e do Premeditando o Breque:

— Eu acho que toda obra deve ser protegida por *copyright* — diz ele. — O assunto é bastante complexo. Por exemplo, você se lembra do trecho que o Sting canta em "Money for Nothing", do Dire Straits? Pois é, os empresários dele registraram aquela frase e resolveram cobrar direitos autorais do grupo. E venceram a questão! — acrescenta Lulu.

Ele contudo se mostra cético quanto à questão dos direitos do artista em situações semelhantes no Terceiro Mundo:

— Lá fora esses assuntos são tratados com mais seriedade. Aqui, tenho certeza, seria diferente. — Liminha concorda:

— Aqui não pagam corretamente o que está claro, imagine então o que está implícito?

Ao mesmo tempo que se questiona a validade musical da colagem puramente mecânica de trechos de outros artistas, a justiça terá que decidir o mais rápido possível se é legal tal atitude ou não. Terá também que decidir até que ponto é pirataria utilizar alguns segundos de uma música em benefício de outra.

Enquanto isso, ficará no ar a estranha possibilidade de um dia encontrarmos à venda nas lojas um compacto apresentando a guitarra de Hendrix, o baixo de Jaco Pastorius, a bateria de Keith Moon, a voz de Bob Marley e o piano de Thelonius Monk. Você compraria? (C. A.)

Bambaataa

O retorno da majestade

É só ligar a televisão e constatar: o funk e alguns de seus derivados, como o hip-hop e o rap, estão no ar. São vários anúncios que utilizam batidas negras como jingles. Alguém dirá que isso não significa muito. Alguns anúncios apresentam "roquinhos", outros, canções infantis etc. Ocorre, contudo, que essas são formas dominantes e visíveis do mercado. Ninguém vê funks e raps nas paradas das rádios, nem nos programas de clipes da tevê. Por incrível que pareça, são sonoridades que se fazem presentes mas não são assumidas por certos segmentos consumidores. Tem funk no som dos Titãs, da Madonna, do Kiko Zambianchi, do Boy George, do Barão Vermelho, dos Picassos Falsos etc. Tem rap no trabalho do Gueto, de Caetano Veloso, entre (muitos) outros. O show de James Brown, entretanto, estava semivazio. Curioso, não?

São devaneios que vêm à mente quando se pensa no trabalho da Afrika Bambaataa. Se ele viesse tocar aqui, haveria público? Talvez não. Os poucos presentes certamente assistiriam um show inesquecível. Afinal, Bambaataa é um dos mais famosos DJs do mundo e um dos arquitetos de um prédio mais tarde denominado hip-hop.

Sua Zulu Nation foi um projeto similar ao apresentado, em forma fictícia e ampliada ao extremo, no filme *Warriors*. A união — através da música e da dança, no caso o break — das gangues de rua de Nova York. A ZN era uma extensão da liderança exercida por Bambaataa sobre suas primeiras turminhas de rua, quando ainda era adolescente. Tudo era centralizado (as festas e as apresentações nos clubes e nas ruas) pela discotecagem infernal de Bambaataa, que misturava estilos e fundia tendências.

Seu trabalho só tinha comparação com o de DJs como Grandmaster Flash e Kool Herc. No início desta década, começou a flertar com a possibilidade de transpor suas (incontáveis) idéias para o vinil. Acabou, mais tarde, gravando o single "Planet Rock" que, junto com "The Message", de GM Flash, redefiniu os parâmetros da moderna música negra americana. A mistura de uma transformista batida funk, adaptada a "drum-machines" e um delirante serviço de falação (o rap) foi a base ativa do hip-hop.

Mais ainda, "Planet Rock", com sua "citação" de "Trans-europe express", do grupo alemão Kraftwerk, antecipou a onda replicante dos samplers. Depois, junto ao selo Tommy Boy, Bambaataa refinou seu estilo e atirou em várias direções. Gravou com seu ídolo James Brown, o maxi-EP *Unity*, hoje esgotado nas prateleiras brasileiras. Um pouco depois, outro dueto, agora com o ex-Pistols John Lydon. O resultado foi o mega-hit das pistas de dança, "World Destruction".

Depois de um período de relativa penumbra, com ocasionais (e brilhantes) saídas à luz, Afrika Bambaataa volta à cena com *The Light*. A seu lado, estelares companhias: Sly and Robbie, Boy George, Bootsy Collins, Yellowman, Nona *Hendrix* e o grupo inglês UB40 (que divide com ele o primeiro hit do elepê, a irresistível "Reckless"). Numa fria manhã nova-iorquina, Bambaataa atendeu o telefone e falou com a fluência de um "rapper", mostrando estar antenado com os mais variados assuntos. Hello?

— Acabei de ouvir seu novo elepê, *The Light*, e a primeira impressão que tive foi de um trabalho aberto a várias tendências. Tem riffs funk, com George Clinton e Bootsy Collins; linhas de reggae, com Yellowman, raps aqui e ali; e mesmo canções pop, com Boy George e Nona *Hendrix*. Você acha que o disco reflete sua concepção musical, absorvendo todas as influências?

— Sim, definitivamente esse disco é um reflexo da minha cabeça, aberta e curiosa em relação a todos os tipos de música, colocando o funk na base de tudo. Aliás, eu tenho alguns discos de música brasileira, mas são coisas um tanto quanto folclóricas, coisas de carnaval, entende? Gostaria de conhecer o que mais se produz por aí. Anos atrás, eu tive contato com o trabalho de um músico que parecia ser o James Brown do Brasil, chamado Gérson King Combo.

— **Você cresceu em plena época da efervescência do movimento "black power" na América, nos anos 60. Até que ponto Martin Luther King, os Panteras Negras e Malcolm X te influenciaram?**

— Eles me influenciaram muito, muito mesmo. Malcolm X foi um líder e um professor ao mesmo tempo. Luther King e os Panteras também foram de grande importância para mim. Eu cresci vendo a luta pela valorização do negro na América, na mesma época do movimento hippie e da guerra do Vietnam. Os anos 60 abriam meus olhos e isso me ajudou muito nos 80, porque parece que a década de 70 colocou as pessoas para dormir.

— **Você citou o movimento hippie e o Vietnam. Geralmente, esses assuntos são vistos como movimentos exclusivamente brancos e de classe média. Você concorda?**

— De certa forma, foram protestos de pessoas brancas. A luta dos negros, naquela ocasião, era pelo seu reconhecimento como seres humanos e como cidadãos comuns e livres dos Estados Unidos; por mais incrível que isso pareça. Eram dois estágios diferentes de um país eternamente compartimentado.

— **Como surgiu a idéia de formar a Zulu Nation?**

— Foi um agrupamento natural, pessoas com idéias similares, formando algo parecido com uma grande família musical. Aos poucos, contudo, as agressões à Zulu Nation foram se tornando cada vez mais intensas, como se incomodássemos alguém com nossa postura pacífica. Isso fez com que se tornasse um movimento político, que alertava ao que estava acontecendo com a juventude negra. Não era só dançar e cantar; era um conjunto de atitudes.

— **A Zulu Nation era uma tentativa de união de algumas das principais gangues de Nova York, tirando-as das ruas e, conseqüentemente, das drogas e dos grupos do crime organizado. Hoje, contudo, as gangues se multiplicaram e muitas delas estão envolvidas com o uso de crack. Como você vê essa situação?**

— Isso me machuca e me deixa muito triste. Parece que tudo o que fizemos antes e que deu certo, hoje em dia está dando um passo atrás. A questão do crack é delicadíssima, é uma luta a ser travada. Em todos os lugares que vou, falo contra as drogas, mas principalmente contra o crack. Ele acaba com as pessoas muito rapidamente e os principais atingidos, como sempre, são os mais jovens. É deprimente ver uma garota de 13 anos se prostituindo para manter o vício. Algumas pessoas, depois de certo tempo, parecem virar maníacas, verdadeiros zumbis que tudo farão para conseguir a droga. Você vê coisas horríveis nos jornais: de seqüestros de crianças até assassinatos, como o que li ontem, em que um rapaz matou a própria irmã porque ela não quis lhe dar dinheiro. É uma coisa *seriíssima* e que agora não está mais restrita às comunidades negras. O problema já se alastrou e agora atinge indiscriminadamente brancos e negros de qualquer classe social. É algo tão sério quanto a Aids, ao menos aqui na América. E o governo não pode ser conivente com o tráfico. Não é só colocar pessoas na prisão. É uma questão de erradicar o tráfico, por mais difícil que seja.

— Mudando de assunto, existe muita controvérsia hoje em dia quanto ao uso do sampler. Na sua opinião, quais os limites para o seu uso?

— Acho que quando você usa um pequeno trecho de uma canção de uma pessoa, você está mantendo essa pessoa na ativa, e isso pode ser bom. Porém, quando você utiliza porções maiores dessa música, você deve dar o crédito a esse artista. Eu acho que o aprimoramento tecnológico foi muito rápido. Antes, você tocava os discos dos outros, através dos "scratches". Agora, com os samplers, pode-se literalmente reproduzir outros sons. Isso é fato e parece deixar as pessoas confusas; além, é claro, da falta de uma lei que regulamente o uso do "sampler".

— Falando em "samplers" e em artistas "sampleados", o mais copiado de todos, James Brown, esteve se apresentando aqui recentemente. Como foi trabalhar com ele no elepê *Unity*?

— Foi o máximo. Eu sou fã de tudo o que ele faz. Ele é o "godfather of soul" e eu sou o "godson" (risos). Eu aprendi muitas coisas com ele. Eu gostaria também — e esse é meu grande sonho — de gravar com Sly Stone. Ele saiu recentemente da prisão, e é uma pessoa difícil de lidar, mas Jesse Johnson conseguiu gravar alguma coisa com ele. Acho que um dia também conseguirei.

— E como surgiu a idéia de gravar com John Lydon?

— Antes de mais nada, posso garantir que eu e John voltaremos a trabalhar juntos. Isso é certo. A idéia surgiu quando vi o filme *The Man Who Saw Tomorrow* (*O homem que viu o amanhã*, com narração de Orson Welles), sobre as profecias de Nostradamus. Eu sou muito impressionado com tudo sobre Nostradamus e resolvi escrever um tema sobre o assunto, de forma atual, abordando a questão nuclear e a possibilidade de uma Terceira Grande Guerra. Então escrevi "World Destruction". Conversando com Bill Laswell, perguntei se ele conhecia alguém de estilo selvagem e radical para cantar junto comigo. Ele sugeriu o John Lydon e eu aprovei imediatamente; eu sempre gostei dos Sex Pistols. Nos encontramos, conversamos e fomos gravar. Foi ótimo. Parecíamos dois loucos, pulando e dançando dentro do estúdio (risos). Aliás, eu sempre achei o hip-hop um movimento punk e vice-versa.

— O clipe dessa música foi bem executado na MTV. Mesmo assim, você acha que os artistas negros ainda sofrem discriminação racial pelas redes de tevê e pela mídia em geral?

— Sim, acho que sim. Não só aqui, mas em toda parte. Isso depende do nível de preconceito de um país. Houve uma época em que a MTV não exibia clipes de nenhum artista negro. Foi preciso que a CBS fizesse um "lobby" e pressionasse a direção da emissora para que Michael Jackson pudesse ir ao ar. Isso dá uma noção de como são as coisas por lá.

— Já li declarações de músicos, alguns bem famosos, dizendo que o hip-hop não é música. Segundo eles, tudo resume-se a um drum-

Rio Fanzine

machine **e muita falação. O que você acha disso tudo?**

— Eu também já li e ouvi coisas parecidas. Acho uma grande besteira. Quem fala isso não entende o que se passa na música atualmente. É uma mentira, principalmente porque os primeiros discos de hip-hop tinham muitas linhas melódicas envolvidas. "Reckless", do meu último elepê, gravada com o UB40, é um exemplo disso. É uma música que tem uma base de hip-hop, trechos funk e um balanço reggae. É uma questão de revisar os conceitos musicais. Entender que o rap, por exemplo, é uma variação da música africana trazida para a América com uma escala no Caribe, mais especificamente na Jamaica. Isaac Hayes e Barry White são um tipo remoto de rappers. James Brown e seu canto falado também; tudo é uma questão de educação musical. As pessoas tem que ser educadas, essa é a chave. O rap deriva de certo modo do toast jamaicano, o canto falado dos DJs de Kingston. Eu, Grandmaster Flash e Kool Herc ouvíamos muito esse tipo de música. Na verdade, eu gosto muito de reggae. Estou sempre em contato com Sly and Robbie, Yellowman, Shinehead e outros. Gosto também de alguns DJs, como General Saint e Clint Eastwood.

— **A Zulu Nation pode soar como algo messiânico, a salvação dos jovens pela música. Você citou Nostradamus e seu grupo atual chama-se Family. Como você se situa em relação à religião?**

— Eu sou extremamente religioso e místico ao mesmo tempo. Aprendi muito com o islamismo. Aprendi a conviver com as pessoas. Aprendi a viver sem compartimentações. Sou muçulmano agora, mas também sou cristão, também sou bu-

dista. Não pode haver radicalismos. Não vou deixar de falar com você só porque sua religião é diferente da minha. No final das contas, só existe um Deus e ele é comum a todos nós. O ser humano é quem denigre o conceito de religião e transforma numa arma de opressão. É um absurdo haver guerras religiosas. Isso é um absurdo e um grande paradoxo. As pessoas possuem deuses para cada hora, uns proibidos e outros permitidos. As pessoas, por exemplo, têm vergonha de praticar ritos africanos, isso talvez ocorra no Brasil também. Deus não tem cor, nem tem sotaque. Quanto ao fato de parecer messiânico, talvez você tenha razão. Mas quando vejo meu povo morrendo de fome na Etiópia, na Índia, sendo oprimido aqui nos EUA e na URSS, não consigo ficar parado. Não quero ser panfletário, mas não vou só cantar "get up and boogie, baby". Eu não sou assim. É meu jeito de ver as coisas. (C. A.)

O homem forte das carrapetas

Uma das atrações da Kamerata Party, que aconteceu aqui no Rio, foi a presença do disc-jockey inglês Jay Strongman, figura conceituada na cena noturna londrina. Jay, um típico inglês, daqueles que usam as palavras *sorry* e *excuse me* para tudo, fez as pessoas que compareceram à festa dançarem a valer ao som de muito hip-hop, funk, house, reggae, soul e acid, tudo mixado com alta precisão. Ele agita direto na nevoenta London Town. Às quintas, faz som no Wag Club, onde só toca jazz; às sextas, hip-hop e funk no Mud Club; aos sábados manda ver no Warehouse Club, adicionando soul e rythm & blues ao cardápio. No domingo ele descansa, lógico. Além de atuar nas carrapetas, Jay também ataca nas pretinhas, escrevendo regularmente para as revistas *The Face*, *I-D*, *Sky* e para o semanário *New Musical Express*. No momento, grava um mix no molde dos produzidos pelo M/A/R/R/S (*Pump Up the Volume*) e Beat Dis (*Bomb the Bass*), que se chamará *The Sound* e será lançado em maio próximo. Ele mixa rockabilly, hip-hop, go-go e samba (isso mesmo!). Numa mesa da hoje extinta Confeitaria Colombo, em Copacabana (lugar que Jay adorou e freqüentou nos seus sete dias de Rio), Tom Leão conversou com ele sobre isso tudo e mais um pouco.

—**Que tipo de som é mais popular nos clubes londrinos atualmente?**

— O que as pessoas mais gostam de ouvir são "rare grooves", discos dos anos 60 e 70 (soul e funk das antigas), especialmente as músicas de James Brown. A maioria dos clubes tocam uma mistura de hip-hop, rare groove e house music (espécie de funk mais suave e dançante produzido em Chicago, N. do *RF*).

— **Gravações como "Pump Up the Volume" e *Bomb the Bass* são completamente feitas por DJs. Por que isso se tornou tão comum entre vocês?**

— Vários DJs (inclusive eu mesmo) estão fazendo discos porque agora é muito simples de fazer. Usando samplers e outros discos, é muito fácil criar seu próprio ritmo, e você não precisa ser um bom músico para isso. Meu disco, *The Sound*, tem

Rio Fanzine

samplers de hip-hop, rockabilly, e com essa passagem pelo Rio, adicionarei alguma coisa de samba também. A música dos clubes está agora nas paradas, deixou de ser uma exclusividade dos freqüentadores das festas. E um dos principais meios de divulgação desse trabalho são as rádios piratas. Em Londres temos 10 estações de rádios piratas que só tocam black music. Eu trabalho para uma delas, a KISS 94 FM, que tem quase meio milhão de ouvintes.

— E os problemas com os direitos autorais? James Brown, por exemplo, processou vários grupos e DJs que samplearam sua voz e gritos em outros discos.

— Por enquanto não há uma lei regulamentando o uso de samplers. No mercado americano, que é muito mais rigoroso na área dos direitos autorais, alguns mixes são editados com trechos da versão original suprimidos, e alguns vêm com a lista de todos os trechos na contracapa com os devidos créditos.

— Quais são os grupos mais populares nos clubes londrinos?

— Grupos hip-hop como Public Enemy, Eric B e Big Daddy Kane, de Nova York; e Derek B., Coldcut Crew e Wee Papa Girl Rappers, de Londres.

— Além de Londres e Nova York (e agora Rio), onde mais você discotecou?

— Fiz festas para a revista *I-D* em Toronto, Canadá; Marbella, Espanha, e Berlim Ocidental. Fui DJ da extinta Danceteria, em Nova York, e já fiz festas também em Viena, na Áustria, Florença, na Itália, e em Moscou, na extinta União Soviética, com o Kamerata Club. É bom trabalhar em clubes de outras cidades e países porque nos dá novas idéias.

— Qual o lugar mais interessante em que você discotecou?

— Moscou, porque as pessoas só conhecem discos de velhos grupos de rock como Uriah Heep ("não Hop", brinca ele) e AC/DC. Eles não conhecem nada de black music, mas dançaram bastante e gostaram do hip-hop que toquei na Kamerata Party. Lá as coisas ainda estão começando a acontecer.

O passo do zydeco

O clima é quente, abafado mesmo. Os diversos sabores de licores descem pelas gargantas, esquentando mais ainda os corpos. O salão está cheio, o piso brilha. Na entrada do bar, não param de chegar pessoas; a maioria, negra. A conversa flui em voz alta, como numa grande feira em espaço fechado. Quase sem ser notado, um grupo de músicos sobe os degraus do pequeno palco. Poucos minutos depois, os primeiros acordes ecoam no ar. Os chapéus ficam pendurados na parede, a conversa cessa, os pares se formam, a pista se enche de casais dançando abraçados, sensualmente abraçados. A música, irresistível, é conduzida por... um sanfoneiro. O baile zydeco acaba de começar.

Essa cena, fictícia, torna-se real todos os finais de semana, ao sul da Lousiana, no interior dos Estados Unidos. Ali, mais especificamente nas cidades de

Lake Charles e Lafayette, está localizado o centro gerador e criador de um estilo musical que já tem mais de 50 anos de existência e que só agora sai ao ar livre e chega ao conhecimento do público: o zydeco, uma felicíssima mistura de sonoridades cajun, soul e rhythm'n'blues. O resultado final lembra, e muito, os nossos popularíssimos forrós. Seria algo como um forró de blues, se é que isso é possível.

A saída desse circuito foi demorada, preguiçosa até. Nessa região, existe um verdadeiro ecossistema, fechado e perfeito em suas extremidades. São rádios locais (KJCB e Foxy 106), inúmeros bares e clubes, além de lojas de discos e selos independentes e especializados, como o House Rocker e o Caillier Records (que fechou recentemente, devido ao suicídio do dono num drive-in). O projétil para o exterior foi o disco *On a Night Like This*, de Stanley "Buckwheat" Dural, pelo sempre atento selo Island.

Antes disso, nada. Ou melhor, tudo... só que a nível interno, fechado. O termo zydeco deriva de uma gíria creole para feijão. De fato, as influências creolas na região são muitas. Afinal, a maior parte das famílias descende de imigrantes da região francesa do Canadá. O mais destacado nome do zydeco foi Clifton Chenier, que está para o gênero assim como Robert Johnson está para o blues e Bob Marley para o reggae. Foi ele quem deu ao estilo musical suas formas definitivas, costurando inteligentemente todas as suas influências. Depois de dezenas de discos gravados e incontáveis shows, Chenier morreu, logo após ter inaugurado sua própria casa noturna, em 12 de dezembro de 1987, deixando atrás de si uma enorme legião de admiradores e seguidores. O rei morreu! Salve o (novo) rei!

A sucessão, contudo, não foi das mais fáceis. Aliás, ela ainda não foi concretizada. Durante muito tempo, o zydeco foi sinônimo de raízes, no sentido mais pejorativo possível (e aí mais uma semelhança com o forró). A garotada local evitava ouvi-lo, em favor do rock, de abrangência universal. Para piorar, a maior parte das canções zydeco era cantada em francês. E falar francês naquela região era sinônimo de atraso, sinônimo da linguagem popular, dos campos de algodão. O lance era falar inglês, de preferência com sotaque de Nova York.

Aos poucos, o panorama foi se modificando. Os aspirantes ao posto vago de Chenier conseguiram dar um tratamento moderno ao som zydeco, resgatando assim a confiança dos jovens. Já surgiu até um Jackson 5 do gênero: o Sam Brothers 5, cinco garotos que cresceram fugindo do zydeco e que resolveram assumi-lo agora. Os arquitetos dessa guinada: Rockin' Dopsie (que tocou no elepê *Graceland*, de Paul Simon), John Delafose, The Eunice Playboys, além do já citado Buckwheat Dural.

Dural foi ele mesmo um ser antizydeco. Só depois de muito tempo, já quase beirando os 30 anos de idade, é que ele deixou o seu instrumento de origem, o piano, e passou para o acordeão, acompanhando a banda de Clifton Chenier. "Eu me arrependo muito de não ter tocado acordeão desde pequeno. Hoje, eu teria um domínio muito maior do instrumento", disse recentemente. Foi com seu próprio grupo, o Ils Sont Partis Band, que ele gravou *On a Night Like This*, levando o som zydeco para o mundo inteiro.

Nas nove faixas do elepê estão a sonoridade mais moderna e contemporânea que o zydeco já alcançou até hoje. É um delicioso e irrecusável convite à dança, principalmente a instrumental "Zydeco Honky Tonk". "Hot Tamale Baby" deixa visível a influência de Ray Charles no som de Dural, só que mil vezes mais acelerado. A própria faixa-título é uma bem-sucedida regravação de uma canção de Bob Dylan. Não custa lembrar que o selo Island, de Chris Blackwell, é representado no país pela WEA. Como Bob Carlos, a gravadora comerá moscas se não lançá-lo no Brasil. Tem alguém de boca aberta por aí?

Olha o Bezerra aí, gente!

Bezerra da Silva está lançando seu novo elepê, *Violência Gera Violência*, e num depoimento exclusivo para o Rio Fanzine, soltou o verbo sobre pagodes e outros templos. "Sou analfabeto, mas não assino atestado de burro." Natural de Recife, chegou no Rio com 15 anos. Trabalhava na obra e já ouvia o som que faz hoje, que misturou um pouco com o coco nordestino. Ele não vem com o papo de "caô, caô", não diz mentira. Fala a "língua do congo", da verdade. Então, fala aí, Bezerra!

• A transação com o RPM foi feita de gravadora para gravadora. Depois o Paulo Ricardo foi lá em casa, me perguntando se eu queria cantar no disco dele. Eu falei que não sabia cantar aquilo (rock). Mas ele queria um negócio de samba, partido alto. Eu disse tudo bem. Eu não vejo esse negócio de rock, tango. Eu vejo música. Dó, ré, mi, fá, sol, lá, si. Eu sou músico. Estudei violão clássico e agora estou estudando piano. O Paulo (Ricardo) explicou que me chamou para participar do disco porque eu canto igual a eles. Falamos as mesmas coisas com palavras diferentes. A nota do rock é a mesma que eu toco no samba.

• Quando tem reunião lá em casa fica tão escuro que eu tenho que usar luz de mercúrio pra enxergar a negada.

• Pagode não existe. Pagodeiro é tua avó é a tua família. Eu brigo e provo que não sou pagodeiro. Só existe o pagode como rótulo mercadológico para vender disco. Como música é uma mentira. Isso é mentira. Eu provo no Instituto Nacional de Música, com o curso que fiz. Pagode é reunião de escravo na senzala. Pagode não é música. É até pejorativo, pra esculachar a gente. Isso não é gênero de nada. Você pode chegar no Instituto e ver que não tem registrado esse gênero. Por que pagode é coisa só de crioulo? O gênero que a gente leva chama-se partido alto. É samba. Quando eu cheguei aqui em 1945 isso tudo já existia e ninguém chamava de pagode. Nem sou pioneiro ou "rei do pagode", porque a rapaziada do morro já faz isso há muito tempo. Eu sou "rei da averiguação". Tenho 21 entradas na cana.

• Desde 1978 que eu trabalho com o mesmo pessoal. Produtor, músicos, coristas. As Gatas, o Conjunto Nosso Samba. Não muda nada. Em time que está ganhando não se mexe. Continuo pesquisando os compositores do morro. Tem muita gente boa, principalmente compositores, que ainda não tiveram a oportunidade de chegar a mim. O que tem de gente boa não é brincadeira. Como eu tô muito ocupado agora, fazendo shows de lançamento do disco, viajando pra lá e pra cá, estou tendo menos contato com eles. Antes, todo domingo eu pegava o gravador e escalava os morros. Passava o dia todo bebendo cachaça com a rapaziada e ouvindo os sambas. Sou favelado e tenho acesso a todos os morros da cidade. Não tem barra pesada. Onde é a leve aqui no Rio? Em cima do morro é o lugar mais seguro, ninguém te faz nada. Agora, aqui embaixo...

• Crioulo esclarecido não tem carro. Se eu botar quatro crioulos dentro do carro é o bicho. Moro na Voluntários da Pátria, em Botafogo, e se eu viesse aqui na RCA falar com a Marina de carro, sairia de casa dez horas da manhã e só chegaria em Copacabana às quatro da tarde de tanto parar pra mostrar documentos pros guardas. (T. L.)

A antítese do pop

O Black Future sai dos porões e mostra seu som que mistura o funk com samba e tecno-pop deprê num elepê ousado e impossível de rotular.

O sol castiga forte. A voz de Zé Ketti passeia pela paisagem cantando "Eu sou o samba". Meninos do morro vão se refrescar nas praias da zona sul carioca. Rio quarenta graus. Sol, praia e futebol. Muita coisa mudou desde que Nelson Pereira dos Santos rodou *Rio 40 graus*. Muita coisa.

Agora os meninos são outros. Não são favelados mas urbanos. Não se divertem na praia, pois acham que a cidade virou uma grande lixeira. Cantam "Eu sou o Rio". Ao invés de vadiarem pelas ruas da cidade, formaram uma banda e batizaram-na com um nome que diz tudo: Black Future. São under e não tencionam deixar de sê-lo. Nos shows, provocam um misto de indignação e admiração. Ninguém entende o que viu. Mas sentem que tudo o que é dito e tocado é feito com muita sinceridade... e raiva.

E de repente os meninos que ficavam sentados nas calçadas da Rua Riachuelo, na fronteira entre a Lapa e o Bairro de Fátima, reclamando da vida e achando tudo um saco (não do modo como os filhinhos de papai o fazem com seus grupinhos "niuêives" e instrumentos importados de melhor

Rio Fanzine

qualidade), gravam um elepê pela multinacional BMG-Ariola (ex-RCA). Como isso aconteceu, ninguém sabe. O certo, é que o disco de estréia do Black Future é a coisa mais inovadora, ao lado do Defalla, lançado pelo selo Plug, a divisão rock alternativo da gravadora.

São dez faixas e a vinheta onde a produção, a cargo do "feliniano" Thomas Pappon, está na medida exata, sem vôos "vanguardeiros" — com ruídos e barulhos desnecessários — nem polida o bastante para apagar o brilho de loucura contida em cada composição. É como assistir um show do grupo numa boa aparelhagem, o que nunca aconteceu, a não ser no Canecão, quando rolou a festa de lançamento do selo Plug.

Delírios artaudianos no modo do vocalista e letrista Márcio "Satanésio" Bandeira cantar. Devaneios na ponte no wave e dark no modo de tocar. Mas, acima de tudo, muita personalidade. Não há nada que chegue perto do som do Black Future. Não conheço vocalista que vá às lágrimas em cena, como Satanésio várias vezes chegou, ao falar/cantar suas sinceras e desesperadas letras. Nada estudado. Tudo natural. E nenhum dos "blacks" se intimidou com o estúdio. Tocaram como sempre, apenas utilizando instrumentos mais decentes que os seus.

Não há nenhuma faixa radiofônica que se ajuste às nossas pobres e imitadoras FMs. Mas, se elas não fossem tão tapadas, "No nights" e "Eu Sou o Rio" bem que poderiam tocar. Mesmo as alternativas ainda não se pronunciaram, restringindo o som do BF aos programas especiais. Eles não sabem como é gostoso passear pela Rua Mapple. É além da imaginação. (T. L.)

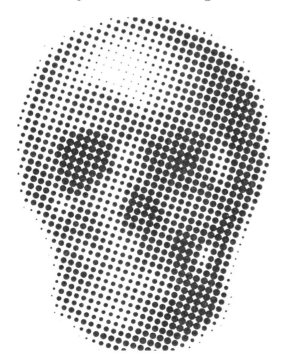

Os potins do Limá

Câmera 1: Nosso *bonjour* especial de hoje vai para Messiê Limá, o rei das gatinhas *très jolies* de Copacabana, um dos primeiros DJs a inflamar os bailes de subúrbios e zona sul cariocas, ao lado do saudoso Big Boy e de Ademir, ainda na ativa.

Câmera 2: Entrando de gaiato no navio, o Leão pediu para Limá suas dez mais, escolhidas sem levar em conta época ou ordem de preferência. Um destaque: Marvin Gaye, "acima de tudo". E vamos em frente que o couro come.

1) "Tell It to My Heart" — Taylor Dayne.

2) "No Sleep 'til Brooklyn" — The Beastie Boys.

3) "To Make Me Love" — Alexander O'Neal.

4) "Back in the U.S.S.R." — B-Mania.

5) "Wishing Well" — Terence Trent D'Arby.

6) "Get Lucky" — Jermaine Stewart.

7) "How Ya Like Me Now" — Kool Moe Dee.

8) "Bitter Fruit" — Little Steven.

9) "Tédio (com T bem grande pra você)" — Legião Urbana.

10) "Bora-Bora" — Paralamas do Sucesso.

OBS.: Para os adeptos da numerologia, uma curiosidade: Limá, o gigante das carrapetas, além dos oito mil discos que acumula em suas estantes, jura de pés juntos ter mais de três mil telefones de "menininhas e gatinhas" registrados em suas agendas. É mole?

Quando eu crescer...

Nomes da cena pop revelam seus desejos de infância

Quando criança, sempre pensamos ou sonhamos sobre o que vamos fazer ou ser quando crescermos. Viajamos no delírio de um super-herói, na conquista de um grande cientista, na fama de uma estrela de cinema ou TV. Um garoto urbano, hoje em dia, começa querendo ser um He-Man, depois um guitarrista de rock. Uma garota quer ser modelo ou atriz. Nem sempre os desejos se realizam. A maioria acaba estudante de comunicação ou bancário. É a vida.

Mas, como já disse certa vez um poeta, sonhar com algo e desejá-lo são duas coisas diferentes. Nos sonhos realizamos todas as nossas fantasias. Podemos beijar aquela atriz, dar a volta ao mundo voando ou construir uma sociedade utópica para fugirmos do caos que nos cerca. Já o desejo pode ser realizado na maioria das vezes, contanto que você corra atrás, seja estudando ou trabalhando bastante.

Em outros casos, crianças sonham em ser adultos num piscar de olhos, como o personagem do filme *Big/Quero ser grande*, que simplesmente passa de moleque para adulto através de mágica, e assim pode namorar a garota que ele está a fim, entre outras coisas. Inspirados neste devaneio, resolvemos perguntar a algumas figurinhas carimbadas da cena carioca o que elas sonhavam em ser quando crescessem.

"Queria crescer para ser James Bond. Depois mudei para James West e mais tarde para Jimmy Page (o guitarrista do Led Zeppelin). Em comum, o fato de todos serem James. Acabei tocando baixo numa banda de rock, e diplomado."

André X, baixista da banda Plebe Rude e formado em arquitetura.

"Sempre quis ser algo como médico ou piloto, teve uma época que eu sonhava em estudar na Alemanha, não sei por que, para ser médico. Nunca tive sonhos com super-heróis ou coisa parecida."

Dado Villa-Lobos, guitarrista da banda Legião Urbana e formado em sociologia.

"Sempre quis ser veterinário, pois desde pequeno sempre gostei de bichos. Por isso acabei fazendo a zootecnia na Rural, que não é o mesmo que ser veterinário, mas é parecido. Sempre criei animais em casa. Já tive de jacaré a família de hamsters."

Felipe "Bi" Ribeiro, baixista dos Paralamas do Sucesso e formado em zootecnia.

"Que eu me lembre, nada diretamente. Mas depois de mais crescidinha tinha vontade de fazer parte de outro tipo de adolescente, aque e ativo, engajado. Sempre fui fascinada por movimentos. Mas, no fundo, sabia que ia ser cantora."

Dulce Quental, cantora e compositora formada em ciências humanas e sociais.

"Sempre quis trabalhar com comunicação. Aí fui estudar jornalismo. Mas eu sonhava mesmo em ser um grande aventureiro, um expedicionário, que tanto podia ser um pirata como um Amyr Klink, um Fitzcarraldo, um expedicionário obcecado. Como não tive grana para isso, viajo via literatura, já que meu trabalho é basicamente de ficção. Hoje sou um Indiana Jones de Copacabana."

Fausto Fawcett, cantor e compositor performático, formado em comunicação.

Cronologia

1986

A explosão de um reator na usina de Chernobyl, na União Soviética, é o maior acidente nuclear da história

130 pessoas morrem em conflitos no campo. Entre elas, um padre. Em Brasília, durante uma operação de treinamento do Exército, um tenente-sargento obriga 108 recrutas a passarem no rosto uma mistura de água e gás lacrimogênio. Resultado: nove soldados sofrem queimaduras graves

A nave espacial *Challenger* explode em Cabo Canaveral, 72 segundos após o lançamento, matando seus sete tripulantes

Na França, estudantes tomam as ruas de Paris para protestar contra as reformas educacionais do governo

No Estádio Asteca, no México, durante a Copa do Mundo, Zico, Sócrates e Júlio César perdem pênaltis e o Brasil é eliminado pela França, de Platini. Com um show de Maradona, a Argentina vence a Alemanha na final e é campeã

Em fevereiro, o governo anuncia o Plano Cruzado, com o congelamento de câmbio, preços e salários. Surge uma nova moeda: o cruzado (CZ$)

1987

Nélson Piquet é tricampeão mundial de Fórmula 1

Durante uma visita ao Paço Imperial, no Rio, o presidente José Sarney é vaiado por uma multidão, que joga pedras no ônibus que conduzia a comitiva

A inflação atinge o índice de 365%

A poupança é a campeã dos investimentos, rendendo 427%

A Secretaria Especial de Informática veta a entrada no país do programa MS-DOS, da Microsoft

O aumento inesperado de 50% nas passagens de ônibus gera um quebra-quebra nas ruas do Centro do Rio

O estudante Marcelus Gordilho é espancado até a morte pela polícia na Cidade de Deus, no Rio. Ao buscar justiça, sua mãe, Regina Helena Gordilho, torna-se símbolo da luta contra a violência policial

Em setembro, 20 mil latas, com 1,5 kg de maconha prensada com glicose e mel, são despejadas no litoral brasileiro pelo navio panamenho *Solana Star*, para escapar de uma blitz da Polícia Federal. Surge a expressão "verão da lata"

Ao abrir, a marretadas, uma cápsula de Césio 137, retirada de um aparelho de radioterapia abandonado num depósito de lixo em Goiânia, um catador de papel gera o maior acidente radioativo da história do Brasil. Quatro pessoas morrem, 245 são contaminadas e 10 mil recebem algum tipo de radiação

O líder direitista francês Jean-Marie Le Pen declara que as câmeras de gás foram um detalhe na história da Segunda Guerra e manda a ex-mulher fazer faxina para pagar a pensão das filhas

Morrem Andy Warhol, Fred Astaire, John Houston, Clementina de Jesus, Carlos Drummond de Andrade...

A seleção brasileira de basquete, comandada por Oscar, consegue uma vitória histórica na final dos Jogos Pan-Americanos de Indianápolis, derrotando a seleção americana por 120 a 115

1988

Um Boeing 747 cai na cidade de Lockerbie, na Escócia, e mata 276 pessoas

George Bush é eleito presidente dos Estados Unidos

Com dívidas de CZ$ 142 bilhões, o prefeito do Rio de Janeiro, Saturnino Braga, declara a cidade falida

Ayrton Senna conquista o campeonato mundial de Fórmula Um pela primeira vez

Tina Turner faz show para 150 mil pessoas no Maracanã

A ex-paquita Luciana Vendramini posa nua para a revista *Playboy*

Beatriz Segall, com a personagem Odete Roitman, atrai o ódio do país na novela *Vale tudo*

É fundada a primeira fábrica de CDs no Brasil, a Microservice

A lambada conquista as pistas de dança

Morrem Chacrinha, Aracy de Almeida, Henfil, Enzo Ferrari...

Cazuza faz o show *Ideologia*

O U2 lança o disco *Rattle and Hum*

Na maior transação que envolveu um jogador brasileiro, o Vasco vende Romário, de 23 anos, para o PSV, da Holanda, por US$ 6 milhões

Uma das inovações tecnológicas do ano é o telefax

DeFalla, um certo DJ Marlboro, de cara com a Máfia, Paulo Francis em NY, blitz em Fernanda Abreu, metal farofa, iorubá music, a zona morta do vinil, roadies, Stone Roses, dançando parado, os leões ingleses do reggae, dancehall, Tortelvis não morreu...

89/90
A DÉCADA DA VIRADA

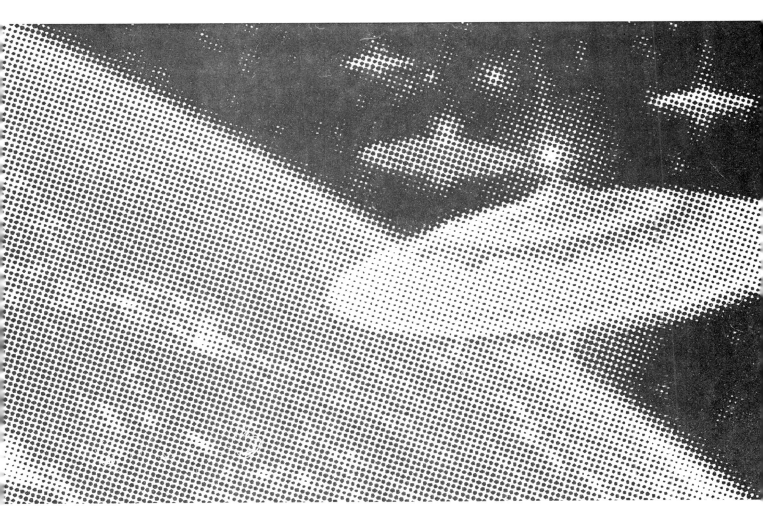

Cinco minutos com DeFalla

Uma superbanda sampler

No início, aparentemente, o DeFalla (nome inspirado no violonista flamenco Manuel DeFalla, e pela sonoridade/trocadilho, The Falla) era mais uma banda new wave, com o visual algo neo-romântico, como apareciam na foto da coletânea *Rock Grande do Sul*, lançada pela antiga RCA, em 1985. Essa influência vinha do então cantor e baixista Carlo, que dividia com o guitarrista Edu K. e a incrível baterista Biba as atenções do grupo. Após uns desentendimentos, a banda acabou. Porém, algum tempo depois, Edu e Biba resolveram reativar o DeFalla e chamaram Castor e Flávio, respectivamente baixo e guitarra, com uma proposta totalmente diferente. O grupo ressurgiu feroz e como um amálgama de todo o rock já feito na história: do primitivo ao psicodélico, do heavy ao hip-hop, o DeFalla se transformou numa "banda sampler" e Edu K. mostrou-se uma das figuras mais energéticas e provocativas da cena rock brasileira. Tom Leão levou um lero com a moçada no porão do Ipanema, tendo como porta-voz o demente Edu K., travestido de Axl Rose, do Guns'n'Roses, uma de suas bandas favoritas naquele momento.

— **Por que a banda optou por gravar um disco quase todo em inglês?**

— Por causa da debilidade, no sentido de loucura, e não de pobreza, das letras. Elas falam em assassinato, sexo, violência, massacre da serra elétrica etc. Também porque eu, que escrevo a maioria das letras, me expresso naturalmente melhor em inglês. Há o motivo também de poder dizer o que quiser sem problemas de censura ou de não tocar nas rádios. Tem certas palavras que são mais fortes em inglês, que soam melhor que em português.

— **A possibilidade de se lançar no mercado internacional está embutida nessa opção?**

— Não premeditadamente. Temos mil contatos, trocamos idéias com gente de vários países. Na Finlândia, por exemplo, saiu matéria com foto nossa num fanzine. Realmente temos planos de tocar fora. Quem sabe ir para Nova York e ficar por lá. Aqui é muito difícil de manter a banda. Temos dificuldade de conseguir equipamentos. Os que usamos são quase todos emprestados, como os samplers e guitarras. Por isso nos shows nós levamos "Como vovó já dizia" em *playback*.

— Vocês largariam tudo aqui para tentar carreira no exterior?

— Nosso contrato com a gravadora (BMG-Ariola) é anual. Foi assim com o primeiro LP. Não sei como eles renovaram com a gente. Por isso, somos livres para tentarmos o que quisermos. Acho que no meio do ano vamos para a Alemanha, tocar por lá, dar um tempo. Não estamos muito preocupados com o que se passa aqui.

— Por que regravaram uma música do Raul Seixas, no caso, "Como vovó já dizia"?

— Originalmente nós queríamos regravar uma música dos Mutantes, que é uma banda de que gostamos muito. Mas nosso amigo e produtor, Reinaldo B. Brito, o "barriga", sugeriu essa do Raul, que nós também gostamos. Mas não foi imposição de produtor. Foi toque de amigo mesmo.

— Qual foi a reação do Raul ao saber?

— No início ele não sabia de nada. A nossa gravadora é que ficou com medo e deu um toque na gravadora dele para saber se podíamos usar trechos de sua música original em sampler. Quando o Raul ficou sabendo achou legal. Gostou do arranjo diferente e se amarrou nos "samplers".

— As pessoas estranham o modo como você se veste, se traveste. É um estilo?

— Sou assim desde pequeno. Gosto de usar roupas de duas peças, que me dão mais mobilidade. Como só existem roupas assim para mulheres, eu tenho que usar maiôs femininos. O risco é o público prestar mais atenção no meu visual do que nas letras. Mas o público da banda entende.

— Como vai o rock gaúcho no momento?

— Já aconteceu um grande movimento. Agora tá médio. Sinto falta de novas bandas. Até nós já ficamos velhos. Mas no sul, bandas como TNT e Cascavelletes, por exemplo, podem sobreviver sem ter que sair de lá. Nós, desde o início, viemos fazer shows no Rio, São Paulo e até Brasília por que gostamos de ampliar nosso público. Não somos separatistas, como acontece com algumas pessoas no sul.

Os pilotos de toca-discos

A palavra é DJ (pronuncia-se dijê), termo mais sofisticado para o popular disc-jockey, ou discotecário. O que é um DJ? Não apenas o cara que coloca os discos para tocar num programa de rádio, numa festa ou discoteca. DJ hoje em dia é profissão, se ainda não reconhecida no Brasil, já bastante organizada em outros países. O DJ deixou há muito de ser um mero "tocador de discos".

Com a escalada da eletrônica e a descoberta dos "samplers" e outros periféricos, o DJ passou a ser também um artista. Que o digam os mais famosos nomes de hip-hop e house music. A maioria dos mixes de dança hoje em dia traz o DJ quase como o principal (no caso de remixagens de sucessos). Por outro lado, os nomes mais conhecidos de house e acid house são DJs, que criaram seus megahits a partir de experiências caseiras ou montagens criadas nos clubes. A lista é imensa, mas podemos destacar os ingleses Jay Strongman, Mark Moore (S'Express), Tim Simenon (Bomb the

Bass), Couldcut; e os americanos Jellybean, Frank Knuckles (o pai do house) e E-Z Rock, entre outros.

Mas a fama por enquanto é privilégio dos gringos. Por aqui, os DJs ainda enfrentam vários preconceitos e são marginalizados. Não existe escola para tal, no máximo cursos esporádicos ministrados por nomes mais destacados da categoria (como o de Marcelo Mansur, o Memê). O lance está no sangue. Em comum, a maioria dos DJs tem a timidez como principal impulso. Por causa dela, muitos começaram a ouvir música e comprar os melhores discos para serem convidados das festinhas e, até, para conseguirem arranjar algumas namoradas. Mas a fissura mesmo é mixar músicas com perfeição para que o ouvinte não consiga distinguir onde começa uma e termina outra. É o "orgasmo total" do DJ.

Foi isso que levou Marlboro, 26 anos, à profissão. Ele conta que só curtia música italiana, até que certo dia, há uns dez anos, ouviu no rádio de um amigo o programa *Cidade Disco Club*, de Ivan Romero (referência de toda a geração intermediária) e Carlos Townsend, onde só tocavam músicas que ele não conhecia, e que mesmo com o locutor anunciando uma seqüência com três ou quatro, ele só ouvia uma. Como era possível? Depois ficou sabendo que era iludido pelas mixagens, que davam a impressão de uma música só, sem intervalos. Pronto. Foi mordido pela vontade de fazer aquilo também. Daí em diante, mesmo sem o consentimento da mãe, Marlboro passou a comprar discos e freqüentar bailes para ir se familiarizando com os ritmos. Hoje, é considerado o rei do scratch (técnica de criar novos sons a partir de "arranhões" no vinil).

Em comum, a história da maioria dos DJs passa por um mesmo ponto: os pais não aprovam e muitos são convidados a sair de casa se abraçarem a carreira. No mínimo perde-se a namorada e abandona-se os estudos. Foi o que aconteceu com Renatinho, 27, ex-roller do Canecão, e que hoje faz fitas para butiques, afastado da vida noturna. Perdeu tudo, mas ganhou satisfação. O pai de Fernando, 20, que trabalha na Columbus ao lado do veterano Amândio, quis pagar o dobro do que ele ganhava na boate para que deixasse de trabalhar. Lógico que ele não aceitou. E pior: largou o cargo de diretor de CPD numa firma de computação para abraçar com tudo a pick-up. Já Rodrigo Vieira, 24, que divide as carrapetas do Calígola com Bernard Castejá, após "gramar" no início teve mais sorte. Hoje desfruta de certo status. Já trabalhou em boates de Portugal (Lisboa e Porto) e Espanha (Ibiza e Marbella) e seu parceiro inicial, Luciano, hoje trabalha no Regine's de Nova York.

O início sempre é difícil. É preciso sair batendo de porta em porta, como fizeram Tony d'Carlo, 25, da Zoom; Reneé Michel, 26, do Roxy Roller; e Henrique, da Vogue, o mais jovem DJ do Rio, 17 anos. O primeiro começou de fato como operador de áudio, e depois passou a "malar" os amigos DJs até que conseguiu uma boca e não parou mais. Já Renée foi de porta em porta oferecendo seus préstimos e após muito "não" obteve a primeira chance. O mesmo aconteceu com Henrique, que teve uma semana de experiência para mostrar o que sabia e foi aceito. Mais esperto foi o trio Cícero, 23, André Werneck, 21, e Marcelo Maia, 24, sócios e DJs da Press. Ao invés de ir à montanha, trouxeram na para casa ao oferecerem um big almoço para

Rio Fanzine

vários DJs. Como a classe não recusa "boca livre", o comparecimento foi total e assim o trio teve a chance de mostrar seus dotes. Logo foi convidado para fazer parte da turma. E chegou mais longe: criou um equipamento móvel, adaptado a um case (estojo) especial que carrega para todo lado dois toca-discos e um mixer-sampler. Assim, quando não estão trabalhando fazem festinhas extras.

Conquistado o terreno, a maior reclamação dos DJs vai para os baixíssimos salários e condições de trabalho. Como não é uma profissão reconhecida, com sindicato e etc., os patrões exploram bastante os iniciantes. Muitos trabalham seis dias por semana — sendo os primeiros a chegar na boate e os últimos a sair — por pouco mais de um salário mínimo; além de correrem atrás dos discos, já que a boate não compra nada. Como o material é todo importado (principalmente por consistir de 90% de remixes) morre-se numa grana violenta. Os maiores fornecedores dos DJs são comissários de bordo. Os mais afortunados viajam em média duas vezes por ano para captar tendências e renovar a discoteca no eixo Londres — Nova York. Existem mulheres DJs? Pouquíssimas. Se já não é fácil para homens, o que dizer para mulheres. No curso de Memê, por exemplo, a única aluna é uma americana, Rebecca. Mas ela não seguirá carreira. No Rio, o único nome feminino conhecido é Áurea, que apresenta programas funk na Tropical FM e

realiza alguns bailes. Existem diferenças entre bailes dos subúrbios e boates da zona sul? Muitas: O DJ Corello, 35, o criador do termo "charm", que designa funks mais calmos e balançantes, diz que a moçada da zona norte não se liga muito nas letras e tá mais a fim de dançar, e também não aceita modismos como house, acid e hip-hop. O funk tradicional é mais bem aceito. Corello faz som aos sábados no Vera Cruz, na Abolição, e diz que se ele trocar de lugar com algum DJ da zona sul, um não vai conseguir segurar o baile do outro. É quase como universos diferentes unidos apenas pelo prazer de dançar e se vestir bem.

Não podemos fechar a matéria sem citar alguns DJs pioneiros. Na primeira fase, no tempo dos grandes bailes no Canecão e nos subúrbios, Big Boy, Ademir, Cidinho Cambalhota e Messiê Limá eram os nomes mais respeitados. Eles influenciaram uma geração. Entre aqueles criados com a discoteca, todos apontam Guilherme Lamounier e Ivan Romero como as principais influências. Outros nomes como Amândio, Pinduka e Careca também são citados. Da novíssima geração, os eleitos são Memê e Marlboro, cada um na sua especialidade, fazendo a cabeça de jovens da zona sul e da zona norte e trazendo um novo estilo. Agora é esperar pelos talentos que sairão da nova leva em formação. *Put the needle on the record!* (T. L.)

Cinco Minutos

Acelera, Marlboro!

Hoje, dia 12 de março, é uma data muito especial para todos os disc-jockeys brasileiros. Pela primeira vez, desde que foi criado, o campeonato internacional de DJs do DMC (Disco Mix Club), com sede em Londres, recebe um representante brasileiro, que disputará com quase 50 concorrentes de 22 países o cobiçado toca-discos folheado a ouro e mais cinco mil libras esterlinas (aproximadamente US$ 8 mil) de prêmio. Nosso homem é Fernando Luis Mattos da Matta, uma pessoa simples, que mora tão longe (interior de Niterói) que ganhou dos amigos o apelido "Marlboro", em alusão à "terra de Marlboro" dos anúncios. E Marlboro estará hoje mandando ver nos toca-discos, não nos bailes do Canto do Rio, em Niterói, ou nos estúdios da Tropical FM; e sim em Londres, representando o Brasil e toda a classe desconhecida dos DJs. Para quem ainda nem tem aparelhagem própria, parece até coisa de filme, de conto de fadas. Antes de embarcar, Marlboro levou um rápido papo telefônico com Tom Leão e contou o que é que vai rolar. Daqui, vamos mandar nossas vibrações positivas e torcer por ele. *Pump up the volume!*

— O que te bateu quando você foi selecionado para ir a Londres disputar a grande final do campeonato mundial de DJs?

— Eu simplesmente não acreditei. Desde o começo eu achava que não ia chegar nem na semifinal. Como pode um cara que nem tem toca-discos, que não treina, disputar com um monte de gente superbem-equipada, e ganhar? Só mesmo em sonho. Até agora não estou acreditando. Agora, uma coisa eu quero deixar bem clara: quem vai a Londres não é o Marlboro. É o Brasil. Eu vou representando a classe dos DJs. Se eu ganhar, ganham os DJs brasileiros, que passarão a ser mais reconhecidos no exterior. Durante a eliminatória em São Paulo não houve clima de competição. Pelo contrário, todos me deram a maior força. Por isso, eu estou indo em nome de todos os DJs brasileiros.

— Como foi seu programa de treinamentos para a grande disputa?

— Como eu não tenho equipamentos e nem lugar para treinar, fui para São Paulo, a convite do pessoal do DJ Club e fiquei três dias concentrado numa chácara do Dynamic Duo (equipe de DJs paulista), em Ribeirão Pires. Fiquei treinando nos toca-discos e **mixers** profissionais e semelhantes aos que vão ser utilizados no campeonato inglês, para ir me acostumando com eles.

— Já pensou em sua seleção musical para a apresentação?

— Já. Vou utilizar várias idéias das que foram apresentadas pelos finalistas do campeonato em São Paulo. Vou utilizar também uma batida de samba, sons de cuíca, apito e tamborim, que ficam muito bem em scratch, para fazer um som diferente dos demais e também dar o toque brasileiro. Mas não vou ficar só nisso, senão vira Carmem Miranda, exótico.

— Com tudo isso acontecendo, como fica seu trabalho na rádio?

Rio Fanzine

— Pedi demissão da rádio (Tropical FM). Mas não foi por causa disso. Antes de tudo acontecer, há duas semanas, o dono da rádio resolveu cortar uma hora do meu programa, que é o líder do horário. Fiquei muito chateado. Eles nem sabiam que eu tinha ganho o campeonato e depois ficaram meio assim. Quando eu voltar penso no que vai acontecer depois com o programa.

— E se você ganhar, o que vai fazer com o dinheiro?

—Vou comprar o equipamento que quero, montar o estúdio que sonhei e produzir e lançar os mixes que faço. Os DJs do Brasil é que vão ganhar com isso. O DJ brasileiro não tem acesso à tecnologia, e como o DJ americano Jellybean disse certa vez, "O DJ é o produtor do futuro", e nós não podemos ficar para trás. Com a grana terei mais recursos e meu trabalho evoluirá.

— Quais são as suas músicas favoritas do momento?

— A música do 2 Live Crew, a "Melô da mulher feia", que todo mundo canta nos bailes, todos pedem na rádio e que fiz uma versão em português, e que se tudo der certo, será lançada no Brasil. Além disso, estou preparando nova versão para outra música do 2 Live Crew.

Encontros marcantes

Enquanto preparamos diário de bordo com detalhes de interesse para os leitores sobre as aventuras deste repórter em evolução na América, aqui vão alguns encontros marcados pelo acaso, que incluem os Bee Gees, Paulo Francis, Sean Young e a irmã mais simpática de uma famosa pop star. Adivinhe quem?

Embora Los Angeles seja a terra das estrelas de Holywood, não vi nenhuma. Talvez pelo sol forte e ofuscante. Acabei encontrando mesmo brasileiros. Carlinhos, ex-Ultraje, que atua numa banda de trash metal local; Paulo Ricardo, ex-RPM, *à cote* de sua namorada, a ex-xuxete Luciana Vendramini — estes num passeio por Melrose, point de encontro dos roqueiros e moderninhos locais —, e o notório produtor Liminha, na não menos notória Praia de Zuma. Carlinhos está iguazinho aos rockers angelenos: branquíssimo, cabelos enormes, jeans rasgados etc. Nem sua mãe o reconheceria.

Já em Nova York, aconteceu um encontro notável, no escritório da Globo (TV, jornal e rádio funcionam juntos), com o legendário homem de imprensa, Paulo Francis, que repassava seu texto para a "cabeça" que grava para o *Jornal da Globo*. Francis não é aquele monstro que pintam por aqui. Muito bem-humorado e tirando sarro de tudo, ele comentava sobre o saco que seria ir a Paris no dia seguinte para cobrir a festa do bicentenário da Revolução Francesa. "Paris no verão é um fedor só."

   Súbito, ele parou, olhou para minha namorada e disse: "Por acaso não nos conhecemos?" Aproveitando a deixa, entrei na "cantada" que se iniciava e disse que éramos amigos de sua cunhada, a Beth Nolasco, ao que ele prontamente respondeu: "Ah, vocês são amigos da Elisabeth? Então são do rock, não?" Em seguida vieram as apresentações de praxe, quando ele ficou sabendo que este modesto escriba era um dos redatores desta humilde página. Aí a grande surpresa: ele não só mostrou que conhece o Rio Fanzine como o nome deste escravo do terminal. Como diria a Danuza Leão naquele extinto programa, foi um encontro marcante. Acredite se quiser.

Ainda emocionado, no dia seguinte fui ao prédio da Warner Communications e, mal adentro o corredor que me levaria à sala da assessora de imprensa Mellanie Ciccone (prestaram atenção no sobrenome?), esbarro com um cara alto, de vasta juba e fronte larga, ao lado de um baixinho semicalvo, que atenciosamente davam autógrafos para uma secretária, que jurava ser para sua "sobrinha". Quem eram eles? Os Bee Gees, Barry e Robin Gibb. Eles haviam acabado de conceder coletiva para a imprensa local para divulgar o show que farão em agosto no Radio City Music Hall, a uma quadra dali.

Em seguida estava na sala da simpaticíssima Mellanie Ciccone, a irmã caçula de Miss Madonna Louise Ciccone, que arranhando um português de boa pronúncia, incluindo gírias como "jóia" e "maior barato", contou-me que, quando moça, estudou num colégio de italianos em Jaú, no interior de São Paulo. Isso mesmo, Jaú. E disse mais: lá, foi o único lugar no mundo onde ela encontrou mais de duas pessoas com o mesmo sobrenome de sua família. A agradável italianinha guarda muitas semelhanças com sua mana. *Chose de loque.*

Achou pouco? Então espere só para saber o que aconteceu no meu penúltimo dia na "grande maçã". Era a festa de abertura do New Music Seminar, onde De La Soul, Ofra Haza e George Clinton fariam apresentações especiais no Palladium. Na porta encontro os Paralamas, que lá se apresentariam dois dias depois. Até aí, nada demais. O que marcou mesmo a noite e fechou as férias com chave de ouro foi ficar pertinho, quase cadeira com cadeira, por acaso, com a bela replicante Rachel, de *Blade Runner*, a gracinha Sean Young. Sem pintura, roupa cara ou pose de star, a moça balançava os braços ao som de Ofra Haza, mas bocejou com George Clinton. Suei frio.

Por enquanto é só, pessoal! (T. L.)

Cinco minutos com Fernanda Abreu

A dois passos do paraíso

OK, Fernandinha, você venceu. Num final de década em que tiros são dados em todas as direções e apostas no futuro se transformam em verdadeiras roletas russas, a ex-Blitz brincou com fogo e não se chamuscou. Com apenas dois shows, semana passada no Jazzmania, Fernanda não só deu ares de graça à discothèque — um gênero tão machucado pelos preconceitos —, como virou cabeças com sua presença em cena (acompanhada por duas vocalistas e uma banda impecável) e sua voz — uma agradável surpresa para quem a conhecia apenas pelo trabalho com a Blitz.

No caminho, Fernandinha (uma cruzmaltina de coração) também deixou pistas para o seu próprio caminho: música para dançar, vibrante, inteligente e antenada. Com o repertório para um disco-solo praticamente definido, gravadoras acenando ansiosamente e a produção de Herbert Vianna já apalavrada, ela encabeça facilmente o ranking das grandes promessas para 1990. Carlos Albuquerque foi conferir o porquê.

— Como surgiu a idéia do show com músicas de discothèque?

— Foi em São Paulo, durante os ensaios para o show de lançamento do segundo disco do Fausto Fawcett, que eu estava dirigindo. O pessoal do Aeroanta deu a idéia, mas eu não aceitei inicialmente, já que estava mais ligada no conceito do meu disco. Depois pensei bem e concordei. Falei com o Fábio Fonseca e ele conseguiu os músicos, ensaiamos um pouco e subimos no palco. E eu acabei adorando o resultado. E a oportunidade de tocar no Rio mais ainda. Eu queria mostrar esse espetáculo aos meus amigos, apesar de não ver muito futuro nesse show, na verdade uma grande diversão. Talvez, no máximo, eu o repita no verão, no Morro da Urca.

— Muita gente costuma dizer que a disco foi injustiçada...

— Eu também acho. Entre o rock progressivo e o punk rock, a discothèque ficou com uma aura meio comercialóide. Eu, que ouvia muito isso, tenho certeza que 70 por cento eram material de péssima qualidade, mas os 30 por cento restantes eram demais. O Chic era um absurdo, Nile Rodgers, Bernard Edwards e Tony Thompson são fantásticos. Quase todo mundo foi a uma discoteca e quase todo mundo, inclusive os Stones, tocou uma música disco. O problema é que há muito preconceito em torno da discothèque, mas mesmo assim têm muita coisa que pode ser resgatada. O que vale é a música, não a estética, aquela coisa meio cafona, dos terninhos, do globo de luz etc.

— O que você fez no período pós-Blitz?

— Eu entrei na Blitz muito nova, com 19 anos. Foi um período genial, uma escola fantástica etc. Mas quando acabou, eu queria dar um tempo. E, logo após a nossa separação, começaram a chover propostas de gravadoras. Eu recusei todas, porque não tinha certeza do que queria fazer. Tranquei minha porta, fui aprender a tocar guitarra, me dediquei a aulas de canto, voltei a dançar e comecei a esboçar um disco, com letras minhas. Mas tudo com calma e na hora certa.

— E a hora é essa?

— Acho que sim. De um ano e meio para cá, o conceito do disco foi se delineando com mais precisão. Eu até já tenho o nome: *Sla Radical Dance Disco Club*. Eu tenho vontade de fazer um disco de estúdio, com muita bateria eletrônica e muito peso. O Herbert vai produzir, isso é certo, e eu já conto com a ajuda de um empresário superprofissional, que é o Zé Fortes. Quanto aos músicos, eu ainda não tenho ninguém acertado. Só falta mesmo me definir quanto à gravadora. Tenho duas ótimas propostas e espero escolher a melhor.

Rio Fanzine

Farofa-fá para o sucesso

As bandas de "metal farofa" proliferam cada vez mais nos Estados Unidos e faturam milhões

Você gosta de farofa? Farofinha de frango assado? Farofa de banana? Farofa doce para cobrir seu sundae? Gosta? E de música "farofa"?

É, música farofa. Existe. Os Djs de boates inventaram o termo há alguns anos para designar aquelas músicas que são tiro certo para encher pista, tipo tema de novela, primeiro lugar nas paradas, etc. O pessoal do heavy metal resolveu também criar um termo variante desse, o metal farofa, para indicar aqueles grupos que fazem muitas caras e bocas, mas que não tocam nada. São os que só fazem sucesso com canções xaroposas, bem melosas.

O metal farofa começou a se fortificar há cerca de dois anos, quando duas bandas que até tinham uma certa reputação, Bon Jovi e Def Leppard, conseguiram vender milhões de LPs através dos sucessos românticos, respectivamente "You Give Love a Bad Name" (pirateada num compacto pela identidade secreta do Sonic Youth, o Swanic Youth) e "Love Bite" (a popular "Mordida de amor", consagrada em solo pátrio via Yahoo, com aquele refrão "Eu não quero tocar em você, baby"). No ras-

tro, o Whitesnake saiu da obscuridade com "Love Is a Stranger", e Dave Coverdale deixou de imitar o Led Zeppellin e passou a se vestir e ter penteado igual ao das "peruas" do seriado *Dallas*.

Pronto. Fora descoberto um novo filão. E um novo público também. Os amantes do metal farofa não são propriamente os garotos Headbangers que freqüentam shows do Metallica, Anthrax ou Megadeth. São meninas e meninos de seis a 14 anos, em média. Isso mesmo. Garotos que estão às portas da adolescência, e necessitam ouvir canções românticas, em que possam extravasar seus desejos por aquela garota da escola. E garotas que gostam de admirar seus ídolos meio assexuados (a maioria dos metálicos farofa mais se parecem com candidatas a concurso de miss alguma coisa), pregando seus pôsteres no quarto e suspirando por Jon Bon Jovi e outros do time.

No veio do metal farofa se mistura também uma tendência resgatada dos anos 70, o glam rock, que inclui bandas aceitáveis ou não, como Faster Pussycat e Poison. À parte as qualidades e defeitos de ambas, o que sobressai mesmo é o visual dos rapazes, tão lindos e maquiados ao estilo das centerfold girls da revista *Playboy*, em que fica dificílimo apontar qual é o homem nas fotos. Mas independente dos rótulos que cada banda carregue, a farofa se espalha cada vez mais entre os adeptos do soft metal.

No momento presente, quem está com a bola toda são as bandas Skid Row, White Lion e Warrant. Em ebulição, querendo um pedaço do bolo também, está a Enuff Z'Enuff. Todas elas acabaram de debutar com o primeiro LP. O conteúdo é o soft metal estilo californiano, que transita discretamente entre temas pesados, estilo Guns & Roses, e safados, à la Motley Crüe. Mas o que faz os discos venderem mesmo são as faixas farofa, bastante românticas.

O White Lion faz as meninas suspirarem com "When the Children Cry", levada na guitarra acústica e voz melosa. O Warrant faz o mesmo com "Heaven", a mais forte candidata a "Mordida de amor II" (atenção, Yahoo!). Já o Skid Row consegue se destacar e fazer sucesso não só entre as meninas, como também com garotinhos em fase de crescimento, com "18 & Life", a trágica balada que fala de um garotão que matou seu melhor amigo por acaso, com um revólver, e por isso é condenado a passar alguns anos na cadeia. Novela das oito perde.

No Brasil, (in)felizmente, o metal farofa não está com essa bola toda. O ponto principal é que o rock não é tão consumido aqui como nos Estados Unidos, e os metálicos "verdadeiros" preferem o rápido e agressivo trash metal. Daí os lançamentos no gênero por aqui serem escassos, e quando saem, vêm no rastro de um possível sucesso radiofônico ou candidato a tema de cigarro ou novela.

Agora um detalhe: os fanhos não têm vez nos grupos farofas. Já imaginou a tragédia? (T. L.)

Cinco minutos

África com sotaque

Coragem? Ousadia? Loucura? O que leva uma banda nova a gravar seu disco de estréia — aquele que, teoricamente, serve como cartão de visitas para a entrada num mercado cada dia mais estreito e seletivo — em iorubá, um dos idiomas mais populares da Nigéria, mas não do Brasil? Como ela será "entendida" pelo público? Como será possível trabalhar um disco assim nas rádios? Como lançar um single em iorubá? E, por fim, como vender discos assim?

O Afrika Gumbe talvez não tenha resposta para essas perguntas e, muito provavelmente, não se importa com elas. Mesmo assim, Carlos Albuquerque foi ao encontro de Marcus Lobato (ex-Robôs Efêmeros) em busca de pistas. Afinal, o début em vinil do Gumbe, pelo selo Eldorado, chama a atenção à primeira audição: um precioso tratado musical ligando Brasil e África. Tão doce quanto cativante, seu som foi elaborado e testado nas noites tórridas do extinto Café Teatro Mágico, em Botafogo, onde a banda tocou por muito tempo, e periga até ser lançado no exterior, via Celluloid.

— Por que gravar em iorubá?
— Além de ser um idioma superimportante na Nigéria, o iorubá tem uma enorme influência no Brasil, principalmente no Nordeste. Nossa idéia era essa: fazer um som africano, mas sem precisar correr atrás dos modismos. O iorubá é África e Brasil ao mesmo tempo. E aqui, ele é bastante popular,

enraizado mesmo. Expressões como "oba oba" e "iô iô" vem do iorubá, uma linguagem meio percussiva. De todas as culturas africanas no Brasil, a iorubá foi a que mais se disseminou e se adaptou. A língua portuguesa talvez quebrasse o suingue do som que queríamos fazer.

— E como o Afrika Gumbe passou por todas as formações anteriores e chegou a atual, só com músicos brasileiros?

— Quando era Afrika Obota, a formação incluía basicamente estudantes africanos, a maior parte vinda do Gabão, que depois se misturaram com músicos daqui. Em determinado momento, explodiram três visões dentro da banda. Uma era formada pelos africanos, que levavam aquilo como uma diversão, algo como uma batucada, e precisavam continuar os estudos, para depois retornarem aos seus países de origem. A outra era formada por Humberto Adú Obalogum, uma pessoa inteligentíssima, que está com a banda desde o começo, sacerdote do candomblé, que queria pesquisar a possível mistura da tradição afro com a urbanidade das cidades. E por fim, nós, a banda atual, que queríamos fazer tudo isso, um som africano, mas embalado em formato pop. E foi o que prevaleceu.

— O que dizem as letras do disco, já que elas não têm tradução no encarte?

— Pois é, nós só tínhamos uma folha para o encarte e queríamos colocar uns quadrinhos ali, algo que talvez explicasse melhor o nosso som do que uma possível tradução. As letras, feitas com a assessoria do adú e de um amigo nosso, falam de assuntos como tradição, paz, ecologia etc. A tradução não ficaria legal. Em português ficaria meio estranho dizer: "Você carrega seu pai no coração/E você vai passar isso para seu filho". Para o africano isso tem a ver, mas parece piegas traduzido para o português.

— Há alguma possibilidade de o disco tocar nas rádios?

— Acho que não é um disco difícil de tocar, a sonoridade não é agressiva, é doce, o canto é suave, envolvente. Mas as rádios até agora não se manifestaram. Talvez seja muito ousado tocar um som com letra africana. Nesse campo, só estouraram o Manu Dibango, há um tempão, e o Mory Kanté, mais recentemente.

— E se tentarem vender o disco de vocês no meio dessa onda de lambadas?

— Não tem problema não, apesar das notáveis diferenças. As pessoas sempre dançaram nos nossos shows. E basta ouvir o disco para notar que não se trata de um som oportunista, de moda. A lambada é mais picante, mais latina. O afro é mais elegante, mais sutil, tradicional mesmo. Mas para dançar, os dois são ótimos.

O vinil da zona morta

As frases que se escondem no fim dos discos

Esta página de vez em quando aparece com umas pautas absurdas. E de tão absurdas, tornam-se deliciosas. Sabe aquele dia que você tira uma vez por ano para limpar seus discos etc.? Pois é. Da última vez em que embarquei nessa, deparei com misteriosas escritas em certos pontos do vinil, dignas de hieróglifos egípcios, porém bem mais fáceis de traduzir e entender.

Acompanhem a viagem: sabe aquela área vazia entre o fim da última faixa do disco e o selo? Pois bem, sem querer, meus olhos bateram numas coisas escritas por ali que iam bem além dos números de série e outros códigos que por lá habitam. Deparei com frases humoradas, enigmáticas e até dedicatórias para namoradas e amigos.

Tudo começou quando descobri no vinil do compacto de 12 polegadas *Ceremony/In a Lonely Place*, um dos primeiros do New Order, a frase "How wish we were here with you now", trecho modificado de "you" para "we", no caso uma dedicatória do New Order para Ian (Curtis), da letra de "Ceremony", do falecido Curtis. Curioso, parti atrás de mais.

Coisa de maluco? Pode ser. O fato é que munido de paciência, caneta e papel, pus-me ao lado do eternamente "rasta" Carlos Albuquerque, a procurar por mais frases do tipo, que infelizmente só são encontradas em cópias importadas, e na maioria em singles de 12 polegadas.

Aqui vão as mais engraçadas e curiosas para vocês:

1) "Beware the mouth thats move and speak no truth"/"Cuidado com a boca que se mexe e não fala a verdade" (no lado 2 do primeiro EP do Wall of Voodoo, *Ring of Fire*).

2) "To Dreide from Basildon"/"Para Dreide de Basildon" (no último LP do Pop Will Eat Itself).

3) "Dolphins make better anarchists than people do"/"Golfinhos dão melhores anarquistas que pessoas" e "A caveira é o 'Sorria' dos anos 80" (lados A e B da coletânea *Give Me Convenience or Give me Death*, do Dead Kennedys.

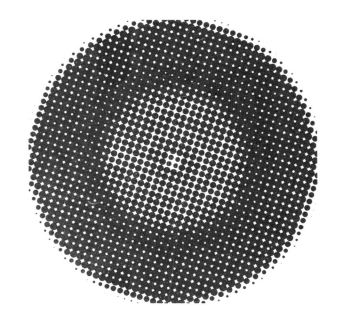

4) "I've seen the real atrocities" e "Buried in the sand"/"Eu vi as verdadeiras atrocidades" e "Enterrado na areia" (lados A e B do single "Transmission", do Joy Division).

5) "We do any style"/"Nós fazemos qualquer estilo", **"Gone fishing"**/"Fui pescar" (presentes, respectivamente, nos singles "Strange-Love" e "Never Let Me Down Again" do Depeche Mode).

6) "Go back, Jack. Do it again!", frase de uma música do Steely Dan, "Do It Again", presente no single "Loving Feeling", do Beloved.

7) "Come back, John Lennon!"/"Volte, John Lennon!" (no lado B de um compacto editado em 1977 pelo grupo Rezillos, que traz a regravação para "I Wanna Be Your Man", dos Beatles, portanto três anos antes da morte de Lennon).

8) "Ant music for sex people!", grito de guerra do Adam & The Ants presente no lado A do LP *Kings of the Wild Frontiers*.

9) "Tintim danced with this"/"Tintim dançou com isso aqui" (no mix americano de *Dance Little Sister*, de Terence Trent D'Arby).

10) "This is dub music for the people of the world" (no lado A do mix de *Set Them Free*, do Aswad) (T. L.)

Operários da música

Eles são os anjos da guarda dos músicos

Eles são os primeiros a chegar nos teatros, clubes ou qualquer lugar onde vá acontecer um show de rock, e os últimos a sair. Não, não são as meninas dos fã-clubes, nem roqueiros fanáticos pelo som de sua banda favorita. São os roadies, aqueles caras que ficam se arrastando e correndo de um lado para o outro do palco durante os shows.

Mesmo com a consolidação dos grupos de rock por aqui, a figura do roadie ainda é relegada ao mais profundo anonimato. Por trás de um grupo de sucesso, sempre existem bons roadies. Mas ninguém nunca quis saber o que pensa ou faz ou como vive um roadie.

A palavra "roadie", vem do vocabulário roqueiro americano e significa mais ou menos "estradeiro", aqueles caras que viajam estrada afora com as bandas, cuidando da perfeita montagem e desmontagem da aparelhagem de palco e que mesmo assistindo ao mesmo show todos os dias não enjoam porque a última coisa a que eles prestam atenção é no show propriamente dito.

O roadie tem que ficar de olho na corda de guitarra que arrebenta, no microfone que desplugou, no fio que enrolou, na peça de bateria que caiu, deixar pronta e afinada a guitarra reserva e de vez em quando dar uma de segurança de palco etc.

Quem já assistiu a algum filme que mostre concertos de rock deve ter notado que os roadies americanos em geral lembram membros desgarrados dos Hell's Angels. São cabeludos, tatuados, trajados em couro e sempre com uma latinha de cerveja à mão. Já os roadies europeus, embora também sigam a linha motociclista, possuem estilo um pouco diferente, mais chegado ao punk ou skinhead, engajado ou não.

No Brasil, a maioria dos roadies optou pelo visual skinhead. Isso tem uma explicação: a classe passou a ser mais reconhecida de fato junto com a chegada do punk ao Brasil e com o levante das novas bandas de rock (embora desde os primórdios do rock nacional eles existam) e como a postura e visual cênico dessas bandas seguia o estilo pós-punk, o roadie brasileiro caracterizou-se por um estilo parecido.

Para agüentar o rojão, os corpos têm que estar em forma. Musculosos por obrigação, os roadies precisam basicamente ter braços fortes para carregar o equipamento (mas nem sempre o roadie é carregador, depende do estágio em que estiver na "carreira") e serem ágeis para evitar os imprevistos. Também é preciso ter cabeça fria para os imprevistos e "roubadas" que pintam.

O que fazem nas horas de lazer e de onde vêm os roadies? Muitos deles são amigos ou parentes de alguém da banda. É o caso de Helder Vianna, 27 anos, que parou de estudar agronomia para acompanhar a banda do irmão Herbert (Paralamas), estimulado por Pedro Ribeiro, irmão de Bi, também dos Paralamas, e que na época auxiliava a Plebe Rude junto com Naldo, hoje trabalhando com o Legião Urbana.

Outro roadie do Paralamas, M.B. (iniciais para Mauro Bundinha, que nada tem a ver com aquele do Ultraje a Rigor), 22 anos, era um fã tão doente do grupo que certa vez acompanhou-os numa turnê inteira pelo Nordeste, e acabou entrando para a trupe. Hoje, M.B. já pensa num futuro como piloto de avião, para o qual está se preparando. Ainda da equipe dos Paralamas faz parte o experiente Big, 28 anos, que já pensou na idéia de criar um sindicato da classe (faltou tempo e organização para levar a idéia adiante) e que atualmente também aluga aparelhagem para shows de médio porte.

Em comum, todos os roadies sabem que a profissão é passageira e dura enquanto durar o sucesso da banda ou a disposição física do indivíduo.

— Ninguém é roadie por profissão — diz Helder, na ativa há quatro anos, que na paralela já pensou em abrir um restaurante com Big e pretende investir na criação de camarões em um futuro próximo.

Cristiano, o "Molecris", o mais jovem da categoria, que batalha desde os 14 anos (tem 19), discorda. Ele não só vê a ocupação como profissão, como pretende seguir adiante fazendo um curso de áudio, para no futuro ser operador de mesas de som.

A grana é curta e depende muito da banda em que o roadie trabalha. Mesmo assim, como nenhuma banda está na ativa todo o tempo, nas horas vagas o jeito é agitar como free lance. Parou a banda, parou a grana.

Rio Fanzine

No caso de Cris — solo no Rio após abandonar a família e os estudos em Brasília para trabalhar com a Plebe Rude quando a banda se mudou para cá (começou com o Detrito Federal) e posteriormente com o Hojerizah —, vale correr atrás de qualquer coisa. Nessa, ele já trabalhou temporariamente em shows de grupos tão diversos como Guanabatz, Capital Inicial e Noel. Em fase de vacas magérrimas, já foi até garçom do extinto bar Frivolity e no momento pensa em fazer um curso de dublê com o mestre brasileiro do gênero, o Guarilha. Seu próximo trabalho é com a Legião Urbana.

A proximidade com a música estimula a criação de bandas formadas por roadies? Não exatamente. Embora tenha acontecido uma jam session de roadies ano passado em São Paulo, a maioria gosta de rock apenas para consumo próprio, já que eles sabem como ninguém como é difícil segurar uma banda (embora Lemmy, do Mötörhead, tenha começado sua carreira como roadie de Jimi Hendrix). O mais próximo que chegam disso é na passagem de som. Cris costuma tocar bateria e guitarra, e Helder ataca de baixo, apenas para testar o som.

Mas Cris conta que certa vez o guitarra-base e vocal do Metallica, James Hetfeld, quebrou o braço andando de skate e foi substituído em alguns shows por seu roadie.

— No Brasil, aconteceu certa vez um motim entre os músicos da banda do Lobão, que teve de cumprir compromisso se valendo de seus roadies e amigos próximos — conta Cris.

Existe algum curso para roadie? Não. Se você está a fim, vai depender da sua disposição, vontade e afinidades com o meio musical. Afinal, quem cai na estrada é para se aventurar. E nada mais livre e imprevisível do que essa "profissão".

• P.S.: Esta matéria é dedicada a todos os roadies do Brasil, com especial destaque para o Sombra (Titãs), Bruno (Engenheiros do Hawaï), Dudu (Kid Abelha), Mini (Marina), Vítor e Domingos (Barão) e Fred, um pioneiro que hoje é motorista particular e mecânico de automóveis em Brasília. (T. L.)

Nem tudo são pedras

Ian Brown, do Stone Roses, fala do LP que está saindo aqui

Saudada unanimemente pela imprensa inglesa como a melhor banda surgida nos últimos tempos, os Stone Roses experimentam culto semelhante ao dedicado a bandas como Joy D vision e The Smiths.

Por coincidência, os Stone Roses também são de Manchester. Mas as coincidências acabam por aí. A rigor, o grupo não apresenta nada de novo como as duas citadas apresentaram. Namoram com o rock dos anos 60 e conquistaram o público por ser uma banda jovem (idade média 19 anos) que toca como se estivesse nos anos 60, vivendo o flower power.

O primeiro LP deles está saindo agora no Brasil, depois de ter sido adiado por meses (ia sair em novembro passado), e aproveitando a ocasião, nós falamos diretamente com o vocalista Ian Brown, que estava num estúdio em Londres, por telefone.

No final do papo, Ian disse "obrigado" (em português), confessou que desde pequeno tem curiosidade de conhecer o Brasil e, quem sabe, por causa disso, os Stone Roses toquem um dia por aqui.

— Como você descreve o fenômeno Stone Roses na Inglaterra?

— Apenas como um grupo que apareceu no momento certo, e que a imprensa estava esperando por ele. E nós os excitamos. Acho que nós também trouxemos algo diferente do que estava nas paradas britânicas no momento.

—Você acha que os Stone Roses são uma resposta às Kylies (Minogue) e Jasons (Donovan) que infestam as paradas daí?

—Não realmente. Mas acho que tudo é uma questão de estilo. Os jornais daqui publicaram uma frase minha que dizia algo parecido, mas na hora saiu como brincadeira, nada contra esses artistas.

— Você acha que a cena rock britânica hoje é similar, em termos de surgimento de novas bandas, à do verão punk de 1977?

— Eu não sei. Acho que o que aconteceu nos anos 70 com os Pistols e o Clash e tudo o que veio atrás deles dificilmente se repetirá. Cada tipo de cena musical que surge depende do momento. E eu acho que o de agora é bem diferente.

— Está havendo uma espécie de revival do psicodelismo ou coisa parecida atualmente na Inglaterra?

— Eu não sei o que aconteceu nos anos 60 e nos 70. Mas sei que gosto desse tipo de som e várias bandas novas como Loop, Spaceman 3 e Happy Mondays, também, o que aparentemente dá idéia de um movimento nesse sentido. Mas acho que tudo é uma questão de estilo.

— Você acha que é uma boa para a música voltar no passado?

— Eu acho que existem bons discos e maus discos. E os bons discos de soul, rock'n'roll, punk rock, reggae music, funk, hip-hop, jazz, blues, valem a pena serem ouvidos em qualquer época.

— Qual é a maior influência dos Stone Roses então?

— Ahn... bandas quando começam ouvem de tudo... (lacônico).

— Você já experimentou compor ou tocar sob os efeitos de ácido?

— Não, realmente. Eu não acho que o ácido ajude a expandir a mente como dizem.

— Você realmente gosta de ser adorado (uma alusão à música "I Wanna Be Adored", o carro-chefe do primeiro LP dos SR)?

— Acho que todo mundo gosta. Não acredito que existam pessoas que gostem de ser odiadas. (T. L.)

Rio Fanzine

Música para dançar... parado

A nova onda dos clubes ingleses é a "ambient house"

Quando se fala em som ambiente você pensa imediatamente naquelas musiquinhas que tornam o elevador uma coisa menos desagradável (um monte de gente empilhada, inerte e sem olhar para o lado é realmente insuportável). Ou que fazem sua consulta ao dentista ser menos dolorida. Afinal, as tais musiquinhas, ou muzak, como são chamadas internacionalmente, no mínimo vão ajudar a anestesia a fazer efeito mais rápido.

E música ambiente para dançar? Que não é new age, tem algo de house e até pode ser uma versão anos 90 do rock progressivo? Isso não existe? Não existia até há pouco. Até que um (outro) grupo de Manchester surgisse para dar ao mundo o que já está sendo chamado de ambient house.

Conversa pra boi dormir? Nem tanto. Pra boi dançar? Pode ser.

O grupo em questão chama-se 808 State, uma nova cria do interessante selo ZTT (que nos deu Art of Noise, Frankie Goes To Hollywood e Propaganda), que com o single "Pacific State" deu origem à série que já vinha se esboçando com o próprio desenvolvimento da nova tecnologia musical dentro da house music.

Se num primeiro momento a house, com sua versão acid, parecia reviver o verão hippie psicodélico americano de 68, com suas alucinações à base de Ecstasy, dois anos depois, abrindo as portas para a década de 90, a ambient house aparece como um passo além (ou atrás, tanto faz, basta pensar como se estivesse em *Back to the Future II*), trazendo de volta o som progressivo com uma geração que não o acompanhou. Pode acreditar.

Conversando com o antropólogo e colaborador eventual deste zine, Hermano Vianna, que acha o LP do 808 State muito bom, ele nos deu sua opinião sobre o assunto:

— Me parece que desde o início a house era uma trilha sonora que você vivia dentro dela. Parecia que você podia "pegar" no som, nas notas. O ambiente era de êxtase coletivo. Essa ligação cada vez maior com a tecnologia acabou levando um passo além: é a ambient house. Para falar a verdade, eu sempre achei que a house de Chicago e o tecno de Detroit tinham a ver com Yes e Emerson, Lake & Palmer.

O que o 808 State apresenta em seu EP *Quadrastate* e no primeiro LP, *Ninety* (que pode ser lançado aqui pela WEA), é uma bem-feita alquimia dos ensinamentos da house com citações que vão de Brian Eno a grupos do rock progressivo, new age e oceanic rock.

Como uma onda, as coisas sempre retornam, e não é à toa que a maioria das fotos escolhidas pelo 808 State para as capas de seus discos são enormes ondas do Pacífico (a capa do LP apresenta vários elementos de aspectos ecológicos).

Aliás, o Pacífico é ponto de referência em muitas outras músicas de grupos de ambient house, como Beloved, Unique, Quadrophenia, The Orb, A Guy Called Gerald, KLF e outros. A propósito, a teoria de que num futuro próximo as comunidades do Pacífico concentrarão as atenções do planeta é cada vez mais plausível com a força dos japs e dos chamados "tigres asiáticos", que estão formando uma nova ordem econômica lá para aquelas bandas.

Contudo, é o 808 State quem tem mais bossa, e até inventou de numerar as faixas de seus discos de acordo com o movimento delas. Assim, a versão "202", é mais calminha e a "303" extremamente dançante. Em todas elas a característica principal é os ruídos marítimos, samples de gaivotas, sons etéreos, flutuantes (nessa, a cantora Julee Cruise pode vir a ser a musa do "movimento").

Como se faz para "dançar" ambient house? Bem, nos clubes londrinos, que já dedicam noites ao estilo, batizadas como *Land of Oz* ou *Dream Age*, os excêntricos e obsessivos por modismos súditos da rainha ficam nos cantos, delirando, ou em pé no meio da pista, inertes, ou apenas movendo as mãos levemente ao som de músicas que vão de "Echoes", do Pink Floyd a qualquer uma dos grupos já citados. Outros simplesmente deitam e relaxam com a música. Zzzzttttt?

Vai ter um dia que o quente na dance music será ficar parado. (T. L.)

Os poderosos chefões do reggae

O grupo Aswad lança disco novo, estremece um teatro e quer tocar no Brasil

Londres — Durante quase duas décadas, Bob Marley deu ao reggae jamaicano dignidade, acabamento pop e reconhecimento internacional, nessa ordem. O Aswad fez isso e um pouco mais pelo reggae inglês. O Aswad deu-lhe confiança. Há 15 anos, Brinsley Forde (guitarras e vocais), Tony Gadd (baixo e vocais) e Drummie Zeb (bateria e vocais) tem mostrado ao mundo — e, principalmente, à própria Inglaterra — que o reggae feito em casa também tem o seu valor.

Provando que reggae mole em cabeça dura tanto toca até que fura, o Aswad conseguiu seu primeiro grande hit dois anos atrás com *Don't Turn Around*, um belo single extraído do não menos belo LP *Distant Thunder*. Agora, com disco novo à vista (*Too Wicked*, gravado na Jamaica) e outro single despontando nas paradas ("Next to you"), o Aswad se prepara para o pulo do gato. E, nesse caso, nada como treinar perto de casa.

O trabalho de divulgação do grupo deixou isso bem claro. "Os leões de Ladbroke Grove (N. do R.:

Rio Fanzine

o bairro de origem do grupo) testam o novo repertório no Hammersmith Odeon", dizia a chamada do informativo londrino *Time Out*, ao mesmo tempo em que cartazes nas cores amarelo e preto se espalhavam pelos muros da cidade.

Como era de esperar, uma pequena multidão tomou rapidamente todos os espaços disponíveis do HO e entrou em convulsão quando Drummie Zeb puxou os primeiros acordes de *Give a Little Love*. Atrás dele, uma superbanda — dois teclados, duas guitarras e uma afiadíssima seção de metais — produzindo o som mais grave já ouvido nesse planeta. Quinze anos de estrada deram ao Aswad a perfeição de uma máquina e o fantástico entrosamento entre todos os músicos prova isso mais do que qualquer coisa.

Esse tempo todo serviu também para que o Aswad diminuísse a diferença entre o som produzido no estúdio e o som ao vivo — o tendão de Aquiles de quase todos os grupos hoje em dia. Quando, no meio de cada música, o Aswad introduz uma seção dub, é como se um terremoto estivesse destruindo Londres. Apesar da simpatia de Drummie e do baixão de Tony Gadd, quem comanda a platéia — correndo de um lado a outro, subindo nas caixas de som, dançando e pulando sem parar — é Brinsley Forde.

Após quase duas horas de show, Drummie chama um "amigo da banda" ao palco: trata-se do toaster Sweetie Irie, um garotão apadrinhado pela banda que surge vestindo um conjunto de ginástica roxo, de cabelos raspados e com a silhueta da África "impressa" na nuca. Provando a crescente popularidade do estilo dancehall, o Hammersmith quase vai abaixo com a interpretação conjunta de "On and On". A gritaria — em muito provocada pelos requebros sensuais de Irie — é tanta que quase não se escuta a música. Naquele momento, e dali ao encerramento apoteótico do show com as luzes acesas e até os seguranças dançando *Don't Turn Around*, a impressão que se tem é que o Aswad é uma das poucas bandas que ainda valem a pena.

— Sweetie Irie é um garoto de muito talento — diz Tony Gadd alguns dias depois, enquanto passeia os dedos pelas teclas de um piano num dos estúdios da Island, em Londres, once o grupo se encontra para mais um remix de *Next to You*.

Para uma banda do porte do Aswad, é bom constatar que o sucesso não subiu aos dreadlocks. Drummie, muito mais alto do que parece visto do palco, chega ao cúmulo de chamar o repórter para uma partida de "table football" (o nosso popular "totó") no meio da entrevista. Apesar da educada recusa, ele não perde a viagem:

— Tudo bem, depois nós jogamos quando eu for ao Brasil. O Brasil é o lugar, man! Eu não sossego enquanto não for ao Brasil — fala sorridente, enquanto se dirige à mesa de mixagens.

Brinsley Forde, grudado numa cadeira do outro lado do estúdio, nem parece o fantástico showman de dias atrás. Atarefadíssimo, com fitas e fitas no colo, ele se limita a sorrir por trás do vidro e acenar, dando a entender que logo participará da entrevista, o que acaba não ocorrendo. É Gadd, com fala pausada e tranqüila, quem acaba tendo que explicar, por exemplo, como o reggae se infiltrou no tecido de Londres a ponto de transformar a capital inglesa no centro mundial do gênero, ao lado de Kingston, na Jamaica.

— O reggae sempre esteve aqui, trazido pelos imigrantes jamaicanos — diz ele. — O que acontece é que, há 15, 20 anos, não havia um reggae inglês. Tudo o que se fazia era copiar o que vinha da Jamaica. Nós, e outras bandas, tentamos usar o reggae para falar do que acontecia aqui, desde os conflitos raciais até o tempo chuvoso (risos). Acho que foi assim que o reggae inglês foi ganhando personalidade.

Mas se é assim, por que o Aswad, a mais popular banda de reggae da Inglaterra, foi gravar *To Wicked* na Jamaica?

— Foi uma sugestão de Chris Blackwell (N. do R.: o chefão da Island Records). Concordamos imediatamente — conta Gadd. — Por mais modernos que sejam os estúdios da Inglaterra, na Jamaica eles são feitos exclusivamente para gravar reggae. E foi ótimo passar três meses em contato com músicos da Jamaica. Conseguimos até que Shabba Ranks, o mais popular mike-chanter ou toaster de lá, participasse do disco.

A fama do Aswad já correu fronteiras e chegou mesmo à distante República dos Camarões. Aproveitando a popularidade conseguida com o time de Milla e Makanaky na Copa do Mundo da Itália, o governo local resolveu bancar um documentário sobre o futebol nos Camarões. Depois de assistir ao clipe de uma música antiga do Aswad, "Chasing for the Breeze" (no qual Gadd, Drummie e Forde participavam de uma animada pelada na chuva), o convite para que o grupo compusesse a trilha sonora foi instantâneo.

— Adoramos esse convite, sabia? — fala Gadd, sem disfarçar a animação. — Eu adoro futebol e torci como louco pelos Camarões na Copa. O filme já está quase pronto, mas ainda não começamos a compor as músicas. Mas falando em futebol, fiquei chateado com o time do Brasil. E, falando em Brasil, por favor, anote um recado. O Aswad quer ir ao Brasil o mais rápido possível. Já estou até imaginando: sol, música e futebol. Será genial. (C.A.)

Rio Fanzine

O reggae de cara nova

Os herdeiros de Marley aparam as tranças e abraçam o som eletrônico

Os Wailers são OK, o legado de Bob Marley é fantástico, mas será que o público que lotou o Canecão e o Circo Voador semanas atrás faria o mesmo se a atração fosse Shabba Ranks, Sanchez, Shinehead ou Frankie Paul? Difícil prever. Mas como é curiosa a situação do mercado brasileiro de reggae! Os fãs existem, sem dúvida; mas, bolas, então por que os discos não vendem? Enquanto a resposta não vem, as prateleiras das lojas daqui permanecem entregues aos mesmos Marleys, Toshes e Cliffes de sempre. E lá fora o relógio anda adiantadíssimo. Quer ver?

Para um estilo que fala diretamente aos quadris, é um bom sinal começar uma mudança pela cabeça. Sem abandonar totalmente as longas tranças que os tornaram famosos, os músicos de reggae têm adotado um novo visual — cabelos raspados e picotados do lado —, bastante parecido com o dos rappers americanos. O novo make up também chegou à música. Democratizado pelo uso das baterias eletrônicas e disposto a colocar a boca no mundo, falando não de um abstrato Jah Rastafari e de uma improvável volta à África, mas de fatos do dia-a-dia. Assim é o novo reggae. Gente como a gente.

Até conseguir colocar os pés no chão, contudo, o reggae passou por um mau bocado. A primeira luta foi contra uma injusta sentença de morte, decretada pela indústria fonográfica após a morte de Bob Marley, seu maior ícone. A transferência — lenta, gradual e acima de tudo natural — do centro produtor de Kingston para Londres foi fundamental. Perto das grandes gravadoras, no centro da Europa e ouvindo o doce canto da libra, o reggae voltou a sorrir. E deu crias.

Foi o segundo round. A nova geração de artistas de reggae, tanto em Kingston como em Londres, não renegava os mestres do gênero, nem desrespeitava sua filosofia, mas queria ter sua própria história. Bob Marley foi um gênio, mas, caramba, gênios são raros. E o rastafarianismo, convenhamos, é mais confuso do que formulário de imposto de renda. Como convencer o garotão que lê jornais e é bem-informado que Hailé Selassié, um déspota que governou a Etiópia, é a personificação de Deus?

Os resultados desse censo imaginário começaram a ser sentidos seis anos atrás, quando surgiram as primeiras gravações em que os músicos eram substituídos por computadores e as linhas de baixo e guitarra reproduzidas em sintetizadores. No estúdio, apenas o cantor (ou DJ) e um produtor que programasse as bases. Inspirados pelo sucesso do rap americano — por sua vez, uma recriação do toast jamaicano —, a garotada resolveu abrir o berreiro. Pronto, nascia o dancehall, o novo campeão de vendas do reggae.

— Poucos garotos, hoje em dia, têm dinheiro para contratar uma banda para tocar com eles — disse Junior Marvin, guitarrista dos Wailers, durante sua passagem pelo Rio. — E eles têm urgência, eles querem se expressar. Com uma bateria eletrônica barata e um sintetizador programado, isso é possível a qualquer um.

De fato, hoje em dia as paradas de sucesso encontram-se inundadas de nomes poucos conhecidos do grande público. Ou, na melhor das hipóteses, gente que só agora começa a ser notada. Shabba Ranks, atualmente o maior nome do dancehall, está sendo sondado pela CBS americana e tem grandes possibilidades de abrir algumas datas da próxima turnê de Bobby Brown.

A democratização do reggae chegou a um ponto em que os "produtos" chegam às lojas divididos em categorias específicas. Além do dancehall, há charts para o chamado lovers rock — o reggae romântico e suave —, e para o roots reggae — o som tradicional e clássico de gente como Burning Spear e Toots Maytals.

Não só isso. Em busca da fusão ideal, proliferam os compactos mistos. Numa mesma música, lado a lado, podem ser colocados um cantor e um DJ, um DJ e um DJ ou dois cantores. As duplas são inusitadas — Maxi Priest e Tiger, Kofi (a "Sade" do reggae) e Macka B., Aswad e Sweetie Irie —, mas os resultados quase sempre são recompensadores. E há também o rico, e aparentemente inesgotável, filão dos covers. Parece não existir música hoje em dia que não possa ser reciclada e transformada em reggae.

O mais recente vôo do reggae foi em direção a Nova York. De lá vem uma das mais promissoras estrelas do gênero: Shinehead. Ao fundir, com incrível felicidade, o reggae com o hip-hop e o rap,

Shinehead adiantou todos os relógios e espera tranqüila a chegada dos "outros". Do Brasil, por exemplo. Que horas são mesmo? (C.A.)

Tortelvis é o rei do rock?

Cantor do Dread Zeppelin quer o trono de Elvis

Na América, "unleded" é o termo usado para designar um tipo de gasolina mais barato, geralmente produto de misturas com outras substâncias. Fazendo um trocadilho espertíssimo, o Dread Zeppelin chamou seu disco de estréia de *Un-Led-Ed* (em breve no Brasil, via EMI-Odeon). Mais felicidade impossível. Como esse tipo de gasolina, o DZ faz uma mistura impura mas altamente inflamável: o repertório da maior banda de rock dos anos 70, o Led Zeppelin, com a batida do reggae. Como não poderia deixar de ser, o grupo foi imediatamente adotado pela crítica internacional, ao mesmo tempo em que conquistava fãs com sua irreverência. Até Robert Plant aprovou o Dread Zeppelin.

E isso não é tudo.

O Dread Zeppelin apresentou ao mundo um pitoresco lead-singer, o portentoso Tortelvis. Isso mesmo, Tor-tel-vis. Filho de seres extraterrestres, foi graças a um encontro seu com o rei em pessoa, Elvis Presley, que o grupo foi formado. "Ele me disse que essa era minha tarefa na Terra", contou Tortelvis com seu vozeirão grave, em entrevista exclusiva ao *Globo*, direto de Dallas. É o besteirol se misturando com o rock and roll. Mais "unleded" impossível. Divirta-se.

— Fala-se muito sobre a origem do Dread Zeppelin. Dizem que tudo começou em 1977, num encontro que você teve com uma pessoa especial.

— Uma pessoa muito especial, eu diria. Na verdade, foi algo muito estranho. Eu estava em Las Vegas quando alguém tocou nos meus ombros. Quando me virei, levei um susto: era Elvis Presley em pessoa! Ele parecia apressado e foi logo falando o que queria. Sussurrando no meu ouvido, ele disse que eu deveria tocar as músicas de Led Zeppelin em ritmo de reggae. Era como elas deveriam ter sido gravadas originalmente e era o que ele gostaria de fazer se não estivesse tão doente.

— E por que, nesse vasto planeta, ele foi escolher logo você, Tortelvis?

— É difícil explicar isso, mas no fundo ele sabia que só eu poderia carregar sua herança. Além do mais, ele sabia que eu tinha enormes semelhanças físicas com ele. Ele me tratou como um filho.

— Então, de certa forma, você se sente filho de Elvis Presley?

— Nem tanto assim. Fui criado por duas pessoas maravilhosas, mas um dia consegui saber que eles não eram meus verdadeiros pais. Segundo me disseram, eu fui trazido à Terra por seres alienígenas e moldado segundo o homem mais popular do planeta, Elvis Presley.

— Sem querer ofendê-lo, você não preferia ter sido moldado como o Elvis Presley jovem, magro e esbelto?

— Não. Eu gosto do meu estilo, estou só um pouco gordinho mas isso passa. De qualquer forma, é bom ter esse físico, a voz fica mais potente, como aqueles cantores de ópera, sabe?

— Voltando ao Dread, você montou a banda logo após a conversa com Elvis?

TORTELVIS — Não. Eu levei um bom tempo me acostumando com a idéia. Vivia tão distraído pensando nisso que um dia bati na traseira de um Ford Pinto, daqueles que tem o motor atrás. Em vez de explodir, do carro saíram para tomar satisfação comigo cinco músicos de reggae. Foi quando vi que a hora havia chegado.

— O primeiro disco de vocês é todo baseado em canções do Led Zeppelin. Mas como será no futuro? Afinal, trata-se de um material limitado...

— Sim, nós temos consciência disso. Já estamos trabalhando nosso próprio material. Nosso próximo disco já deverá ter músicas compostas pelo Dread Zeppelin. Você não perde por esperar.

— Quais são os integrantes do Dread Zeppelin?

— Ah, são pessoas maravilhosas. Put-Mon, nosso baixista, é um excelente dançarino. Ele usa sungas Speedo durante os nossos shows para maior conforto. Jah Paul, guitarrista, é nosso hippie, um ativista do movimento de paz e amor. Carl Jah é um excelente ator e o melhor dos 500 mil guitarristas de Richmond, na Virgínia. Fresh Cheese é nosso baterista, e nas horas vagas ele é ex-campeão mundial de boxe categoria peso-pesado leve.

Ed Zeppelin é um magnífico acrobata e ocasionalmente ele toca congas conosco. Por fim, temos Charlie Hodge, meu roadie particular, a pessoa que fica ao meu lado no palco, enxugando meu suor e me dando água. Sem ele não existiria Dread Zeppelin.

— Não apenas toalhas. Ele costuma colocar colares havaianos no seu pescoço, não?

— Sim, tinha esquecido. É uma homenagem que faço a Elvis, que, como você deve saber, gravou um disco chamado *Live in Hawai*.

— Você teme ser imitado?

— Talvez essa seja minha sina, sabe? Como aconteceu com Elvis, eu imagino que terei milhares de imitadores pelo planeta. Isso é comum entre as pessoas famosas. Soube até que já existem bandas seguidoras do Dread Zeppelin. Uma toca as músicas de Motley Crüe em ritmo de ska e é chamada Skatley Crüe; a outra revê o Grateful Dead em ritmo de reggae e chama-se Grateful Dread. Não sei onde vamos parar. (C.A.)

Cronologia

1989

No Rio, o Botafogo vence o Flamengo e conquista o Campeonato Estadual, após 21 anos de jejum

O pugilista Adilson Rodrigues, o Maguila, é massacrado pelo americano Evander Holyfield em luta nos Estados Unidos

Cai o Muro de Berlim

Acompanhado por Sting, o cacique Raoni viaja pelo mundo em campanha pela preservação da Amazônia e a demarcação das terras indígenas

Xuxa namora Ayrton Senna

Joãozinho Trinta, da Beija-Flor de Nilópolis, encanta a Passarela do Samba com o enredo *Ratos e urubus larguem minha fantasia*. Mas a Imperatriz Leopoldinense leva o título

O *Bateau Mouche* afunda na Baía de Guanabara na noite do Ano-Novo, matando 55 pessoas. Investigações trazem à tona histórias de suborno, excesso de passageiros, falta de segurança e negligência envolvendo os donos do barco, a empresa que organizou o passeio e autoridades

Após 29 anos sem eleições, os brasileiros escolhem, pelo voto direto, Fernando Collor para presidente do Brasil. Luiz Inácio Lula da Silva fica em segundo

O Vasco é campeão brasileiro de futebol

Morrem Raul Seixas, Luiz Gonzaga, Cazuza, Nara Leão...

1990

Após 11 anos, Margaret Thatcher deixa o poder na Inglaterra

O Brasil perde para a Argentina por 1 x 0 e é eliminado nas oitavas de final da Copa do Mundo da Itália

Madonna choca o mundo com o clipe de *Justify My Love*, censurado pela MTV americana

Na Polônia, o operário Lech Walesa chega à presidência

Paul McCartney faz dois shows no Maracanã, reunindo quase 200 mil pessoas

A novela *Pantanal* faz sucesso na televisão

Coração selvagem, de David Lynch, conquista a Palma de Ouro, em Cannes

O Iraque, de Saddam Hussein, invade o Kuwait e gera uma crise no Oriente Médio
Pelé completa 50 anos
Ayrton Senna é bicampeão mundial de Fórmula 1
Zélia Cardoso de Mello, ministra da Economia, anuncia o Plano Collor, com o bloqueio das poupanças. Sem liquidez, muitas empresas fecham as portas ou são obrigadas a demitir funcionários
Zélia Cardoso de Mello, ministra da Economia, dança "Besame Mucho", com Bernardo Cabral, ministro da Justiça, numa festa no Planalto e torna público o romance entre os dois
Darli Alves da Silva e o filho, Darci, são condenados a 19 anos de prisão pelo assassinato do líder rural Chico Mendes
Nelson Mandela é libertado na África do Sul

Skank em primeira mão, a fada Kate Bush, o rock franjinha, Sly Dunbar, dublê de vendedor, Sonic Youth, Phish na rede, High Times, Gangrena Gasosa, Cabeça dinossauro, Tatu, Primus...

91/92
SEATTLE DESPERTA

Seattle vira a meca do metal

O "pico" do rock pesado nos Estados Unidos já não se divide mais entre Califórnia e Nova York. Há pouco, a tranqüila Boston botou as garras de fora com Pixies e outras bandas. Agora chega a vez da bucólica Seattle mostrar que pauleira da boa não precisa sair necessariamente de cidades neuróticas e agitadas.

Os "culpados" pelo desvio de rota são Bruce Pavitt e Jonathan Poneman, donos do selo Sub Pop, o responsável pelo surgimento de novas bandas, pela mudança do cenário e criação do já chamado "Seattle sound".

Tudo começou numa coluna de música chamada "Sub Pop", escrita por Bruce e publicada na revista *The Rocket* de abril de 83 a julho de 88. Após conhecer Jonathan, Bruce planejou criar um selo para lançar as novas bandas das quais falava em sua coluna e que tocavam num programa da rádio que Jonathan apresentava na KCMU, onde tocava muita demo tape. Simples como são todas as boas idéias e alimentada por uma corrente crescente de hard rock das cercanias.

Para se diferenciar dos demais selos independentes eles criaram o termo "grunge" para denominar o tipo de música feita pelas bandas locais, que não eram propriamente trash e nem tampouco heavy metal tradicional.

O pioneiro grupo a ser lançado pelo Sub Pop foi o Mudhoney que vendeu 70 mil cópias do primeiro disco (uma ninharia em comparação com as 500 mil que o Alice in Chains vendeu de saída com o LP *Facelift*, mas nada mal para uma banda estreante de um obscuro selo independente fora do circuito).

Embora tenham rolado boatos de que a gravadora estaria à beira da falência — num momento em que a Sub Pop ganha reputação internacional —, ela continua lançando novidades e muitas delas já foram pescadas por grandes gravadoras (passando ou não pela Sub Pop) como Pearl Jam, Alice in Chains e Screaming Trees (Epic/Sony Music), Soundgraden (A&M), Mother Love Bone (Polygram), Nirvana (Geffen) e L-7 (Warner).

Continuaram fiéis ao selo o Mudhoney mais Walkabouts, Seaweed e Screaming Trees, além de grupos de fora de Seattle como Rein Sanction (Flórida), Codeine (Nova York) e Afghan Whigs (Cincinnati).

Rio Fanzine

Da lista acima, o Mother Love Bone acabou ano passado após a morte por overdose de seu vocalista. O Soundgarden, que semana passada dividiu o palco com Faith No More e Metallica no Green Concert, em San Francisco, vai abrir a nova turnê americana do Guns & Roses que começa em dezembro.

Conheça agora um pouco sobre duas bandas de Seattle que provavelmente serão lançadas no Brasil no começo do próximo ano num pacote de novo metal prometido pela Sony Music:

Alice in Chains — com seu disco de estréia, *Facelift*, a banda rapidamente entrou para o rol das boas vendedoras de discos, como Poison, Anthrax, Skid Row e Metallica, puxado pelo sucesso do single "We Die Young", que apesar de seu tema pessimista possui uma força musical muito grande. A banda fez uma participação no filme *Singles*, de Cameron Crowe, com Matt Dilon, a ser lançado em breve.

Pearl Jam — foi criada por dois integrantes de uma legendária banda de Seattle, a Green River, Stone Gossard (guitarra) e Jeff Ament (baixo), que com o fim desta migraram para a também defunta Mother Love Bone. O Pearl Jam estreou em disco com *Alive*, um promocional de três faixas lançado pela Epic que precedeu seu primeiro LP, *Ten*. No momento, a banda está excursionando com os Red Hot Chili Peppers.

Falta saber quem se habilita a lançar aqui Nirvana e Soundgarden, na opinião do que vos digita e de grande parte da crítica especializada internacional, as mais quentes das que gravam por grandes selos. (T. L.)

Um paraíso urbano com ar de "Twin Peaks"

LOS ANGELES — Seattle tem meio que escorregado para dentro da consciência americana. Até não muito tempo atrás, ela era um ponto distante no mapa, em algum lugar entre São Francisco e o Alaska, uma cidade lembrada por ser longe, fria, chuvosa. Aos poucos, contudo, seus segredos — muitos — começaram a vazar e a fazer eco.

Que era a cidade com a melhor qualidade de vida do país. Que era o último bastião da civilidade entre cidades grandes demais, sujas demais, violentas demais. Que era a derradeira população urbana homogênea, descomplicada e quiçá, feliz dos Estados Unidos. Seattle começou a aparecer em capas de revistas, em filmes — como *Susie & os Baker Boys* — e na TV, eternamente mencionada como grande metrópole na série *Twin Peaks* (David Linch, aliás, nasceu numa cidade que fica a duas horas de Seattle).

É claro que, num outro contexto histórico, Seattle sempre foi a cidade de Jimi Hendrix.

E é aí nesse eixo que a aparentemente súbita floração de bandas novas e interessantes pode ser entendida. Há dez anos pelo menos, o pólo de música urbana americana vem caminhando para oeste e, uma vez fincado à beira do Pacífico, continua migrando para o norte, acompanhando, como sempre, uma migração humana: a da classe média americana.

Os Red Hot Chili Peppers não são exatamente avós, mas titios do Nirvana e companhia. São os filhos e amigos e vizinhos das famílias de classe média que fugiram da Califórnia superpovoada e superpoluída do final dos anos 80, em busca do eldorado do estado de Washington, onde a água ainda é clara, as montanhas ainda estão cobertas de florestas e as pessoas se cumprimentam na rua.

E, é claro, todos são herdeiros de Hendrix, que tem status de mito na cidade. Sucesso de massa, eles ainda não fazem, mas estão bem perto: sem badalações, sem promoções, quietamente, só na força das rádios independentes e do boca a boca, o álbum *Nevermind* do Nirvana está escalando com firmeza os 10 primeiros lugares da parada. "Man in the Box", do Alice in Chains, foi uma das músicas mais executadas deste ano.

E o concerto Red Hot Chili Peppers-Nirvana-Pearl Jam, que aconteceu na quarta-feira passada, foi uma das datas mais quentes deste final de 91, com ingressos esgotados há muito tempo. Faz sentido: a cena pop está esfacelada entre o "classic rock", cada vez mais gagá, e o rap, cada vez mais étnico e militante. Das garagens e clubes de Seattle surge uma geração que tem 20 anos como seu público e fala uma língua eclética como o final do século na América. (Ana Maria Bahiana, especial para o Rio Fanzine)

Uma caixa quebra o encanto de Kate Bush

Em tempos hi-tech, não seria a indústria do disco que deixaria de funcionar de forma automática. Cada lançamento, por exemplo, tem quase que obrigatoriamente ser seguido por uma turnê promocional. Os argumentos são de um marketing óbvio e vão do contato direto com o público ao alastramento do campo de ação do artista. Isso se aplica tanto para a banda de Manchester que lançou seu primeiro LP independente como para os Rolling Stones ou Prince. Não para Kate Bush.

Seus últimos discos — *Never For Ever*, *The Dreaming*, *Hounds of Love* e *The Sensual World* — chegaram às lojas sem o reforço indispensável de apresentações ao vivo, mas nem por isso deixaram de ser aplaudidos pela crítica e bem recebidos pelo público. Feitas as contas, isso significa mais de dez anos de ausência. As últimas apresentações ao vivo de Bush foram em 1979, uma série de 30 shows pela Europa, nos quais ela mostrou os resultados do aprendizado com o coreógrafo/mímico Lindsay Kemp (o mesmo que trabalhou com David Bowie), fundindo de forma fascinante música, dança e teatro. De lá para cá, ela só foi vista em vídeos igual-

Rio Fanzine

mente brilhantes (alguns dirigidos por ela mesma). Afora isso, luzes apagadas, palco vazio.

Pois bem, foi preciso a abertura de uma caixa (mágica?) para quebrar esse encanto. Kate Bush, a fada da música pop, vai finalmente reaparecer em público, em datas ainda não anunciadas. A causa é irresistível: *This Woman's Work*, luxuosíssimo box-set lançado no exterior no final do ano passado em comemoração aos seus 12 anos de carreira, contendo oito CDs, incluindo os seis primeiros trabalhos de Bush e outros dois com versões remixadas, lados B esquecidos pelo tempo e algumas poucas canções inéditas.

Para um lançamento dessa importância, *This Woman's Work* tem uma falha imperdoável. Ao mesmo tempo que apresenta um livreto com inúmeras fotos coloridas de Kate, a caixa deixa a desejar por não ter incluído um texto jornalístico situando Bush no mundo pop e mapeando sua trajetória, como aconteceu recentemente com Eric Clapton e Robert Johnson, só para citar alguns artistas "encaixotados". *This Woman's Work*, dessa forma, é acima de tudo um produto especialmente dirigido aos fãs.

Com ou sem informações escritas, ouvidos atentos perceberão facilmente a evolução de Bush ao longo desses anos. Seria interessante se *This Woman's Work* contasse com a fita demo (de três músicas), financiada por David Gilmour, que fez com que a EMI inglesa, em 74, apostasse todas as suas fichas em Kate e a contratasse antes mesmo que ela completasse seus estudos normais. A preciosidade mais "antiga" da caixa é "Empty Building", lado B de *Breathing*, um compacto lançado em abril de 80.

Assim, os "primórdios" de Bush se resumem aqui à reedição do seu primeiro LP, *The Kick Inside*, o mesmo que a projetou através do hit "Wuthering Heights", um tributo a Emily Brönte e *O morro dos ventos uivantes*, narrando a trajetória de um espírito de volta à terra em busca do seu corpo. Assustadora na letra, mas musicalmente encantadora, "Wuthering Heights" galgou paradas de todo o mundo e no Brasil chegou ao supremo da ironia ao ser música-tema de um comercial de cigarros (e sobrevive ainda hoje nos programas de flashback).

Se há alguma grande vantagem em *This Woman's Work* é a possibilidade de se ouvir em CD os discos nos quais Bush se transformou de promessa em realidade: *The Dreaming*, *Hounds of Love* e *The sensual World*, não por acaso gravados no seu próprio estúdio caseiro, em Kent, nos arredores de Londres. Os climas de sonho/pesadelo criados nesses discos — e que, pela sua articulação e experimentalismo bem-sucedido, possivelmente só encontram parâmetro na recente produção pop dos discos *III* e *IV* de Peter Gabriel — são realçados pela qualidade dos CDs.

Verdadeiras montanhas-russas sonoras como "Leave it Open", "Get Out of My House" (a escabrosa história de uma mulher em luta para livrar sua casa de espíritos ancestrais), "Watching the Witch" (os pensamentos de uma feiticeira prestes a ser queimada viva), "The Sensual World" (inspirada em trechos de *Ulysses*, de James Joyce) ganham novos contornos sob a ótica do laser, a voz única de Bush roçando a nuca do ouvinte em todos os seus espectros.

Cinematográficas (e não há coincidência alguma no fato de Donald Sutherland ter participado do vídeo de "Cloudbusting"), evocativas e com qualidades literárias, as músicas de Kate Bush são o tesouro perdido da música pop, e *This Woman's*, sua arca perdida. Os caçadores que se preparem: o templo da perdição vem aí. (C. A.)

É hora de sacudir as franjas

As gerações mais recentes devem se lembrar do tempo em que o lance era cortar o cabelo bem baixo e arrepiar em cima com sabão para ficar parecendo com o dos punks ingleses. Depois — e por causa dos skate-punks —, o legal era cortar escovinha, bem rente.

O tempo passou e uma nova geração sucedeu a esta dos punks e pós-punks, a dos novos metálicos. E então os cabelos compridos viraram moda outra vez. Mas não do jeito dos hippies, e sim bem desgrenhados ou armados, parecendo-se com uma versão branca dos dreadlocks rasta, e cujo objetivo principal ao balançá-los freneticamente é alcançar o mosh, assim como a galera reggae procura captar com suas trancinhas as tais positive vibrations.

E como é o penteado da novíssima geração? Franjinha. E o estilo musical? "Franja rock". As fran-

Rio Fanzine

jas estão em alta, pelo menos em uma significativa corrente surgida no rastro da nova geração de bandas inglesas, por acaso todas vindas da cinzenta cidade de Manchester.

Mas por quê? É que os integrantes das principais bandas desse "movimento", como Inspiral Carpets, Stone Roses, Charlatans e Happy Mondays usam e abusam de franjas (mesmo que algumas destas bandas tenham pessoas completamente carecas) maiores que as usadas pelos Beatles e tão balançantes quanto as de Brian Jones dos Stones. No fundo, eles estão mais para os Monkees, mesmo que tenham vergonha de admitir.

Então, na falta de uma definição melhor que neopsicodélicas (já muito usado) ou retrô 60 para essas bandas, bandas franjinhas e franja rock são as opções mais a ver com o visual.

E de certo modo é essencial ter franjas para captar melhor o som dessa bandas que é muito balançante, pede muito do pescoço e da cabeça. Se a franja tapar os olhos, dá um efeito especial à mente tomada por alguns litros de cerveja ou alguma sigla lisérgica.

Uma nova versão do rock cabeça do passado, absorvido por uma geração que não viveu o momento e descobriu tudo ouvindo discos daquela época.

Essas influências ficam muito visíveis na audição dos discos do Inspiral Carpets, *Life* (eles já estão lançando o segundo LP) e dos Charlatans, *Some Friendly* (dos grupos citados aqui, os únicos com discos ainda não lançados no Brasil, e que o podem ser pela WEA). Nenhuma novidade e muito eco e reverberação dos anos 60 (outra vez?).

Nos Inspiral, o órgão irritante, que lembra — para citar um exemplo mais conhecido — os Doors, é uma tortura em todas as faixas do disco. Infelizmente a melhor música dos Carpets, "Joe", não faz parte do LP e só pode ser encontrada em *Cool as f. EP*, que é bem melhor que *Life*.

Para chamar a atenção, já que só pela música eles não passariam de zero à esquerda, além das franjas e do look retrô, os Inspiral tentaram imitar os Sex Pistols, conversando e dispensando um monte de gravadoras ávidas por um contrato da banda, e assinando afinal com uma independente. Marketing puro.

Já os Charlatans, com *Some Friendly* (do qual não faz parte a música deles mais conhecida por aqui, "The Only One I Know", encontrável apenas no EP de mesmo nome) são mais musicais, exploram mais a parte instrumental, mas também não conseguem escapar do lugar comum, do já ouvido.

O que irrita nessas bandas é que — diferente das gerações que as antecederam e resultaram do punk — há uma total falta de criatividade, de atitude, elas não inspiram a menor confiança, não passam nenhuma verdade, são arrogantes e fazem qualquer coisa para ficar famosas, para aparecer.

Aliás, para sair de Manchester vale tudo. E se no passado o passaporte para a fama e a fortuna por lá era ser jogador de futebol, hoje o melhor meio é montar uma banda e inventar uma novidade que chama a atenção da imprensa, que vire capa.

A julgar pelo andar, não duvido nada que o próximo passo seja a exumação do glitter rock. Mas vai ser difícil aparecer outro Marc Bolan e T-Rex. (T. L.)

As "certinhas" de Sly Dunbar

Grace Jones o ama. Bob Dylan o tem como um deus. Mick Jagger fez questão de tê-lo no seu disco solo. Joe Cocker rejuvenesceu quando tocou com ele. Carly Simon ganhou um balanço inacreditável em sua companhia. E o reggae, sinceramente, não seria o mesmo sem o seu talento.

Estamos falando, claro, de Sly Dunbar, o supremo baterista jamaicano que não apenas definiu padrões rítmicos para o gênero ao longo de quase duas décadas, como também fez a festa de alguns astros do pop e do rock, sempre ao lado do seu inseparável escudeiro, o baixista Robbie Shakespeare. Ao se encontrar com o moço no estúdio Sonic Sounds, em plena Jamaica, Carlos Albuquerque não resistiu à tentação e pediu o seu top-ten. Sly não se fez de rogado e enumerou algumas das suas músicas favoritas. Ouça.

1) "Soon Forward" — Gregory Isaacs.
2) "Baltimore" — The Tamlins.
3) "Love and Devotion" — Jimmy Riley.
4) "Sitting and Watching" — Dennis Brown.
5) "Boops" — Sly and Robbie.
6) "One Step Beyond" — qualquer versão.
7) "Waiting in Vain" — Bob Marley.
8) "Greetings" — Half Pint.
9) "Steppin' Razor" — Peter Tosh.
10) "Close to You" — Maxi Priest.

Dublê de vendedor de discos descobre o lado B da profissão

Um dia numa das lojas mais agitadas da cidade

Tudo bem que ninguém mais leve a sério o slogan "Disco é cultura", mas não restam dúvidas de que uma loja de discos ainda é a fronteira final. Ali — e em nenhum outro lugar — desembocam milionárias estratégias de marketing, trabalhosos planos de divulgação e meticulosos esquemas de vendagem. Ali também começam (e muitas vezes terminam) carreiras profissionais. Naqueles salões repletos de prateleiras de discos, fitas e CDs, são confirmadas, sem retoques, as reais tendências do mercado — quem vende, quem não vende e quem pode vender se for lançado.

Ainda vivendo à custa de outro slogan, "Disco, o melhor presente", as lojas especializadas — particularmente as grandes cadeias — são também uma babilônia de gostos e tendências variados. Nesses lugares, procura-se indistintamente a trilha da novela das oito, aquela gravação histórica de Oscar Peterson ou o primeiro disco do Smiths. Um

Rio Fanzine

consumismo eclético que, em algumas datas, se transforma em pura histeria. É quando as lojas de discos se transformam em supermercados musicais — e botam gente pelo ladrão.

Sábado passado foi um desses "dias" — véspera de um outro, o das Mães. Já sabendo que o brasileiro deixa tudo para a última hora etc. etc., o Rio Fanzine, inspirado numa matéria da revista inglesa *Vox*, resolveu "infiltrar" um agente numa dessas lojas. E caprichou. Escolheu uma das mais populares da cidade — a Gabriella — num dos lugares mais movimentados da cidade — o shopping Rio Sul.

— Você pode se preparar porque daqui a pouco isso aqui vai estar uma loucura — avisa Tânia, uma das gerentes da loja.

Antes que consiga imaginar o que ela entende por "loucura", uma senhora se aproxima e pergunta pela trilha nacional da novela *Pedra sobre pedra*. Ainda tateando o terreno, sem saber os pontos chave da loja, recebo uma pequena ajuda da minha primeira freguesa.

— É que eu adoro aquela música do Leonardo e da Marina — diz ela antes de cantar algo irreconhecível aos meus ouvidos.

Sim, claro, "aquela música do Leonardo e da Marina". Meu Deus, como é que um jornalista que se pretende especializado no assunto não conhece "a música do Leonardo e da Marina"? Antes que esse pensamento me leve ao desespero, o disco surge à minha frente. Apresento-o à sua futura dona e encaminho os dois rapidamente ao caixa. Melhor assim — não agüentaria ser perguntado se ali estava também a música do Cândido Alegria ou da Francisquinha.

Passado o baque, respiro fundo e, com a valiosa ajuda dos prestimosos "colegas" (em especial, a incansável Bianca), vou conhecerdo as seções, os preços, os descontos e o horário de almoço da loja. Em poucos minutos, já estou me sentindo em casa. Um garoto pergunta pelo disco do Nirvana. Não tem. Ofereço o CD (nacional), obvamente mais caro do que o vinil. E recebo a resposta que usei muitas vezes na minha vida.

— Tudo bem, eu vou dar uma volta por aí e depois passo aqui — diz ele, com a mentira estampada nos olhos. (C. A.)

A um passo da "twilight zone"

Lee Ranaldo, do Sonic Youth, fala sobre o novo disco

Em 1991 teria acontecido o estouro mundial do Sonic Youth não fosse a surpresa do Nirvana que desencadeou uma febre em torno das bandas de Seattle. Por ironia, foi o próprio Sonic Youth o responsável pelo ingresso do Nirvana no cast da gravadora Geffen. Não importa. O fato é que o SY está lançando seu segundo disco pela Geffen após uma vitoriosa década nos undergrounds, *Dirty*, que vem bem melhor que o anterior, *Goo* (lançado aqui).

Não por acaso *Dirty* é produzido e mixado pelos mesmos Butch Vig e Andy Wallace de *Nevermind*, do Nirvana. É a primeira vez que o SY trabalha com produtor. Para mostrar que não está fazendo o jogo do "sistema", a versão em vinil (duplo) de *Dirty* virá com uma faixa extra, "Stalker".

Para falar sobre o disco e outros detalhes, o *Rio Fanzine* entrevistou, por telefone, de Nova York, Lee Ranaldo, o guitarrista e co-fundador do Sonic Youth ao lado do outro guitarrista, Thurston Moore. Ele estava nervoso, mas respondeu tudo lucidamente, embora gaguejando.

— Como foi trabalhar pela primeira vez com um produtor? Foi imposição da gravadora? E por que não Steve Albini, por exemplo?

— Não. Foi nossa escolha. Somos amigos de Butch há longo tempo e gostamos do trabalho dele, não só com o Nirvana como com outros grupos. Ele entende o tipo de som que fazemos. Somos amigos também de Albini, mas ele estava ocupado.

— A banda continua em contato com o cineasta underground Richard Kern na produção de clips e trilhas para seus filmes?

— Ahn... é possível que trabalhemos de novo com ele em cinema. São dele as fotos da banda no encarte do disco.

— Passados mais de dez anos do movimento no wave, articulado em Nova York, você vê hoje algo parecido com aquilo?

— Não há mais nada tão forte agora como havia nos anos 70 e nos 80. Existem boas bandas, mas não é o mesmo, não como movimento.

— A faixa extra do vinil se chama "Stalker". Tem alguma relação com o homônimo filme de ficção científica soviético?

— Não. Eu vi o filme, mas não é sobre ele que a canção fala e sim sobre um fanático por cinema. Acho que os outros da banda nunca viram.

— Não ficou bem explicado por aqui, mas vocês tiveram problemas com Madonna devido ao projeto Ciccone Youth? E, a propósito, o Swanic Youth teve alguma coisa a ver com vocês?

— Nós não tivemos nenhum problema com Madonna. Nunca. O que saiu na imprensa foram boatos. Nós não tivemos nada a ver com o Swanic Youth. Aquilo foi um tipo de piada. Nem sabemos a origem.

— Quais são os atuais projetos paralelos?

— Um deles é o Dim Stars (N. do RF: CD de quatro faixas já lançado) que reúne nosso baterista Steve Shelley, o Thruston (Moore) e Richard Hell (ex-Voidoids e New York Dolls). Eu recentemente produzi um disco para o Babes in Toyland, uma banda de garotas. Kim (Gordon, a baixista) está num projeto junto com outra pessoa de nome Julie, numa banda chamada Kitten. Vamos continuar sempre trabalhando em projetos paralelos. Ah, nós também estamos com um selo independente chamado Ecstatic Peace cujo primeiro lançamento será de uma banda chamada Cell. (T. L.)

Polaróides urbanas em ritmo de jornal

LOS ANGELES — *Dirty* tem um foco e uma concisão inexistentes nos discos mais recentes da banda, e um som tão bem esculpido e afiado que queima uma clareira no córtex do ouvinte que usar fones. E é de uma urgência tal que por vezes pode ser "lido" como um jornal.

Quem suspeitava das convicções musicais e políticas da banda porque ela havia sido "cooptada pelo rock corporativo" encontrará aqui todas as refutações possíveis para suas dúvidas: a começar por "Swimsuit Issue", um ataque frontal aos executivos que contratam secretárias achando que "no pacote" também estão pagando por uma garota de programa: em particular, a canção refere-se a um caso real, de um executivo da própria Geffen que tanto molestou sua secretária que acabou na rua e tomou um processo nas costas.

Para cada faixa longa, intrincada e esotérica — como "Theresa's Sound World" — existe um espasmo descontrolado de puro rock — "Nic Fit", um cover de uma antiga música dos Untouchables, com duração inferior a um minuto. "Youth Against Facism" é mais que apropriada ao atual clima político americano de véspera de eleições presidenciais, sobretudo de dúvidas da garotada que estará votando pela primeira vez em suas vidas. É a única faixa com uma participação especial: de Ian MacKaye, guitarrista do Fugazi, o potentado indie da capital dos EUA.

O primeiro single, "100%", também se inspira num caso real — dessa vez, de assassinato em Los Angeles — e a personagem principal de "Sugar Kane" também existiu: era o nome usado por Marilyn Monroe quando se hospedava em hotéis.

E numa derradeira demonstração de que prossegue nadando no seu ritmo e contra toda a qualquer possível corrente, o Sonic Youth reverteu a tendência de se adicionar faixas extras nas versões em CD ou cassete de um disco e agora inclui uma faixa extra na versão em vinil de *Dirty*: somente nos LPs sai "Stalker". (José Emílio Rondeau)

Os "aphishionados"
Hippies da nova era veneram um grupo americano

Pharmacia, philosofia, photographia, cinematógrapho, phubá e telephone. Num passado não muito distante, o "p" e o "h" eram os reis. E como quem é rei nunca blablablá, a dupla de consoantes mais simpática do alfabeto está de volta. Só que dessa vez com um pezinho no futuro. É o Phish, o grupo mais cultuado da América, venerado por uma legião de fãs tão obcecada e fiel que as comparações com o imortal Grateful Dead — a banda do coração dos incansáveis deadheads — acabam sendo inevitáveis. Com um detalhe a distingui-los: os phish-heads se comunicam por meio de computadores, através de um sistema capaz de ligar a Costa Leste à Costa Oeste dos Estados Unidos. Tudo isso para que um sujeito possa dizer ao outro que o último show de Phish foi... "uma viagem". Podes crer, amizade!

Como o grupo de Jerry Garcia, o Phish não consta dos números da *Billboard*, e possivelmente não está pautado para ser a próxima matéria de capa de *Rolling Stone*. E é igualmente um enigma para todo e qualquer profissional de marketing que se preze. Em mais de dez anos de carreira, o Phish só agora conseguiu lançar um disco por uma grande gravadora — *A Picture of Nectar*, de selo Elektra (antes tinham apenas um disco independente, *Lawn Boy*, lançado dois anos atrás). E, acredite se quiser, até chegar até aí não houve nenhum sofrimento, nenhum período de vacas magras e nenhum "chororô".

— Nós nunca deixamos de dormir porque não tínhamos um disco gravado. Longe disso. Nós gostamos mesmo é de tocar ao vivo, de fazer shows. Foi ótimo lançar um disco por uma grande gravadora, mas isso não muda nada, absolutamente nada — disse recentemente o baterista Jonathan Fishman em entrevista à revista *Pollstar*.

De fato, o palco é o habitat natural do Phish. Ali o seu som — basicamente um infernal boogie a la Santana, no qual se misturam rock, country, jazz, as tais batidas latinas e até mesmo reggaes estilizados — cresce e aparece. E impressiona. Amy Raphael, repórter da revista *The Face*, esteve em um show do grupo e, entusiasmada, descreveu na edição de agosto o que viu: uma garotada que nem era nascida quando aconteceu o *Summer of Love*, metida em roupas com motivos psicodélicos, dançando de olhos semicerrados e geralmente descrevendo tudo aquilo como uma "experiência sensorial". E isso, pode se beliscar, em 1992!

Disco tem "boogie" e sons à la Santana

"Llama", "Eliza", "Magilla", "Guelah Papyrus" e "Manteca" são alguns dos títulos das 16 músicas que compõem *A Picture of Nectar*, infelizmente sem previsão de lançamento no Brasil. Nomes estranhos para uma banda que faz um som nada estranho. Quem se formou nas escolas setentistas de rock and roll vai reconhecer aqui e ali sotaques familiares. "Stash" vai lembrar Santana, "Manteca" trará lembranças de Frank Zappa e "Tweezer" poderá soar como Crosby, Stills, Nash e Young em seus melhores momentos. E há também jazz clássico ("Magilla"), country brincalhão ("Poor Heart") e rocks básicos ("Chalk Dust Torture"), todos inevitavelmente bem tocados, num desfile de modestos virtuosos.

O problema — ou melhor, o grande barato do Phish — é que não se trata de mera cópia ou mesmo de sons inspirados nisso ou naquilo. O que o Phish faz é trazer à mente pequenos flashes do passado, tão fiéis como aqueles sonhos em que você acorda e parece sentir o perfume do lugar onde você "esteve". *A Picture of Nectar*, na verdade, é um grande disco. Normal na primeira audição, simpático na segunda, ótimo na terceira e imprescindível a partir daí. Simples e bom como aquele sabonete, o Phebo. Com PH, claro.

Rio Fanzine

Linha telefônica informa atividades da banda

Nem Los Angeles, nem Nova York e muito menos Seattle. O Phish vem de Vermont, um lugar que definitivamente não é famoso por ter dado ao mundo grandes bandas de rock. Foi lá que Trey Anastásio (guitarra e vocal), Mike Gordon (baixo e vocal) e Jon Fishman (bateria, trombone e vocal), três estudantes matriculados na universidade local, se encontraram e descobriram afinidades extracurriculares. Aquela velha história...

Só que perto dali, no colégio experimental de Goddard, estudava o tecladista Page McConnel. Em crise graças à política de "incentivos" do governo Reagan, a escola resolveu oferecer US$ 50 para quem trouxesse um novo aluno. Esperto, McConnel matou dois coelhos com uma pancada só: trouxe Trey, Mike e Jon para a sua escola (embolsando US$ 150) e ainda arrumou uma banda para tocar.

De Goddard (onde nasceu a maioria das quase 100 canções do grupo) para o mundo, foi essa a trajetória do Phish. De boca a boca, foi essa a estratégia do Phish para se tornar conhecido. A cada concerto — com duração nunca inferior a duas horas e meia —, mais e mais pessoas se "filiavam" ao culto. A coisa chegou a um ponto e se estruturou de tal forma que os próprios músicos passaram a alugar pequenos teatros e fixar eles mesmos o preço dos ingressos. "Faça você mesmo" perde!

Hoje em dia, no underground da América, quem não gosta de Phish bom sujeito não é. Além do tal sistema de comunicação eletrônica, via computador, os phish-phans — que, numa pirataria às avessas, são incentivados a gravar todos os shows — podem saber de tudo o que se passa com sua banda preferida através de uma hotline (número 001-802-655-9068). É só ligar para lá e ouvir um simpático recado de uma moça enumerando as próximas atividades do grupo (vão abrir semana que vem para Carlos Santana em São Francisco) e pedindo que você deixe seu nome e telefone para ser incluído no mailing list do Phish. (C.A.)

Reggae mineiro, uai!

Skank sacode dancehalls de Belo Horizonte

No clube da esquina tem uma banda de reggae tocando. É o Skank, o primeiro grupo a levar a linguagem moderna do dancehall para Minas Gerais. Mas não imagine um bando de garotos usando dreadlocks, com uma páia de cigarro no canto da boca, sentado em cima de um muro e com uma série de "causos" para cantar. Samuel Rosas (guitarra e vocais), Henrique Portugal (teclados), Lelo Zanetti (baixo) e Haroldo Ferreti (bateria) têm lá suas raízes mineiras mas optaram por um idioma universal para a sua música.

E até disco eles já têm, sô. Leva o nome da banda, é muito bom e vai ser lançado daqui a vinte dias, apenas em CD, por um selo independente local, Emvideo. Nada mal para quem tem menos de dois anos de vida.

— O que nos aproximou foi o gosto pelas novas batidas que estão vindo da Jamaica e de Londres. Essa mistura de ritmos do Terceiro Mundo com a eletrônica — conta Samuel.

A curta trajetória do Skank é parecida com a de outros milhares de bandas com novas idéias e antigos ideais. A única diferença atende pelo nome de James, sua inusitada plataforma de lançamento.

— James é um bar de jazz e blues aqui da cidade. Fizemos uma temporada lá e acabamos descobrindo que havia um público para o reggae em Belo Horizonte. Foi quando resolvemos levar a coisa a sério.

Vários shows depois e alguns empurrões decisivos — do jornalista Otávio Rodrigues e dos três Paralamas —, lá estava o Skank com material e disposição para gravar um disco.

— Tentamos fazer contatos com gravadoras do Rio e São Paulo mas não conseguimos. Assim, resolvemos juntar dinheiro e gravar de forma independente — diz ele.

Dito e feito. Uma nova bateria de shows, agora em sítios ao redor da cidade — um fenômeno que tem marcado a cena mineira — serviu de caixa para financiar o disco do Skank. Com uma qualidade sonora excelente para um disco indy, o début do Skank marca uma ruptura que já deveria ter chegado ao reggae nacional há muito tempo.

— Falamos sobre coisas do dia-a-dia. Sexo, política, futebol, tudo o que está ao nosso redor. Não usamos o tradicional discurso rastafari, aquelas coisas de volta à África. Isto não tem muito a ver conosco.

Entre as músicas do disco, há uma versão dancehall de um clássico de Paul Anka ("Let Me Try Again"), um bem-humorado polaróide da crise política ("Indignado", adotado pelo PT mineiro na campanha pela prefeitura) e uma música dedicada ao macaco-prego. Mas não por razões ecológicas.

— O Haroldo tinha um macaco desses em casa. E o bicho era hilário. Não deixava nenhum homem se aproximar dele. Só mulheres. Um dia o Haroldo levou a namorada dele em casa e mostrou o macaco para ela. De repente, sem mais nem menos, o bicho começou a se masturbar na frente deles, na maior cara de pau. Por isso escrevemos essa música, para o bicho mais tarado do planeta — esclarece.

Uma banda novinha em folha, com um som moderno, bom de tocar no rádio e com um disco pronto, gravado e mixado. Não seria boa idéia pôr esse anúncio nos classificados das gravadoras?

— É o nosso sonho. O Skank é um produto pronto e acabado. Tomara que apareçam interessados — diz Samuel. (C. A.)

Rio Fanzine

Páginas malditas

Editor da *High Times* ataca FBI e "verdes"

NOVA YORK — Para a América careta esta é a revista dos "doidaços". Que boa parte dos grupos musicais de vanguarda usa como bandeira das liberdades, os grandes anunciantes (entenda-se bebidas e cigarros comuns) têm pavor, o FBI espiona, os governos Reagan e Bush consideraram e continuam vendo como representantes do diabo e seu editor, Steve Bloom, orgulha-se em apresentar como o último bastião da imprensa livre.

Comum, seguramente, a *High Times* não é. Além de publicar regularmente artigos — e provas — sobre os benefícios medicinais da canabis, ensina como cultivá-la longe dos olhos da polícia, publica cotações de preços, defende sua liberação e, nos últimos meses, vem estampando fotos e entrevistas do povo da música que abraça a mesma causa e, ainda por cima, aparece com descarados joints entre os dedos. Os grupos Black Crowes (*High Times* de julho) e Cypress Hill (março) são dois que escancararam. Antes deles, o vovô Willie Nelson fizera o mesmo. E arrumou problemas por isso.

— Como todo precursor, ele sofreu um bom número de ataques por admitir que fuma. O lado positivo foi ter despertado a vontade de outras pessoas em se expor também — comenta Steve Bloom.

É bom esclarecer logo que a *High Times* é radicalmente contra as chamadas drogas químicas (heroína, cocaína, crack & similares), que considera destruidoras. Ela advoga, exclusivamente, a descriminalização da canabis.

Nenhum Marlboro da vida, nenhuma Budweiser ou Black & White — nos Estados Unidos sob fogo cerrado por causa de câncer de pulmão ou incontáveis mortes em acidentes causados por motoristas alcoolizados — vai querer mostrar seus sedutores anúncios numa revista tão visada. E sobreviver sem propaganda, para uma revista americana, é quase milagre.

Pressionados e amedrontados com o início da feroz campanha antidrogas do governo Reagan, os anunciantes acabaram pulando fora. Hoje a revista vive quase que exclusivamente da venda nas bancas, assinaturas (restritas e problemáticas em alguns países) e pequenos anunciantes. Nem mesmo a indústria de discos, capaz de qualquer coisa por um punhado de dólares, tem peito para fazer propaganda de seus artistas nas páginas da *High Times*.

— Atualmente a indústria até colabora, especialmente depois que o Cypress Hill, já tendo aparecido em nossa capa de março, ganhou um disco de ouro. A Warner, a Sony, todas acham bom ter seus artistas na *High Times* — diz Bloom.

A foto do Black Crowes, por exemplo, foi produção da própria gravadora, Def American (subsidiária da Warner). Com "cigarro" na mão e tudo mais. Entrevistas, passagens, facilidades — a indústria da música topa tudo. Menos peitar anúncio ali.

— Alguns grupos defensores da liberdade como o Greenpeace infelizmente também têm medo de associar sua imagem à nossa, mesmo sabendo que para eles nós cederíamos páginas de graça — lamenta Bloom. (Edney Silvestre, especial para o Rio Fanzine)

Pegue santo or die!

Êh-pa-rê! Depois de vários anos consumindo bandas de heavy metal importadas falando de bruxaria "gringa" já estava na hora de aparecer um similar nacional do "troço". E ele já existe. É o saravá metal do Gangrena Gasosa.

A julgar pelas primeiras evidências a banda vai longe. Veja: do enorme saco com fitas demo que Jello Biafra carregou para São Francisco, ele confessou a este zine-repórter que suas preferidas foram as do Second Come e a do Gangrena.

Quando a fita tocou no programa *HellRadio* foi a maior repercussão. Tanto que nosso colaborador bissexto Hermano Vianna — que ouviu e adorou — tratou de levar a idéia para a turma do *Programa Legal*, do qual ele é um dos redatores. Eles vão ao ar não num programa sobre ritos afro-brasileiros, mas num sobre futebol! Tudo bem. Vocês vão ver por quê breve na TV.

Enquanto isso, prepare-se para o show que o Gangrena Gasosa (Cid'Abilly, bateria; Ronaldo Chorão, vocal; Felipe, baixo; Jorge Doente e Luciano, guitarras; e Paulão, vocal de apoio) fará na próxima sexta-feira no Garage. É véspera de Cosme & Damião e por isso haverá farta distribuição de doces, pipoca e guaraná. O papo a seguir foi feito com o baterista Cid.

Rio Fanzine

— **De onde veio a idéia do saravá metal?**

— Há uns dois anos, Ronaldo tinha uma banda grindcore, Vermes da Lepra, que já tinha algumas letras que exploravam o assunto. Como não deu em nada, eu, Felipe e Toni (primeiro vocalista do Gangrena) achamos que aquelas letras podiam dar um "caldo".

— **Algum de vocês é macumbeiro praticante?**

— A minha família toda pratica. Eu cresci vendo esses "troços" in loco. Desde pequeno vou ao centro, vejo despachos. Mas o único praticante da banda era o Toni, que saiu justamente por ser médium.

— **Alguém da banda já pegou santo?**

— O Ronaldo já desmaiou uma vez no show. Foi meio esquisito. Mas eu acho que foi por causa de bebida.

— **Qual a participação da banda no *Programa Legal*?**

— Fizemos um playback de "Despacho from hell" gravado num cemitério cenográfico. O programa é sobre futebol e nossa ligação é porque eles abordam o Pai Santana, massagista do Vasco, que costuma fazer despachos em vésperas de jogo. Por acaso, eu sou vascaíno.

— **Sabem da existência de alguma outra banda do gênero no Brasil?**

— Ouvi dizer que o Sepultura e o Faith No More tinham idéia de fazer um projeto paralelo reunindo metal com macumba, mas não sei se isso é verdade. Por aqui teve uma banda, Saravator, do Méier, que não deu em nada.

— **Que tipo de produção visual vocês usam nos shows?**

— A gente costuma acender velas, levar despacho que a gente cata da rua mesmo para ficar mais autêntico... cada um se veste de acordo com uma entidade. Eu me visto de Tranca-Rua; o Chorão e o Felipe de Omolu; o Paulão de Exu-Caveira; o Jorge de Caboclo Sete-Flechas; e o Luciano de Pomba-Gira. E temos também o Zé Pilintra, que é nosso boneco mascote.

— **Qual a postura de vocês em relação à macumba?**

— Não somos pró nem contra nada, não levantamos bandeiras. Somos politicamente incorretos ao máximo. Fazemos o lance com humor e para mostrar que o heavy é um circo e somos todos um bando de palhaços. E também queremos ser uma alternativa a essa bandas que falam de Lúcifer, Astaroth etc., coisas muito distantes da nossa realidade. A gente ri disso. Agora quero ver "neguinho" chutar um despacho de macumba! (T. L.)

Cabeça dinossauro!

Líder do Gwar, Oderus Urungus, fala ao Brasil

No alvorecer da Terra, antes que a raça humana aparecesse, quando os dinossauros reinavam, uma nave vinda do planeta Scumdoggia caiu na região do Ártico. Seus ocupantes não morreram com o choque, mas lá permaneceram congelados por séculos e séculos. Até que o recente buraco na camada de ozônio fez com que esses guerreiros alienígenas fossem descongelados juntamente com um último remanescente dos Tiranossaurus Rex, Gor Gor. Agora eles estão empenhados em conquistar nosso planeta. Eles são o GWAR!

Num esforço sobre-humano de reportagem, nosso felino agente zineiro conseguiu uma audiência com o líder do Gwar, Oderus Urungus. Enquanto articula sua invasão, o Gwar atua disfarçadamente como uma banda de rock baseada em Richmond, Virginia. Terráqueos, tremei!

— Afinal o Gwar vem do espaço ou são primitivos que estavam congelados?

— Somos guerreiros vindos de um planeta distante, Scumdoggia. Chegamos aqui na era glacial e desde então permanecemos congelados por acidente até que o buraco na camada de ozônio nos descongelou. Somos ETs mesmo.

— O planeta do Gwar é próximo a algum planeta conhecido como Metaluna (do filme *Not of This Earth*)?

— Não, fica próximo de Marte. Daí termos vindo para a Terra. Antes eu era um vagabundo das galáxias. O chato é que sempre tenho problemas com a polícia interplanetária.

— Vocês tem planos de promover uma luta entre Gor Gor e Godzilla?

— Não sei. Godzilla está um tanto fora de forma, talvez não consiga nem dar para a saída. Godzilla já era.

— O Gwar tem uma máquina para se deslocar no tempo? Por que se vocês chegaram aqui no passado, como podem ter aparecido numa cena do filme *Hardware*, que se passa no futuro?

— Não queria lhe dizer, mas nós realmente temos o poder de nos deslocar no tempo e no espaço. Vamos para a frente e para trás quando quisermos. Podemos avançar tanto em uma hora quanto em três anos. É só escolher.

— O Gwar lembra muito um filme gore. Quais são seus filmes favoritos no gênero?

— Eu gosto muito do primeiro *Evil Dead* (*A morte do demônio*). É realmente a nossa cara.

— Em nosso planeta, costuma-se rotular as bandas de rock para diferenciá-las das demais. Em que rótulo o Gwar se encaixaria aqui? Como uma banda metal, uma piada, um filme de terror (gore)?

— Acho que banda piada serve, porque nós fazemos o público rir. Banda gore também serve, pois nós somos muito violentos. E banda metal pode servir, porque nós atraímos um tipo de público que faz parte da turma heavy metal.

— **É verdade que o Gwar foi proibido de dar entrevistas ao vivo na TV dos Estados Unidos e também de se apresentar na Flórida?**

— É verdade. Estivemos no programa de Joan Rivers, em cadeia nacional, e falamos certas verdades que os americanos não gostam de ouvir. Também não podemos mais nos apresentar na Flórida, onde nos consideram pornográficos.

— **Então por que vocês escolheram a América, tão conservadora, para habitar? Por que não outro país, como o Brasil, por exemplo?**

— Bem, primeiro porque nós não odiamos brasileiros, mas odiamos americanos. E também porque é a nação principal deste planeta, então nada melhor do que começar a dominação por lá. Mas logo que conquistarmos o hemisfério norte vamos dar uma passada no Brasil. Nosso dinossauro vai gostar muito da floresta Amazônica.

— **É verdade que o empresário de vocês concorreu à presidência americana?**

— Sim, o lema era "Sleazy P. Martini, melhor do que nada". Honesto, não?

— **Em nosso planeta, sobretudo na civilização ocidental, o capitalismo reina. Sendo assim, vocês têm planos de transformar o Gwar em grife ou fazer desenhos animados, como as Tartarugas Ninja?**

— Bem, já temos um serviço de merchandising, o Slave Pit Inc., mas ainda não pensamos em fazer desenhos animados. A idéia não é má.

— **Uma mensagem final?**

— Preparem-se, escória! Gwar está prestes a conquistar a Terra! Vamos destruir, limpar e matar todos os idiotas do planeta! Grrooaarrrr! (T.L.)

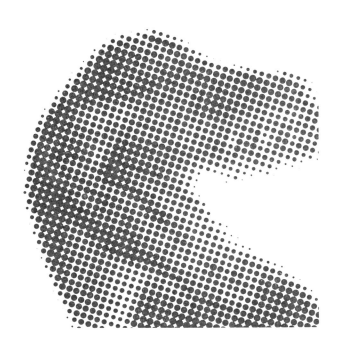

Tatu You!

Antes de Cazuza e Renato Russo serem eleitos os porta-vozes da nova geração rock brasileiro, houve uma pessoa que concorreu forte ao cargo e não conseguiu ser eleito por diversos fatores. Era Jorge Luís, que se escondia por trás do apelido de Tatu, o líder e vocalista da pioneira banda punk carioca, Coquetel Molotov.

Todo mundo estourou via demo na Fluminense FM, menos o Coquetel (que tinha até um hit na rádio, *Ódio às TVs*), banda que jamais gravou um compacto simples sequer. Porque ninguém queria tratar com eles, já que ninguém na banda era garotão classe média. Conversar com uns — verdadeiros — punks imundos de subúrbio? No way!

E assim o CM manteve-se ativo sempre no underground, sempre divulgando seu trabalho por fita demo e sempre com Tatu na formação. O mesmo Tatu que por pouco não pirou e quase se transforma numa espécie de Arnaldo Baptista/Raul Seixas do punk rock nacional. E que agora sai da toca para anunciar o lançamento de uma fita comemorativa de dez anos do Coquetel, a ser lançada em breve.

— O que aconteceu com o Coquetel Molotov?

— O coquetel nunca parou. De 84 a 90 eu segui carreira com a banda, só dando um tempo nos dois últimos anos. Nesse meio tempo tivemos umas sete formações. Sumimos mais do Rio, porque o CM se apresentou até no Espírito Santo, num festival chamado Quarup, quando fechamos a noite punk. Em 90 tocamos duas vezes no Rio.

— Então por que a parada nos dois últimos anos?

— Resolvi dar um tempo em 90 porque nada estava acontecendo. E também porque estava fazendo a faculdade, me formei em Comunicação na UFRJ. Então, nestes últimos dois anos priorizei os estudos, mas continuei tocando para não deixar morrer a idéias e o nome do CM. Também trabalhei como repórter do jornal *O Povo*.

— E o skate, ainda rola?

— Claro. Depois de muitos anos inativo eu voltei a andar de skate e estou com uma madeira nova Mike McGill.

— O punk rock não morreu? O que é punk hoje?

— O punk representa meu nascimento como músico. Antes eu só ouvia a música. O punk me conscientizou. Hoje o Coquetel não é mais punk. Diria que faz street music, ou música urbana pós-punk. Posso ter visual mas não sei se ainda sou punk. Sid Vicious era.

— Quais os planos futuros e a nova formação da banda?

— Queremos fazer um circuito carioca ano que vem e depois ir para o interior. São Paulo, Brasília. Por enquanto é só vontade. Estou distribuindo umas demos por aí. Vamos lançar uma "fita década", 83/93, com 15 músicas de todas as fases da banda. Se der certo prensaremos depois em vinil. A nova formação é: Ninja (batera de SP), eu (voz e guitarra), Paulo Grego (guitarra) e Aloísio (baixo). (T. L.)

Rio Fanzine

Marujos do queijo quente

Está sendo lançado o primeiro disco do grupo americano Primus no Brasil, *Sailing the Seas of Cheese*, o quarto na discografia oficial — antes vieram o ao vivo *Suck on This* (89) e *Frizzle Fry* (90); e posteriormente um EP só com regravações, incluindo músicas de Peter Gabriel, XTC e Residents.

O Primus vem da Califórnia e é local de São Francisco. É um grupo difícil de definir pelo som, já que ele faz uma mistureba que inclui funk, jazz, punk e até mesmo heavy metal. Em cena o Primus lembra uma trupe circense em ritmo hardcore, um desenho animado, até.

Para destrinchar mais um pouco esse grupo pouquíssimo conhecido por aqui (embora tenha aparecido no filme *Dois loucos no tempo*, exibido aqui no começo do ano), Tom Leão falou com o vocalista/letrista/baixista Les Claypool, o mestre-de-cerimônias do Primus.

— Como você definiria o som do Primus?

— Eu não definiria. Não conseguiria. Diria apenas que soa bem para mim.

— Você assume influências de Frank Zappa e XTC no som do Primus?

— Sim. Sou um grande fã de Zappa e também sempre apreciei o XTC. Mas tem muito mais coisas de que gosto, bem diferentes.

— Você diria que algumas de suas letras, como "John, the Fisherman" (do disco anterior) **são autobiográficas?**

— Às vezes. Eu diria que na maioria das vezes são exercícios de estilo, por isso eu escrevo na primeira pessoa. Alguns dos temas costumam sair das histórias em quadrinhos que costumo rabiscar.

— A arte das capas de seus discos e os clips possuem sempre elementos de animação de diversas formas. Qual sua ligação com esse tipo de arte?

— Como disse, gosto de desenhar cartuns e aprecio muito esse tipo de arte, animação etc. Contudo, quem cria os desenhos e as animações de nossos clips são os artistas competentes.

— Na faixa "Jerry Was a Race Car Driver" você diz uma frase — "Dog will hunt!" — retirada do filme *O massacre da serra elétrica (Texas Chainsaw Massacre)*. Qual o motivo da citação?

— *Texas* é um bom filme e essa linha é clássica. Todo mundo que gosta desse tipo de filme reconhece a citação. Por isso a usamos.

— Como aconteceu a participação de Tom Waits na faixa "Tommy, the Cat"?

— Eu era um grande fã de Tom, agora somos amigos. Pensamos nele logo que escrevi a letra. Então mandei a fita com a música e uma carta. Ele foi muito bacana, e aceitou fazer a participação na faixa.

— Para terminar, que idéia tem do Brasil?

— Brasil me lembra carnaval, salsa...

— Aqui não tem salsa e não falamos espanhol.

— Desculpe. Eu aprendi isso na escola.

Cronologia

1991

Ayrton Senna conquista pela terceira vez o campeonato mundial de Fórmula 1
Começa a Guerra do Golfo
A União Soviética deixa de existir
Magic Johnson diz que tem Aids e abandona o basquete
A música sertaneja sai do interior e conquista as grandes cidades. "Pense em mim", com Leandro e Leonardo, é um dos maiores sucessos do ano
Morrem Pepê, Miles Davis, Gonzaguinha, Freddie Mercury, Yves Montand...
Envolvido com drogas, Maradona foge da Itália e é preso na Argentina
O segundo Rock in Rio acontece no Maracanã
Produtos importados chegam às prateleiras dos supermercados
O São Paulo, de Raí e Telê Santana, é campeão brasileiro de futebol
Chega aos cinemas o filme *Na cama com Madonna*
Zélia Cardoso de Mello deixa o governo, lança um livro com detalhes sobre o seu romance com Bernardo Cabral, assinado por Fernando Sabino, e se casa com Chico Anysio
O presidente Fernando Collor de Mello diz que tem "aquilo" roxo
Joãozinho Malta, irmão da primeira-dama Rosane Collor, tenta matar com dois tiros o prefeito de Canapi, em Alagoas, mas erra o alvo
Surge o Mercado Comum do Cone Sul, o Mercosul
O "bispo" Edir Macedo é acusado de sonegação de impostos, contrabando e lavagem de dinheiro
Demi Moore aparece grávida e nua na capa da revista *Vanity Fair*
Surge nos Estados Unidos o termo "politicamente correto". Desaparecem os "negros" e surgem os "afro-americanos"
Chegam ao Brasil os telefones celulares
Multimídia é a palavra mágica no mundo da informática
Antônio Magri, ministro do Trabalho, diz que sua cadela é um ser humano como qualquer outro
Pedro Collor de Mello faz denúncias contra o irmão, Fernando, e seu amigo, o empresário PC Farias
Explode a guerra entre as repúblicas da Iugoslávia

1992

O democrata Bill Clinton chega ao poder nos Estados Unidos

Estudantes saem às ruas para pedir o *impeachment* do presidente Fernando Collor. Surge a expressão "caras pintadas"

Nas Olimpíadas de Barcelona, o Brasil conquista a medalha de ouro no vôlei masculino

O ex-campeão mundial de boxe Mike Tyson é preso, acusado de estupro e condenado a seis anos de detenção

Sharon Stone estoura nos cinemas com o filme *Instinto selvagem*

A minissérie *Anos rebeldes*, de Gilberto Braga, é destaque na TV

Nos Estados Unidos, a cantora irlandesa Sinnéad O'Connor rasga uma foto do papa João Paulo II durante a transmissão, ao vivo, do programa *Saturday Night Live*

Parte da arquibancada do Maracanã cede durante a final do Campeonato Brasileiro e dezenas de torcedores do Flamengo caem na geral e nas cadeiras. Três pessoas morrem

A Rio 92 reúne líderes de diversos países para discutir os problemas ecológicos do planeta

O São Paulo vence o Barcelona, em Tóquio, e é campeão mundial de futebol

O príncipe Charles se separa de Diana, a Lady Di

Nigel Mansell é campeão mundial de Fórmula 1

Morrem Ulysses Guimarães, Marlene Dietrich, Astor Piazolla, John Cage, Daniella Perez, Jânio Quadros, Isaac Asimov...

Fernando Collor renuncia. O vice-presidente Itamar Franco assume o cargo

Os Bundy, um mergulho no mosh pit, Second Come, Ian Mackaye não vende sua alma, a febre do jungle contamina Londres...

93/94

PLANET HEMP E O RAPPA FAZEM FUMAÇA

Planet Hemp
Onde há fumaça, há rap

Fazendo coro ao Cypress Hill, surgiu no Rio de Janeiro o grupo de rap-rock multirracial Planet Hemp, que, além de temas sociais, levanta a bandeira da legalização da maconha. E o faz cantando em bom português (com apenas duas músicas em inglês "enrolation", que já serão traduzidas), para todos entenderem, mas sem aquela coisa partidária, de encher o saco do próximo. Os caras gostam de ganja e só querem que todos saibam disso, sem catequizar.

A idéia da banda surgiu há menos de um ano do encontro do vocalista Skunk (velho conhecido da cena alternativa carioca desde os tempos do punk) com o rapper e skatista Marcelo. A princípio, seria mais uma dupla hip-hop, com voz, baterias eletrônicas e toca-discos. Acontece que eles não tinham grana para bancar a tecnologia. Então arregimentaram uns homies (camaradas) e partiram para uma banda, com baixo, bateria, guitarra e muito peso. O time escalado foi Rafael (guitarra, e ex-integrante da banda paulista Cold Turkey, e da carioca Dogs in Orbit), Formigão (baixista e também integrante do Dash), Bacalhau (bateria, que também ataca no Acabou La Tequila) e Carlos, um rasta filosófico que serve de roadie e conselheiro espiritual.

O fumaçento nome foi tirado de uma matéria da revista *High Times* (bíblia dos adeptos do pot) e, ao contrário do que se possa imaginar, nem o nome (mais ou menos, Planeta "Fumaça", se é que me entendem), nem as letras trouxeram qualquer problema para a banda na hora de se apresentar por aí.

— Até agora não aconteceu nada. Falar de maconha é uma coisa normal, todo mundo fuma. O maior sucesso da banda é "Legalize já" — explica Skunk.

Quem não viu ou ouviu ainda o Planet Hemp não sabe o que perde. A apresentação deles na última festa HellRadio foi quentíssima e acabou com uma superjam com gente das bandas Funk Fuckers, Speed Freaks e Chico Science & Nação Zumbi.

Mas o que é que rola?

— A essência é o rap, mas no geral nós fazemos um crossover, uma "fumaça sonora" onde cabem até samba, baião e hardcore — explicam, quase em coro.

A mistura agrada aos rappers ortodoxos e público em geral?

— Tem gente que critica, mas tentamos uma evolução. Ficar só no lance do rap com DJ é maçante. Nós somos autênticos. Pra esses que nos criticam, nós até fizemos uma letra, "Raps reais".

Rio Fanzine

A banda considera parte da Hemp Family outras como Funk Fuckers, Consciência Urbana, Speed Freaks, Positive Soul e Juliette, por ousarem misturas e fugirem do lugar comum do rock alternativo. No momento, o Hemp sequer tem uma demo tape, mas vão se apresentar domingo que vem em São Paulo, na nova casa Urbania (no Anhangabaú), num dia skate-rap com direito a rampa e tudo.

Cheech & Chong decerto gostariam de ouvi-los. (T. L.)

Olha o Rappa!

Banda revelação do reggae carioca nas páginas do Rio Fanzine

Música boa não engatinha, nasce de pé. Como o Rappa, que tem seis meses de vida e já faz um som de gente grande. E reggae do bom e do melhor: pesado, encorpado e eclético, capaz de unir tendências internas tão diversas como o roots, o dub, o ragga e, um parente próximo, o rap. Precoce, o grupo até agora fez apenas três shows — o mais recente na quarta edição da *SuperDemo*, no Circo Voador, algumas semanas atrás — mas seu som já ecoou pela cidade, e duas gravadoras já foram atraídas pelo groove da turma.

E o melhor desta história: o Rappa nasceu a partir de um anúncio publicado aqui no Rio Fanzine, em abril desse ano, no qual o baixista Nélson Meirelles, ex-produtor e eterno conselheiro do Cidade Negra, procurava um vocalista, que gostasse de Shabba Ranks e Shinehead, entre outros, para uma banda de — o termo é dele — "heavy-roots".

— Foi uma loucura, apareceu gente de todos os lugares. Um cara de Curitiba me ligou perguntando se já tínhamos encontrado alguém e querendo saber se ainda havia tempo para ele fazer o teste — lembra Nélson.

O "teste", na verdade, era feito a partir de uma das mais pesadas músicas dos Paralamas, "Selvagem?", o que dá bem a noção das intenções do Rappa.

— Escolhemos "Selvagem" porque é uma música que tem peso e melodia, e é cantada e falada ao mesmo tempo — explica Nélson.

Na hora "H", porém, nem gregos nem troianos agradaram a ala instrumental do grupo, formada por Nélson, o tecladista Marcelo Lobato (do Afrika Gumbe e parceiro ocasional de Fernanda Abreu), o guitarrista Alexandre Menezes e o baterista Marcelo Yuca. Nélson, Lobato e Yuca já tinham adquirido senso de conjunto ao acompanhar o baba Papa Winnie em sua excursão pelo Brasil. Alexandre, que morou na Bélgica, onde tocou música africana na noite local, se juntou ao time depois. Faltava, voltando ao assunto, uma voz.

— A gente já estava desligando a aparelhagem quando o Falcão apareceu. Ele foi tão bem com "Selvagem" que a gente emendou com "Fight the Power", do Public Enemy, e com "Informer", do Snow. Depois, ele pegou a guitarra e mandou "Would", do Alice in Chains. Isto tudo, sem desafinar em momento algum. Tava na cara que era ele quem procurávamos — conta Nélson.

Quem viu o Rappa ao vivo, ou escutou a fita que foi gravada no *SuperDemo*, sabe que o casamento foi perfeito. Falcão, um garotão de apenas 20 anos, é um achado, capaz de cantar e "rapear" com a mesma classe (Shabba e Maxi Priest numa mesma garganta?), como faz em "Take it Easy, My Brother Charles", de Jorge Benjor, uma das covers que o grupo toca (a outra é "Presidente caô-caô", de Bezerra da Silva).

— O moleque é bom pra caramba — confessa Nélson.

A conferir tudo isto (e também as composições próprias do grupo, como "Não vão me matar" e "Sujo"), no Jazzmania, onde a banda toca amanhã e terça, a partir das 22 h. (C. A.)

Um horror de família

Imagine os Simpsons em carne e osso. Agora distorça e piore ainda mais o caráter dos personagens. Você terá a família Bundy, os protagonistas da série *Um amor de família* (Married... with Children), uma das comédias de maior sucesso no horário nobre da TV americana, que já está emplacando seu sétimo ano de produção.

Por aqui, *Um amor de família* não tem a mesma força porque é exibida pelo canal Showtime, da TVA, que além de ser uma TV por assinatura (o que reduz o público) ainda exibe a série justamente na hora do *Jornal Nacional*. A vantagem é que no horário, 20h, o sinal fica liberado, podendo ser captado por qualquer TV que pegue UHF.

Os Bundy são: o pai, Al Bundy (Ed O'Neil),

vendedor de sapatos, viciado em controle remoto e programas esportivos; sua mulher, Peggy (Katey Sagal), uma ruiva ninfomaníaca e consumidora compulsiva; a filha adolescente e burra de doer, Kelly (Christina Applegate); o filho mais novo que não consegue perder a virgindade, Bud (David Faustino); e o cachorro Buck. Completam o cast regular o casal vizinho, Marcie (Amanda Bearse) e David (Ted McGinley).

Como a série já tem sete anos (os episódios foram exibidos aqui diariamente nos últimos dois anos, enquanto nos EUA são semanais), ao longo do tempo vimos Kelly e Bud — que começaram com 13 e 15 anos, respectivamente — crescerem e entrarem na puberdade, além de outras transformações. Assim como a perda do hábito de fumar de Peggy, a perda de cabelos de Al e a perda de marido de Marcie — que começou a série casada com Steve (David Garrison).

O que caracteriza os Bundy é que eles são os maiores perdedores da América. Tirando um título no futebol do colégio conseguido por Al, por mais que insistam eles nunca conseguem dinheiro, comida ou um pouco de dignidade. Conta pontos para isso o relacionamento da família. Cada um quer ver o outro morto e à distância, principalmente se isso resultar em alguma grana.

Eventualmente, fazem aparições especiais no programa algumas coelhinhas da Playboy, esportistas famosos nos Estados Unidos, grupos de rock (o Anthrax teve um programa todo seu) e até mesmo Traci Lords já deu o ar de sua graça por lá.

Se o elenco lhe soa desconhecido confira se você já os viu antes: Amanda Bearse é aquela "mocinha" que é seduzida pelo vampiro de *A hora do espanto* (Fright Night) e de vez em quando dirige alguns episódios da série. Ed O'Neil é o neurótico dono da lanchonete onde Wayne e Garth se encontram em *Quanto mais idiota melhor* (*Wayne's World*). E Christina Applegate poderá ser vista em breve em nossos cinemas no filme *The Baby-Sitter is Dead*. (T. L.)

Delírio no fosso das cobras

Como dançar no "mosh pit" e sobreviver

A definição mais comum para mosh pit, para quem vê de fora — e como diz aquele disco do Pantera —, seria uma vulgar demonstração de força. Mas, para os moshers, aquilo é apenas diversão. O mosh pit (ou fosso do mosh), costuma acontecer em concertos, mas também pode rolar em festas. É quando um grande grupo de pessoas começa a pular pra cima e pra baixo, se chocar umas contra as outras, correr em círculos e depois saltar de algum lugar. Cada caso descrito vai depender do tipo de música.

O mosh colisão é mais utilizado em casos "calmos" (Pearl Jam, Soundgarden, por exemplo); e o mosh circular em músicas tipo a dos Ramones e Pantera por causa do speed alto.

A primeira coisa que você deve fazer antes de ir ao mosh é usar a roupa certa. Como no auge do mosh o calor pode chegar a 40 graus, então use bermudas e camisetas folgadas e mais nada,

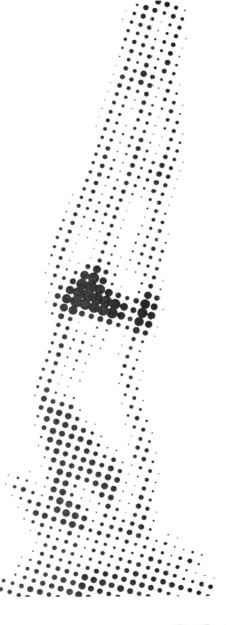

senão você poderá se sentir mal após a primeira música; um bom tênis ou botas também são recomendáveis, pois eles dão melhor aderência e evitam tombos e derrapagens. Outro aviso sobre roupas: use algo que você não vá se importar de sujar ou mesmo rasgar. No pit, você está sujeito ao suór dos outros, pontas de cigarros, pingos de cerveja, e possivelmente até algum sangue.

A segunda coisa que você deve lembrar para enfrentar um mosh é levar seus amigos. Nada pior do que se jogar no stage dive e não ter ninguém para te segurar. O pulo pode acabar com você beijando o chão. O local também conta. Os melhores locais geralmente são bem no meio do pit, porque muito na frente você pode ser esmagado contra o palco, e muito atrás não é a mesma coisa. Também muito próximo das caixas de som pode ser uma ameaça para seus ouvidos.

A terceira coisa que você deve ter em mente ao ir para um pit é esperar o inesperado: tudo pode acontecer. Você pode até ser jogado para o alto por alguém que nunca viu na vida ou coisa pior. Esteja preparado.

O toque final é nunca levar o mosh muito a sério ou entrar nele com más intenções. Não interprete certos movimentos como briga porque assim a pancadaria realmente rola. Nada arruína mais um mosh do que uma briga, e não é isso o que o mosh é. Não interessa o quanto você fique arrasado depois. Cansado, mas feliz. A propósito, boas músicas para "moshar": Nirvana, Faith No More, Chili Peppers, Mudhoney, Soundgarden, L7, Curve, Pavement, Pixies, ou qualquer coisa que o ajude a queimar energia e soltar boas vibrações (colaboração e inspiração Bernardo Bahiana Rondeau, o "mosher" de L.A.)

Americanos inventam o "moshódromo"

No último Hollywood Rock muita gente se assustou com as rodas que se abriam no meio da multidão. Às vezes era briga. Outras, algum engraçadinho que saía correndo gritando "arrastão!" e assustando todo mundo. Mas, no geral, era apenas a roda do mosh (termo que significa mais ou menos o nirvana dos headbangers). O que é isso? É uma versão atualizada do velho pogo dos punks, uma nova denominação para slam dance que foi criada pelos adeptos do trash e hoje serve para quase todo tipo de rock mais agitado.

Geralmente as pessoas não entendem e ficam horrorizadas e não raro isso é motivo para o começo de alguma briga de grandes proporções (e tem gente que vai a show só para isso).

Os americanos, com a mania separatista que têm, de dividir tudo em guetos, acabaram achando uma solução para deixar a galera "moshar" em paz sem incomodar os outros. Criaram os snake pit (fosso de cobras), no qual só fica a galera do pula pula. Geralmente os ingressos para o snake pit (o do Metallica, por exemplo, é bem no meio do palco) não são vendidos e sim ganhos em promoções por rádio ou distribuídos nos fã-clubes.

Enquanto o snake pit não é instituído por aqui (o que aliviaria a galera do "ataque dos seguranças assassinos", principalmente os do Circo Voador) vamos "moshar" numa boa pra não machucar o vizinho. (T.L.)

Rio Fanzine

Unanimidade underground

Banda carioca tocará no New Music Seminar

De Jello Biafra (ex-Dead Kennedys) aos editores dos semanários musicais ingleses (*New Musical Express*, *Melody Maker*), passando pela crítica local, o grupo Second Come é uma unanimidade. E, nesse caso, nada burra. O grupo acaba de lançar seu primeiro e esperadíssimo disco, *You*, após esgotar todas as suas fitas demos nas lojas alternativas da cidade. O disco está saindo pelo novo selo Rock-It!, uma das lojas nas quais as fitas não paravam nas prateleiras. Produzido por Dado Villa-Lobos (da Legião Urbana) e André X (da Plebe Rude), *You* já repercutiu fora do meio underground por causa da ótima regravação para "Justify My Love", de Madonna. Mas o grande lance para o Second Come será a provável participação do grupo no próximo New Music Seminar, que acontece em julho, em Nova York. Para saber dos detalhes, nós batemos um fio em pleno carnaval para o baterista Kadu, que, por não ser adepto da folia, estava em casa, relax.

— E aí, após tanta expectativa com o primeiro disco ele saiu como vocês imaginaram?

— A única coisa que não saiu muito bem como a gente queria foi a capa, que foi feita pelo vocalista, o Fábio. Só vi quando ficou pronta e nem deu para reclamar. O problema foi que tínhamos várias idéias para ela (a capa) e na hora de entregar a arte teve que ser tudo corrido e a que saiu foi feita meio na hora. No mais, o disco saiu como planejado.

— Como foi o entrosamento com os produtores André e Dado?

— O André eu já conhecia da Rock-It! Mas o que acho mais incrível é que ninguém na banda conhecia o Dado e ele assumiu a produção legal, correndo atrás pra caramba. A gente não tem nada do que reclamar deles.

— E a repercussão do disco por aí?

— Aqui no Rio só toca na Fluminense. Nas outras só com jabá. Fomos numa certa rádio e o cara falou que independente só pagando. Em São Paulo, já toca na 89 e na Brasil 2000, pelo que sei. Em termos de vendas temos vários pedidos de todo o Brasil, mas só vamos começar a atender depois do carnaval.

— E esse papo de que vocês vão participar do New Music Seminar deste ano? E como vai aquela idéia de ir morar fora?

— O lance do New Music Seminar ainda não está certo. Se rolar será em julho, em Nova York. De certo mesmo nós temos uns quatro shows programados para a Carolina do Norte, onde mora nosso contato nos Estados Unidos. Mas primeiro vamos procurar trabalhar o disco legal por aqui para depois viajar.

— E os shows por aqui?

— Vamos tocar agora em março no Garage, não temos a data ainda. Nos dias 12 e 13 tocamos no Phoenix, um novo lugar em São Paulo e depois deve rolar uns shows em Brasília e talvez no Paraná. (T. L.)

A banda que não vendeu sua alma

Fugazi, uma das bandas mais emblemáticas do punk-hardcore americano dos anos 80, veio ao Brasil para tocar no BHRIF. Aproveitaram a viagem e esticaram com shows no Rio (Circo Voador), Itaboraí, São Paulo e Curitiba. No show do Rio, mostraram que punk rock pode ser bem tocado e que boas canções não precisam de refrões pegajosos.

Antes do show, Tom Leão conversou com Ian McKaye (que esteve no Brasil ano passado como roadie do L7), sob os Arcos da Lapa, e ficou sabendo mais sobre essa banda que adota uma postura clean (não bebem, não fumam, não usam drogas, não comem carne e não usam tênis ou logotipos), possui sua própria gravadora — a Dischord —, nunca teve ou terá um clip na MTV. E mesmo assim emplaca discos no top ten das paradas alternativas (o último, *In on the Kill Taker*, do ano passado, entrou direto em primeiro lugar na parada indie inglesa). A banda prova que é possível sobreviver à margem de modas e jogadas comerciais.

— Dá para sobreviver na cena musical americana sem clips na MTV e esse tipo de coisa?

— Francamente, a MTV é como um longo anúncio que serve para vender produtos, não bandas. Não damos a mínima. Não precisamos dela para nada.

— A descoberta das bandas punk dos anos 80 pela nova geração ajudou o Fugazi a fazer mais shows?

— Acho que não. A popularidade de bandas como Nirvana de certo modo se refletiu no Fugazi. Mas em termos gerais continuamos alternativos, viemos antes de todas estas bandas e para nós continua tudo a mesma coisa. Nada mudou.

— Por que a Dischord só grava bandas locais de sua cidade, Washington D.C.?

— Era para ser um selo para gravarmos apenas as bandas de nossos amigos. Já estamos nessa há 14 anos e nada mudou. Recebemos milhares de demo tapes de bandas locais, então para que nos preocuparmos com outras bandas? Para mim, documentar minha própria comunidade é extremamente interessante.

— Como vocês bancam as produções da Dischord?

— Nossa primeira banda, Teen Idols (N. do R.: além do Fugazi e Teen Idols, MacKaye tocou também nas bandas Hunt e Embrace), fez shows por um ano e todo o dinheiro arrecadado ia direto para uma caixinha. Conseguimos juntar quase dez mil dólares assim. A partir daí, todo o dinheiro que ganhamos passou a ser investido nas produções e o lucro é reinvestido, e assim por diante. Mas nos primeiros anos eu também dirigia caminhão e trabalhava numa sorveteria.

— A Dischord continua funcionando na casa de seus pais?

— O endereço é o da casa dos meus pais, pois

quando eu comecei com a Dischord ainda morava com eles. Hoje em dia tenho outro endereço. Mas o endereço da gravadora ainda é a casa de meus pais. Engraçado, porque tem gente que vai lá e vê uma senhora e seu cão no jardim e não entende nada.

— Há algo de político na postura de vocês?

— Não seguimos nenhuma ideologia ou agenda política. Nós apenas somos o que somos. É mais uma postura. Não somos comunistas ou coisa parecida.

Jungle

Batucada eletrônica nas ruas de Londres

Baticubum com sotaque. Só faltava essa: os ingleses caíram de amores por uma batucada. É o Jungle, o som que conquistou as ruas de Londres no últimos verão (local). Trata-se de um estranho, mas poderoso, mix de batidas eletrônicas, teclados minimalistas inspirados no techno, cordas sampleadas de velhos funks e vocais em estilo ragga. Na Velha Ilha, não se fala de outra coisa. A Inglaterra está com a macaca. E se acabando de tanto dançar.

Normal. Jungle é — pelo menos, por enquanto — música feita para as pistas. Mais uma vez, é a galera black retomando um terreno que era seu e acabou se perdendo em mãos e cinturas duras. É o ponto final (final?) de uma linha que começou há quase uma década com os beats futuristas da house-music, em Chicago, e acabou desembocando no techno. Jungle é sujo, perigoso e hardcore. Alguns acreditam que seja a resposta inglesa ao rap e ao hip-hop. Música de rua feita na rua. Literalmente.

— Os produtores de jungle fazem discos em casa e depois vendem nas ruas mesmo. Quase tudo é vinil. Parece coisa de fundo de quintal, mas tem um peso enorme e as pessoas adoram — conta Marcelo Yuca, do grupo O Rappa, que conheceu de perto a cena jungle quando esteve recentemente em Londres mixando o disco de estréia do grupo.

A selva jungles começou a crescer no começo dos anos 90, nos porões de lojas como a Black Market Records, no SoHo londrino, e em clubes e galpões abandonados. Mas a coisa só começou a pegar mesmo quando foram adicionados à batida polirrítmica do jungle samples ce vocais ragga. Não demorou muito, e um dos artistas mais sampleados, o DJ General Levy, que já tinha uma bem-sucedida carreira no mundo reggae, resolveu ele mesmo pôr a voz por cima dessas bases. "Era mais justo do que ser sampleado a vida toda", disse Levy à revista *The Face*.

Deu no que deu. Levy ganhou força no circuito de bailes jungle — um paralelo com os bailes funk do Rio tem tudo a ver — e acabou indo parar no topo das paradas inglesas com "Incredible", ao lado de M-Beat, um programador de computadores de 19 anos, responsável pela incrível costura da música. Como quase tudo em estilo jungle, "Incredible" é um baque. Sambão eletrônico à moda da casa. Estranho à primeira audição, viciante daí em diante.

Como o hip-hop de outros carnavais, ou como o próprio ragga pré-Shabba Ranks, o jungle é um diamente bruto à espera de lapidação. Resta saber quem vai domar a fera. E ficar milionário com isso. (C.A.)

Dos galpões para os nightclubs do mundo

O Jungle tem tudo para ser, nos próximos anos, o que o house foi nos últimos dez. E está surgindo de forma parecida. Saindo do meio do povo, das ruas, dos galpões, para, só depois, virar um produto de consumo mundial. As manifestações musicais mais frutíferas e duradouras, sejam dance ou rock, geralmente nascem assim.

Vejam o house, que foi o último passo dance alternativo: começou por volta de 84/85 com festas em galpões abandonados nos bairros negros de Chicago (foi daí que saíram as idéias das raves, que, por aqui, são anunciadas e cobram ingresso). Como não existia um som próprio (a não ser os rare grooves, funk das antigas e desconhecidos) coube ao DJ Frankie Knuckles pegar uns velhos discos e, ao vivo, fazer mixes a partir de beats criados na hora.

Como as festas aconteciam em galpões (warehouses) e surgiram em Chicago, o lance foi batizado no início de Chicago House. Pouco depois (no verão de 88), a idéia foi apropriada (através de coletâneas que chegavam importadas a Londres) e adaptada por DJs ingleses e transformado em acid house. Que foi, para a dance music com atitude, o equivalente ao punk para o rock. Qualquer um podia ser DJ e criar seu próprio som, sem precisar ser músico ou produtor. (T.L.)

Cronologia

1993

Trinta homens fortemente armados, entre policiais civis e militares, invadem a Favela de Vigário Geral, no Rio, para vingar a morte de quatro PMs numa emboscada no dia anterior. Após duas horas de terror, 21 pessoas são mortas, na maior chacina da história da cidade

A juíza Denise Frossard manda para a prisão 14 banqueiros do jogo do bicho

César Maia decide prolongar o horário de verão por conta própria e, por alguns dias, o Rio funciona com dois relógios: o oficial e o do prefeito

Batalhas entre traficantes e policiais se intensificam nos morros do Rio

Madonna e Michael Jackson se apresentam no Brasil

Israel e OLP assinam um tratado de paz

Com exibição de gala de Romário, que faz dois gols, o Brasil vence o Uruguai e se classifica para a Copa do Mundo

O Salgueiro é o campeão do carnaval

Oito menores de rua, que viviam nas proximidades da Candelária, no centro do Rio, são assassinados por matadores. O crime choca o mundo

As calças boca-de-sino voltam à moda

João Ubaldo Ribeiro é eleito para a Academia Brasileira de Letras

Morrem Grande Otelo, Audrey Hepburn, Cantinflas, Nureyev, Frank Zappa, Wilson Grey, Pablo Escobar...

1994

Com 54% dos votos, Fernando Henrique Cardoso é eleito presidente

Surge uma nova moeda: o Real

Apoiados na Lei Zico, que institui normas gerais para o esporte, surgem os bingos

No desfile das escolas de samba, o presidente em exercício Itamar Franco flerta com a modelo Lilian Ramos, que é fotografada ao seu lado sem calcinha. Depois da festa, um encontro dos dois no Hotel Glória, onde Itamar estava hospedado, é frustrado pela presença de jornalistas

Aos 45 anos, George Foreman vence Michael Moore e se torna o mais velho pugilista a conquistar o título mundial dos pesos pesados

A seleção brasileira de basquete feminino é campeã mundial na Austrália

Comandado por Romário, o Brasil conquista o tetracampeonato mundial de futebol nos Estados Unidos

Um terremoto de 6.6 graus na escala Richter mata 44 pessoas e deixa centenas de feridos em Los Angeles

O filme *A lista de Schindler*, de Steve Spielberg, ganha sete Oscar

Kurt Cobain se suicida em Seattle

Nelson Mandela se torna o primeiro presidente negro da África do Sul

É anunciado o casamento de Michael Jackson com Lisa Marie Presley, filha de Elvis

Morrem Ayrton Senna, Tom Jobim, Henri Mancini, Jacqueline Kennedy Onassis, Richard Nixon, Burle Marx, Iberê Camargo...

Mad Professor, Flaming Lips, a Madonna do reggae, a lisergia de Robert Williams, Brinke Stevens, os Irmãos Químicos, no aquário com Moby, Oasis, Leftfield, DJ Shadow, dub...

95/96
PLUGADOS NO FUTURO

Mad Professor faz contato

Num universo como o do reggae, povoado por leões, reis imaginários, heróis santificados e guerreiros com cabelos de medusa, não poderia faltar um personagem com ares de cartoon. É o caso de Neil Fraser; o Duas-Caras do reggae. Em alguns momentos do dia, ele é um empresário de sucesso, dono da gravadora Ariwa, uma das mais influentes da cena regueira da Inglaterra. Mas, quando entra no estúdio, ele se transforma no Mad Professor, um dos produtores mais requisitados do gênero, especialista na arte do dub, o delirante som instrumental, repleto de ecos e efeitos especiais, inventado pelos engenheiros de som jamaicanos.

Há quase 15 anos dando aulas sobre o assunto e tendo como alunos aplicados tanto os DJs Macka B. e Pato Banton como o grupo Massive Attack (com quem lançou o disco de remixes, *No Protection*), Mad Professor respira reggae 24 horas por dia.

— Não gosto de ficar parado — diz ele, em entrevista exclusiva a *O Globo*, falando por telefone do seu estúdio em Londres. — Agora mesmo, estou mixando algumas músicas para uma coletânea. Deixa só eu abaixar o som para conversarmos melhor.

— **De onde veio esse apelido?**
— Foi nos meus tempos de colégio. Enquanto todos os meus amigos iam jogar futebol, eu ficava em casa, mexendo em fios e abrindo os aparelhos de som para ver como eles funcionavam.

— **Em 1991, numa entrevista à revista *Reggae Report*, você se dizia desiludido com o reggae. Quatro anos depois, você ainda pensa assim?**
— Ainda acho que muitas coisas sem qualidade estão fazendo sucesso. E muitos bons discos não tocam nas rádios, o que não é justo. Há muitas coisas estranhas nas rádios inglesas.

— **Você acha que um produtor precisa necessariamente tocar algum instrumento?**
— Nem sempre. Eu mesmo apenas brinco nos teclados e faço algumas programações de bateria. Acho que é mais uma questão de feeling, de ter um bom ouvido e conhecer as possibilidades de um estúdio.

Rio Fanzine

— **Você gosta da música de Shabba Ranks?**

— Eu adoro o sucesso dele, que foi para uma grande gravadora e manteve os mesmos colaboradores e produtores do início da sua carreira. Ele não vendeu seus princípios.

— **E o que acha dos discos recentes de Pato Banton, com quem você trabalhou no começo dos anos 80?**

— Ele não é mais um DJ, está cantando agora, fazendo um trabalho mais comercial. Está fazendo sucesso, e isso deve estar sendo bom para ele.

— **Você costuma fazer shows ou só vive dentro do estúdio?**

— Ocasionalmente, faço shows também. É o *Mad Professor On Stage*, um show de dub com banda e DJs no palco. Um dia, quem sabe, eu levo esse show ao Brasil.

— **O que você conhece de música brasileira?**

— Conheço Carlos Santana... (**risos**) Estou brincando. Na verdade, gostaria de conhecer alguma banda brasileira de reggae. Quem sabe não produzo uma no futuro? (C. A.)

Cinco Minutos
As nuvens metálicas no ar

Não há pressa em ter sucesso quando se faz um trabalho de coração, não por modismo. Que o diga a Flaming Lips, banda que já vai fazer dez anos de estrada e só agora estourou com um disco, o magnífico *Transmissions From the Satellite Heart* (original de 93, lançado aqui este ano), para além dos muros alternativos.

Locais de Oklahoma City (onde explodiram aquele prédio federal), os caras continuam por lá, apesar de não existir cena rock. Como nos disse o baixista e co-fundador da banda, Michael Ivins, dia desses, por telefone, de OK:

— Aqui não acontece nada. Não me lembro de ninguém daqui que tenha feito sucesso — disse Ivins, lentamente.

O que há em OK City é a maior concentração de evangélicos da América. O que talvez explique o clima de hino religioso de algumas músicas dos "Lábios Flamejantes".

— Isso não aconteceu de propósito. A princípio, queríamos achar um jeito de soarmos diferentes, e a opção foi esse modo meio "religioso" de cantar.

A banda acaba de gravar novo disco, *Clouds Taste Metalic*, com seu antigo produtor Dave Friedman. Como é?

— Bem mais pesado que *Transmissions*.

Michael disse que, felizmente, não havia parentes nos escombros do prédio, mas o atentado trouxe um transtorno:

— Os impostos aumentaram bastante por causa disso.

Ele revelou que a faixa 9 de *Transmissions*, não creditada no CD, é o tema do filme *Cool Hand Luke* (aqui, *Rebeldia indomável*), que Paul Newman estrelou em 1967:

— É um filme bem legal. Newman era um presidiário e a canção se chama "Plastic Jesus". Não sei de quem é.

Aviso: eles passam geléia no pão, não vaselina (ouçam "She Don't Use Jelly" para entender). (T.L.)

Cinco Minutos

Madonna e a princesa do reggae

Patra é um ossinho duro de roer. Depois de impor seu nome no universo machista dos DJs jamaicanos, e lançar dois discos por uma grande gravadora (Sony), ela faz planos para o futuro:

— Quero cantar com Madonna — diz ela.

— Por que você regravou Grace Jones no seu novo disco?

— Porque acho *Pull up to the Bumper* uma grande música e porque adoro Grace Jones. Ela é jamaicana, forte e sempre foi um grande exemplo para mim.

— *Goin' 2 the Chappel* **tem "Sweetest Taboo", de Sade, sampleado. Ela é uma grande influência, não?**

— Sem dúvida. Eu cantava em casa por cima dessa música. Adoro Sade. Ela é endeusada pelos jamaicanos.

— Pela falta de leis de direitos autorais, os DJs jamaicanos geralmente são explorados pelos produtores. No começo da carreira, você recebia o que achava merecido?

— Nem sempre. Mas eu brigava muito e, geralmente, recebia o que achava justo.

— O jamaicano é um machista por excelência. Isso incomoda? Alguma coisa mudou nos últimos tempos?

— Eu me incomodo, mas não dou muita bola. Acho que o machismo só existe quando as mulheres não se impõem. A mulher jamaicana tem que saber se defender.

— Com quem você gostaria de fazer um dueto?

— Com Madonna. Já estamos fazendo contatos, e isso pode acontecer brevemente.

— Você quer ser a Madonna do reggae?

— Não. Eu quero ser Patra, a princesa africana do reggae.

Rio Fanzine

Papa da arte lisérgica ainda "viaja"

"Os desenhos animados são a grande arte do século XX, assim como o rock'n'roll é a sua música"

Uma entrevista exclusiva com Robert Williams

Cultura pop é muito mais que séries de TV e rock de garagem barulhento. Quem lê o Rio Fanzine há algum tempo sabe disso. Underground não é só música, quadrinhos e cinema alternativos. É também poesia, teatro, fotografia, artes plásticas.

E, assim como está ocorrendo de os filmes B serem reconhecidos como algo mais que puro lixo, uma variante esquecida da pop art americana dos anos 60 — e seu principal artista, Robert Williams — foram (re)descobertos pela nova geração.

Williams é, sem dúvida, um dos maiores artistas da arte pop americana. Pai da pintura lisérgica — que ele trouxe de sua experiência como pintor de carros hot rod e do surrealismo —, ele hoje empresta seus trabalhos para capas de discos e

clips de grupos como Ramones, Butthole Surfers e Guns N'Roses, entre muitos outros.

Mas não é só a pintura que interessa a Williams. Ele também foi um dos fundadores da mítica revista americana de quadrinhos underground *Zap Comix* (ao lado de feras como R. Crumb do falecido Rick Griffin e Gilbert "Freak Brothers" Shelton), que sai quando essa turma se reúne. Por isso, a *Zap Comix*, fundada em 1968 no auge da contracultura, só chegou ao número 13 no ano passado. É que ela sai quando os envolvidos arranjam tempo para se encontrar (atualmente, Crumb e Shelton vivem na Europa).

Em plena atividade com seus 50 e poucos anos — pinta mais quadros agora do que nos anos 60 e 70 —, Robert Williams acabou de lançar uma revista, *Juxtapoz*, justamente para divulgar esse tipo de arte, que vem dos comix, e é discriminada nas grandes galerias e pelos críticos ditos "sérios". Mas foi assim com a pop arte de Warhol, Liechtenstein e cia. E vejam no que deu.

Neste momento Williams está envolvido num projeto que levará sua obra para o CD-ROM interativo. Será, como ele mesmo disse, uma espécie de história em quadrinhos cibernética.

Fanzineiros e fanzineiras, é com orgulho que o RF apresenta esta entrevista exclusiva (e a primeira que ele dá à imprensa sul-americana) com Robert Williams, feita por telefone, direto de sua casa/ateliê em North Hollywood, Califórnia.

— Como se sente vendo sua arte ser descoberta pela nova geração?

— Me sinto recompensado de certa forma. Eu estou aí há muito tempo. Comecei trabalhando com "Big Daddy" Ed Roth (o criador do boneco Rat Fink, mascote dos surfistas nos anos 60, inclusive lançado no Brasil na época pela Revell) no final dos anos 50. Em meados dos anos 60, segui minha própria carreira. Sempre tive meu público, mas agora ele se expandiu muito.

— **Você se vê como um ícone, uma espécie de popstar?**

— Não. Eu trabalho muito. E quanto mais trabalho, mais atenção você chama. O público em geral não tem memória. E se você não trabalha, desaparece.

— **De onde vem a inspiração para seus quadros?**

— No começo, parte veio do surrealismo. Mas grande parte vem mesmo dos quadrinhos underground, de filmes B, das pinturas de hot rod e motocicletas, de tatuagens, de anúncios, e, mais recentemente, da arte e grafite dos skateboards.

— **Como um artista alternativo, como vê sua obra tornando-se mainstream, sendo comprada pelo público em geral, estando na moda?**

— Eu faço parte de um grupo de artistas, como Ed Roth, Rick Griffin e outros, que sempre esteve à margem da arte estabelecida. Só que agora esta arte está sendo descoberta e consumida pelo grande público. Para mim, continua tudo igual. Apenas tivemos nossos talentos reconhecidos depois de tantos anos. A diferença é que agora eu faço mais exposições.

— **O que você consideraria a grande arte do século XX?**

— Nos anos 60, surgiu a arte dos posters de shows de rock psicodélicos, que nunca foi reconhecida como fina arte e se perdeu. Hoje em dia, luto para fazer o cartoon (desenho animado) ser aceito em museus como arte, ter seu espaço. O cartoon é a arte do século XX, assim como o rock é sua música.

— **Você vê uma espécie de nova pop art surgindo na América do Norte ou no mundo?**

— Há algo surgindo, sim. Mas é mais importante do que uma moda, uma próxima alguma coisa. E está vindo dos cartoons, não dos pintores convencionais. Tem muito artista que está se tornando cartunista por essa razão.

— **Hoje em dia, existem muitos artistas que imitam o seu estilo. O que acha disso?**

— Todos começam copiando seus ídolos, e, realmente, muita gente começou a carreira me imitando. É como começar uma banda de rock. No princípio, eu me irritava com isso, hoje sinto-me lisonjeado.

— **Nomes do rock como Guns N'Roses, Wall of Voodoo e Butthole Surfers usaram sua arte em capas de discos e clips. Como se dá isso? Eles compram os quadros diretamente de você, você faz alguma objeção?**

— Eles não compram meus quadros, apenas os direitos de uso da imagem deles. Muita banda desconhecida já usou arte minha, como bandas punks alemãs e australianas. Eu não faço nenhum tipo de objeção ao uso.

— **A arte da capa do Guns (no primeiro disco da banda, *Appetite for Destruction*) deu muito problema e foi até banida do disco. Estes problemas afetaram você?**

— Sim. Eu tive muitos problemas, principalmente com as feministas, que não gostaram nada do

Rio Fanzine

desenho. Até hoje, elas me incomodam. O pior foi que eu tive de ir a público defender o meu trabalho, já que o pessoal de Guns N'Roses não é muito articulado. Mas eu já convivo com isso desde os anos 60, quanto tive trabalhos censurados pela direita e sofri protestos de grupos religiosos. Isso é algo que realmente me incomoda.

— Sua colaboração no clip de "Who Was In My Room Last Night", dos Butthole Surfers, envolveu a leitura do desenho animado que permeia o clip?

— Eles usaram meu estilo de arte no clip, e eu emprestei meu carro para as filmagens. Mas eu não desenhei nada, embora minha assinatura esteja no clip. Foi mais uma consultoria gráfica. Recentemente, acabei de fazer uma arte para um novo clip dos Ramones, cujo nome eu não me lembro.

— Em muitos de seus quadros há uma certa atmosfera lisérgica. Você costumava tomar ácido para criar aquelas figuras alucinantes?

— Há mais de 20 anos que eu não uso qualquer tipo de droga pesada. Mas o ácido teve influência em meus primeiros trabalhos, certamente.

— Em quanto tempo você termina um trabalho?

— Normalmente, eu produzia uns dois óleos por ano. Agora faço uma média de oito a dez. A demanda cresceu muito.

— Em que países você já expôs suas telas?

— Na Austrália, no Japão e na Inglaterra. E, certamente, iria ao Brasil se fosse convidado.

— É verdade que está sendo desenvolvido um CD-ROM com a sua obra?

— Sim. O CD-ROM ainda está em desenvolvimento. Ele vai ser como um videogame interativo. A pessoa pega o meu carro e passeia por dentro de minha arte. É como se fosse um tipo de desenho animado cibernético.

— Como foi a recepção à revista *Juxtapoz*? Você ainda está envolvido com o pessoal da *Zap Comix*?

— A *Juxtapoz* vendeu bem acima do esperado. O segundo número virá muito melhor que o primeiro. Quanto à *Zap Comix*, nós fizemos força para que saísse o número 13 como forma de homenagear Rick Griffin, que morreu num acidente de moto em 1991. Por isso, usamos uma arte dele na capa. Mas, hoje em dia, a revista é mais um capricho de um bando de velhos nostálgicos (T. L.)

A deusa dos filmes baratos

A americana Brinke Stevens, a mais requisitada rainha de filmes B do momento, virá ao Brasil para a Trash Mania 2, evento que acontecerá em janeiro no Castelinho do Flamengo, no Rio. Será a primeira vez que uma atriz do gênero virá ao país para uma convenção. Embora desconhecida do grande público, Brinke tem um séquito de fãs fiéis.

Viciada em trabalho, ela atua, posa, faz dublagens, lê audio-books, é personagem de história em quadrinhos, escreve, faz dublê de corpo e vive em trânsito, de uma convenção para outra (depois daqui, ela vai para a Austrália), já saiu na *Playboy*, foi casada com o desenhista Dave Stevens (emprestou seu corpo para o personagem Betty, de *Rocketeer*).

Em entrevista exclusiva para o Rio Fanzine, Brinke garante que virá. E avisa, com uma voz pra lá de sensual: "Estejam preparados!"

— Como Hollywood vê as B-queenies hoje? Há algum preconceito?

— Como o cinema B não é mainstream, eles não se incomodam. Mas nós temos nosso próprios cult-seguidores e somos celebridades à nossa maneira, sem disputar espaço com eles.

— Mas o fato de ser uma B-Queen prejudica na hora de tentar um papel numa grande produção?

— Sim, isso nos prejudica. Geralmente, as atrizes B são menosprezadas.

— Chegam a confundir atriz B com atriz pornô?

— Não realmente. Hoje, somos mais populares, e eles já conseguem diferenciar. Mas esse tipo de confusão acontecia.

— No começo da sua carreira, você posou para revistas masculinas como *Playboy* e *Penthouse*. Isso de algum modo lhe abriu portas, ajudou?

— Não exatamente. Posar nua me deu mais confiança e me fez sentir mais bonita. E foram pequenas fotos. Eu nunca fui playmate do mês.

— Aliás, você tem um tipo muito diferente das louras de seios grandes. Isso ajuda ou atrapalha em Hollywood?

— Em Hollywood, é obrigatório você ser loura e ter grandes seios. Já me aconselharam a fazer implantes. Mas eu recusei. Eu gosto de parecer diferente. Faço mais o tipo "a garota do lado", sou real. Isso é bom, porque também me dá a chance de fazer papéis de má em filmes de terror, não apenas de mocinha.

— Você já trabalhou em algum grande filme?

— Sim. Eu fiz *Dublê de corpo*, naquela parte em que acontece um filme dentro do filme; fiz *This Is Spinal Tap*, *Três amigos* e fui dublê de corpo em *Psicose 3*.

— Quais são seus novos ou futuros projetos?

— Acabei de fazer *The Mummy*, que estréia aqui em 28 de novembro. E também um filme para tevê a cabo Showtime, que será lançado em vídeo, *Cyberzone*, no qual faço uma vampira stripper.

— Você ganha mais dinheiro fazendo filmes ou com o seu "merchandising"?

— Ganho muito mais com o meu merchandising até porque eu sou a minha própria empresária. A venda de cards, fotos e vídeos autografados em convenções é o meu ganha-pão.

— Tem planos de fazer do gibi *Brinke For Eternity* uma série para a tevê?

— Estamos pensando em fazer um CD-ROM interativo com o personagem, um filme e também uma série em desenho animado para a tevê.

— Como é a sua relação com as outras B-queenies, rola amizade ou só competição?

BRINKE — Nossa relação é muito familiar. Nós fazemos shoppings juntas e tudo o mais. A competição é suave.

— O que acha da nova geração de B-queenies?

Rio Fanzine

— O que mais me chateia com as novatas é o fato de nenhuma delas ter um passado como atriz B. Elas não fizeram sequer um filme e já aparecem posando como B-queenies. Acho isso injusto.

— Você ainda mantém contato com Dave Stevens, são amigos?

BRINKE — Nossas carreiras foram em direções opostas, mas ainda somos amigos e nos encontramos em convenções por aí.

— É verdade que você estava escalada para fazer *Rocketeer* e, na hora H, foi preterida por Jennifer Connely?

— Sim, é verdade. Dave desenhou o corpo da personagem Betty inspirado em Betty Page — mas fui eu quem posou para os desenhos — e também estaria no filme, se não fosse pelo motivo de ser uma atriz B numa produção Disney.

— A propósito, você está casada no momento?

— Não estou casada nem namorando agora, e nem tenho planos para isso. Levo uma vida muito agitada, sem tempo. Não tenho folga, só trabalho.

— E suas expectativas quanto ao Brasil? Por que aceitou o convite para vir para a Trash Mania?

— Quando eu estava no colégio, tinha uma professora que era brasileira, de São Paulo, e ela me falava muito do país, do Rio, das praias. Desde então, eu fiquei fascinada com o Brasil e com vontade de conhecê-lo. Essa foi uma das razões pelas quais eu aceitei o convite. A outra é que eu adoro praia e sol. (T. L.)

A revolução eletrônica é o império dos sentidos

A nova música não tem rosto nem egos, mas tem atitude

Não se assuste com um casal engomado simulando um duelo de guitarras num comercial de cervejas ou uma banda fake destroçando "Born To Be Wild" em outro anúncio na TV. O rock, como nós conhecíamos, virou papinha, virou chavão, virou lugar comum e, faz tempo, foi absorvido e transformado em enlatado para fácil consumo dos engravatados e dos arrumadinhos.

Mas nem tudo está perdido. Há uma revolução musical em andamento e prestes a incendiar o Brasil. Ela tem um pouco do engajamento e do pacifismo hippie. E tem também um pouco do clima "faça você mesmo" do punk. Da união do melhor desses dois mundos, mais tudo de bom que a tecnologia tem a oferecer, nasceu o som que vai ser — na verdade, já está sendo — a trilha sonora do fim do século. Música de base eletrônica e fronteiras abertas. É a atitude do rock atendendo por outros apelidos: techno, trance, dub, ambient...

Por trás desses rótulos, está a música mais instigante e criativa feita na atualidade. Pense assim (e sinta a diferença): se antes o garoto pobre comprava uma guitarra velha e se trancava no quarto para fazer barulho, hoje ele compra uma bateria eletrônica e um sampler, se tranca no quarto e pode sair de lá com um disco gravado. Como os Chemical Brothers fizeram. Como Toby Marks, do Banco de Gaia, está cansado de fazer. E aí você pode escolher no passado a melhor definição para o som do futuro: "os tempos estão mudando" (Bob Dylan) ou "pedras que rolam não criam limo" (Muddy Waters).

Ecos dub e cantos de world music no mix futurista

A revolução eletrônica está sendo conduzida por grupos como Underworld, The Orb, Orbital, Banco de Gaia, Zion Train, Loop Guru, Chemical Brothers, African Head Charge, Dread Zone, Aphex Twin e cavalheiros solitários como Moby (o primeiro gênio dessa turma) e o soturno Tricky. Gente que absorve com inteligência estilos diversos (de cantos orientais sampleados a linhas de baixo tiradas do dub reggae), que raramente aparece nas capas dos seus discos e cujas músicas, muitas com mais de dez minutos, ignoram solenemente as rádios comerciais. Gente que despreza o egocentrismo do rock-padrão e prefere abraçar causas mais nobres do que o próprio umbigo, como Moby (ecologista convicto) e o Banco de Gaia (engajado na luta do Tibet con-

tra a ocupação chinesa). Isso tudo já começa a chamar a atenção por aqui.

— "Born Slippy", do Underworld, é a minha música do ano — diz Lulu Santos, que antes do seus shows tem colocado para tocar coletâneas de ambient.

Lulu não é o único a notar a mudança dos ventos. Clara Moreno, filha de Joyce, deu uma de DJ semana passada no Mercado Mix e abriu tocando Banco de Gaia.

— São beats novos, que têm a ver com moda e comportamento — diz ela.

Festas à base de techno conquistam espaços na cidade

Em janeiro, a rave alemã Love Galaktika acontece na Fundição. Já Gringo Cardia inaugurou o Hyper Club, em Copacabana, que dedicará as noites de quinta-feira ao som techno.

— Tá todo mundo cansado de reciclagem — diz ele. — Esse som é basicamente sensorial. As coisas mais legais do momento são assim, grupais, coletivas.

Lutando e vencendo a pobreza do preconceito — que liga, sabe-se lá até quando, techno a festas gay — a revolução eletrônica vai ganhando espaço em áreas até pouco tempo inatingíveis. A festa Alien Nation, que rolou semana passada em Copa, uniu os rockers Edinho e Wilson a uma discotecagem à base de Moby, Chemical Brothers e Orb. Invertendo essa tendência, gente nova tem aparecido na festa techno After, de Ricardo NS (a pró-

xima rola sábado que vem, na casa do grupo Tá na Rua, na Lapa).

— Tem muito roqueiro começando a freqüentar a festa — diz Ricardo. — Muitos são atraídos pelos Chemical Brothers e outros grupos que unem guitarras e sons eletrônicos. (C.A.)

Uma breve história do tempo "techno"

A música eletrônica nasceu no início do século, mas custou a se desenvolver

As bases do que conhecemos hoje como música eletrônica vêm de longe, do começo do século, quando foi inventado o Dynamophone, um órgão que reproduzia sons por meios elétricos. Depois, experimentalistas como Karlheinz Stockhausen e Erik Satie ou cientistas como Theremin brincaram com a nova possibilidade de extrair sons "artificiais".

A primeira obra inteiramente composta via eletrônica foi a trilha do filme *Planeta proibido/Forbidden planet*, de Louis e Bebe Barron, em 1956, toda à base de piano elétrico e efeitos de theremin (uma espécie de antena "tocável", muito usada em filmes de sci-fi, por exemplo que ganhou o nome de seu inventor).

Invenção de sintetizador Moog foi como descoberta da roda

Contudo, o grande salto foi dado em meados dos anos 60 quando foi inventado o sintetizador Moog, praticamente o responsável pela criação do rock progressivo e a mola-mestra no trabalho de bandas como Pink Floyd, Tangerine Dream e Kraftwerk. Por sua vez, foram estas bandas que influenciaram diretamente o techno-pop feito do final dos anos 80 de nomes como Depeche Mode, New Order e OMD. Até mesmo o bate-estaca disco muito usado por Giorgio Moroder veio daí.

Mas foi nos anos 80 que a junção de Kraftwerk com o eletro-funk de Afrika Bambaataa, mais o house de Chicago e Detroit, criou toda a base do que conhecemos hoje como techno. E daí saiu o hip-hop, acid house, ebm, hardcore e tudo o que se conhece hoje como música eletrônica; que, assim como o rock, já tem tantas divisões que nem dá mais para saber o que é um e outro.

Show transmitido à distância é só o começo da revolução

O principal nessa história toda é que, hoje, a única forma realmente alternativa e nova de se criar música vem da eletrônica, que avança décadas em meses. E as novas tecnologias permitem que qualquer um, com algum equipamento, possa criar, gravar, tocar, reproduzir seu trabalho em qualquer hora e lugar (o Future Sound of London, por exemplo, faz shows internacionais sem sair do estúdio/casa, através de um processo chamado ISDN).

É um conceito bem mais avançado do faça-você-mesmo do punk, que, ao mesmo tempo em que transforma qualquer um em artista/DJ/produtor, mostra que hoje a barreira que separava um bom guitarrista de um músico eletrônico foi quebrada. Ninguém pode negar que os padrões dub criados por Alex Paterson, do Orb, por exemplo, sejam menos importantes que uma peça de um pianista clássico. Só surdos.

No fim das contas o que importa é que a música é a única forma de arte que ultrapassa todas as barreiras e vai direto à mente do ouvinte. E a música eletrônica é a que vai direto aos neurônios.

• **THE ORB**: *Adventures Beyond the Ultraworld*, *U.F.Orb*. Criadores do conceito de música extra-sensorial. Ecstasy é água.

• **MOBY:** *Everything Is Wrong*, o *Sign O' The Times* da geração rave. Obra-prima.

• **LEFTFIELD**: *Leftism*. Junção afro-dub-pop-techno perfeita. Se as rádios daqui não fossem tão retrógradas...

• **CHEMICAL BROTHERS**: *Exit Planet Dust*, o *Nevermind* do techno-rock. Sempre imitado, nunca igualado.

• **ZION TRAIN**: *Homegrown Fantasy* é o reggae em evolução. No caminho, o grupo (na verdade, um sound system) traça techno, dub e até mesmo ska. O CD-ROM homônimo estende a viagem do trem.

• **ORBITAL**: *In-Sides*. O disco mostra o quanto um grupo pode ser expressivo sem o uso de uma única palavra, apenas de sons. As horas voam...

• **APHEX TWIN**: *Selected Ambient Works — vol. 2*. Músicas (sem nome!) tiradas da mente de Richard James, aquele que literalmente sonha acordado.

• **UNDERWORLD**: *Second Toughest in the Infants*. Techno para as massas com voz e guitarras. Um Depeche Mode menos atormentado.

• **THE FUTURE SOUND OF LONDON**: *ISDN*, disco ao vivo de uma turnê na qual a banda não estava presente (?!).

• **BANCO DE GAIA**: *Last Train to Lhasa*. Um delírio eletrônico em dois CDs com músicas looooongas, muito looongas. (T. L.)

Rio Fanzine

Reação química

Dupla de DJs/produtores ingleses cria uma mistura dinâmica de ritmos e estilos

The brothers keep work it out! Ainda que não sejam originais ao mixarem elementos do rock básico com a eletrônica (antes deles, Renegade Soundwave e Pop Will Eat Itself fizeram coisa parecida muito bem), a dupla inglesa de Manchester Chemical Brothers (Ed Simons e Tom Rowlands) faz a mistura de elementos ao estilo anos 90, com novos e mais ingredientes: além do dub do RSW e das guitarras e scratches do PWEL, os Chem Bros. Mixam trance, indie, jungle, acid etc...

Por isso, o disco *Exit Planet Dust* (que a Virgin lança aqui esta semana) é uma viagem sonora que, ao mesmo tempo que passa uma postura rock, é altamente dançável. E para saber como a fórmula é processada, falamos com um dos químicos, Ed Simons, por telefone, de Manchester.

Ele foi logo explicando de onde surgem as idéias para os beats e remixes.

— Tudo começa nos meus sonhos — diz Ed. — Faço isso desde criança, desde a escola. Ficava pensando em ritmos que depois viravam músicas imaginárias. O processo continua igual até hoje.

Ed disse que, em seu caso, as drogas não entram no processo criativo.

— Não uso nada para trabalhar, vou para o estúdio de cara limpa. Nem cerveja eu tomo. Tom detona mais do que eu no geral. Minha droga, na verdade, é o computador. Adoro surfar na internet, jogar.

Exit Planet Dust parece dividido em dois discos diferentes, um lado mais rápido, outro cool. Isso foi planejado?

— Não foi pensado assim, mas na hora de encadear as músicas, as seis primeiras faixas ficaram boas do jeito que estão lá, contínuas. É como as tocamos ao vivo.

Os CB já abriram para o Oásis, num estádio, em 95. Ed diz que foi estranho.

— Não costumamos fazer isso. Topamos por amizade. Foi muito estranho, porque os fãs do Oásis estão ligados em outra e ficam gritando "rock-'n'roll!". Mas foi uma experiência legal. Um desafio.

Ed tem uma definição toda própria para o som do Chemical Brothers.

— Nós chamamos de chemical beats. Quando a gente começou, queria fazer hip-hop na linha do Schooly D. Com o tempo, adaptamos o estilo indie de Manchester. Basicamente fazemos uma combinação de indie e dance. Nossas principais influências são Kraftwerk, pai de todos, e New Order, que são grupos inimitáveis.

Ele explicou porque usaram o nome Dust Brothers no começo, quando já existia nos Estados Unidos uma dupla com o mesmo nome (os produtores do disco *Paul's Boutique*, dos Beastie Boys).

— Como não pensávamos que iríamos um dia fazer sucesso mundial, muito menos nos Estados Unidos, adotamos o nome. Acabamos sendo processados por isso no ano passado. Mas está tudo bem agora.

Ed revelou que eles vão fazer parte da trilha sonora de um videogame da Sony.

— Vão usar "Chemical Beats" na trilha do jogo *WipeOut*, a ser lançado na plataforma PlayStation. O jogo é legal...

Por fim ele definiu a relação entre ele e Tom, que envolve amizade, profissionalismo e muita fraternidade, claro.

— Nós somos, acima de tudo, amigos, desde os tempos da faculdade, há sete anos — lembra ele. — Nós dividimos as tarefas até nas entrevistas. Por exemplo, estou aqui com você porque agora era a minha vez de falar com a imprensa. É assim que funciona a nossa dupla.

Outras duplas do barulho

• **THE KLF**: Jim Cauty e Bill Drummond. Através de nomes como Timelords, Justified Ancients of Mu Mu's (JAMMS) e KLF (Kopyright Liberation Front) estes terroristas pop samplearam tudo o que foi possível.

• **RENEGADE SOUNDWAVE**: Gary Asquith e Danny Briottet basearam seu trabalho no dub jamaicano e desbravaram fronteiras hoje conhecidas.

• **COLDCUT**: Matt Black e Jonathan More foram os punks da acid house ao pilhar todos os ritmos e misturá-los com novos beats, criando um híbrido dance-pop-rock-reggae.

• **LEFTFIELD**: A dupla Barnes e Daley botou um pé na África, cruzou dub com trance e adicionou berimbau ao jungle. Páreo duríssimo para os Chemical Brothers, embora diferentes. (T. L.)

No aquário com Moby

Um papo com o cara que revolucionou a música eletrônica

Moby é o bicho. E o bicho tem fome. No seu estômago, estão restos de punk, hardcore, blues, techno, trance, ambient, ragga e soul, tudo digerido, tudo absorvido. O resultado final dessa mistura não é pastoso nem gosmento — é ácido e cortante. E purificador. *Everything is Wrong*, o disco do Moby (ou melhor, o Moby-disco), explode fronteiras e cria uma nova música a partir dos caquinhos.

Pode ouvir. *Everything is Wrong*, o Moby-disco, um clássico dos anos 90, já está nas tais boas lojas do ramo, via Continental/Warner. Aproveitando a deixa, arrumamos um jeito de falar com a cara. E o jeito foi por fax. Moby, bisneto de Herman Melville (autor de *Moby Dick*), vegetariano convicto, cristão autônomo, ambientalista dedicado e músico fora-de-série, mostrou bom humor e nenhuma marra ao responder às mais variadas perguntas. Disse, por exemplo, por que preferiu uma entrevista por fax, que usa papel não reciclável, em vez de um papo telefônico.

— Não é muito papel comparado com o papel que será usado para imprimir esta entrevista, se é

Rio Fanzine

que ela vai ser impressa — diz ele. — E é muito mais barato que uma entrevista por telefone. E assim você não precisa ouvir minha voz irritante.

Tá certo. E por que o tema de *Twin Peaks* na música "Go", um dos seus primeiros hits (não incluída em *Everything*, mas em outro disco, de 1991)?

— É porque eu adoro *Twin Peaks* — conta. — Eu adorava a música, as pessoas, os vilões, o *black lodge* e tudo mais. E também adoro *Arquivo X*. Aliás, eu não sou humano.

Falando em mundos paralelos, Moby se lembra bem de São Paulo, onde esteve tempos atrás.

— São Paulo é grande e cinza. Tem muitos prédios. Mesmo vindo de Nova York, São Paulo ainda parece grande. Do Rio, eu só conheci o aeroporto, onde comprei um relógio legal, com um mapa do sistema solar.

Em alguns momentos, os experimentos eletrônicos de Moby lembram as doideiras de Trent Reznor e seu Nine Inch Nails. Tem a ver?

— Uhnn, eu gosto do grupo, adoro a música "Hurt", mas não diria que fui influenciado por eles.

Pergunta: você se importa se eu fumar enquanto escrevo essas perguntas?

— Sim. Pare de fumar. É ruim para você, ruim para seus amigos, ruim para o mundo, ruim, ruim...

Ô, Moby, é brincadeira. Eu não fumo. E você, gosta do trabalho de Richard James e seu grupo, o Aphex Twin.

— Eu adoro a primeira seleção de ambient Works — diz. — Ele ainda está lançando discos?

Está sim, cara. O último foi *I Care Because You Do*, lançado ano passado.

Como diz o título do Moby-disco, está tudo errado? Tudo mesmo?

— É uma pergunta difícil de responder — diz. — Eu diria que quase tudo está errado, especialmente em relação ao ser humano.

Fanzineiros, querem saber o que faz Moby sorrir, relaxar, descontrair?

— Meu amigo, Gregor. Os Simpsons. Cachorros — conta ele.

Moby concorda com a tese que insinua que trance e ambient music são a evolução do rock progressivo dos anos 90.

— Definitivamente, existem semelhanças — diz. — Ambos são feitos por brancos fora de forma, ambos são presunçosos, ambos têm capas de disco inacreditáveis e ambas tem estúpidos títulos de música (por exemplo, "Inter Galactic Mind Meld").

Ele se diz fã de Kate Bush, a eterna musa do Rio Fanzine.

— Gosto muito de algumas músicas dela.

— Agora, olhando para a lente da verdade: Moby, você acredita em Deus?

— Sim, acredito em Deus.

E em Eric Clapton?

— Não, eu não acredito em Eric Clapton. Não confio em homens que tocam guitarra e usam ternos Armani com uma camiseta.

Por fim, qual o futuro de Moby?

— Usar uma peruca. (C. A.)

Noel, do Oasis, diz que seu grupo poderia ter competido com os Beatles. Já o Blur...

O Oásis vai bem, obrigado. O grupo dos irmãos Gallagher — Liam (voz) e Noel (guitarras, voz e letras) — está saindo melhor do que a encomenda. Depois de reinventar o pop rock inglês com dois grandes discos, *Definitely Maybe* e (*What's the Story*) *Morning Glory*, os bacanas estão namorando Miss América. Nos EUA, o mercado mais complicado de todos, o Oásis está deixando de ser uma banda querida do povo universitário para se tornar uma atração geral. Os dois discos venderam bem, os shows da banda andam cada vez mais concorridos, e a imprensa local, sempre durona em relação aos "gringos", anda caindo de amores pelo grupo.

Como o Rio Fanzine é a casa brasileira do Oásis, batemos um fio rápido para Noel para saber como andam as coisas. Saber, por exemplo, como foi tocar com Paul McCartney, um ídolo do grupo, durante o projeto *Help*?

— Foi legal — diz Noel, falando de Roma, na Itália. — Quer dizer, foi legal porque ele foi simpático, não foi arrogante como nós (*risos*). Conversamos, inclusive, sobre um trabalho conjunto no futuro, mas não acertamos nada. Vamos ver.

Rio Fanzine

Segundo Noel, o terceiro disco do Oasis vai ser uma mistura dos dois primeiros.

— O primeiro era mais hard. O segundo teve mais baladas. O próximo vai ter peso e baladas juntos. O melhor de dois universos.

Noel, que jura não dar muita bola para a América ("É um mercado como outro qualquer"), enumera seus três artistas prediletos do momento.

— Goldie, Blur e Gene.

Lendo assim, parece até que a notória (e hilária) rivalidade com o Blur acabou. Mas continue lendo.

Numa recente entrevista, Noel disse que, se o Oasis tivesse surgido nos anos 60, disputaria o trono pop com os Beatles. É isso mesmo?

— Sem dúvida — diz, na maior cara-de-pau. — Seríamos nós, os Beatles, e depois os Stones e o Who.

E o Blur?

— Ah, o Blur disputaria com os Monkees. (_C.A._)

Lisergia musical

As tendências do som eletrônico dos anos 90

Há uma nova geração de artistas que faz da música eletrônica algo mais do que simples barulhinhos ou bases dançantes de apelo fácil. Depois de pioneiros como Kraftwerk, Brian Eno, Pink Floyd e outros nos anos 70, nomes como Aphex Twin, The Orb, Leftfield, Orbital e Moby (único americano da lista, todos ingleses) criam uma nova lisergia musical e novos padrões de som, equivalentes na música aos fractais na arte co nputadorizada. Rótulos como _trance_ e _ambient_ são frágeis demais para descrever exatamente o que eles fazem. Só ouvindo. E, principalmente, sentindo. É música sensorial, para sair do corpo.

O Rio Fanzine ouviu um destes nomes, o Leftfield. Formado por Paul Daley e Neil Barnes em 90, na cena indie inglesa, Leftfield começou como uma dupla de DJs e, após adicionarem instrumentos a sua performance, foram além. Hoje, o Leftfield é uma banda?

— Somos uma banda. A idéia sempre foi essa. Algo que fosse além do rock e da dance music convencional — diz Neil Barnes, por telefone, de Londres. — Temos vários instrumentos em cena e usamos pouco DAT.

Leftfield apareceu em 93 com o single "Open up", cantado pelo velho amigo John Lycon (PiL, Sex Pistols). Eleito o _single_ do ano na Inglaterra pela _NME_, a música abriu caminho para o disco _Leftism_.

— O sucesso de "Open up" financiou o nosso disco, pois somos independentes.

Leftfield acredita no jungle?

— Sim. E o jungle já está saindo do underground e indo para o mainstream. Mas não dá para definir o jungle apenas pelo nome, pois existem diversas variações que vão do rap ao reggae, da ambience até o jazz. Em 96 o jungle vai estourar de vez.

Já foi dito que o som do Leftfield é progressive house, com o qual eles discordam.

— Não somos nada disso. É realmente difícil nos enquadrar. Nosso som é feito de vários pedaços de tipos de músicas, é meio conceitual. Procuramos explorar gamas da música pouco utilizadas. Queríamos fazer um som único de fato, que mais ninguém pudesse copiar. E acho que conseguimos.

Barnes falou do novo disco:

— Será um disco ao vivo, que devemos começar a gravar em fevereiro, quando entraremos em turnê mundial. Quem sabe a gente passa no Brasil. Adoramos viajar para conhecer novos estilos musicais e comprar instrumentos inusitados, que soem diferente.

Como o berimbau usado em "Afro-Left"?

— É. Nós conseguimos o nosso no Brasil. Paul esteve aí em 94, em São Paulo, discotecando. O instrumento foi o que fez "Afro-Left" surgir.

A banda gosta de Orb, Moby e Aphex Twin?

— Sim, temos alguns pontos em comum, no fato de procurarmos fazer um som sem igual. (T. L.)

Das sombras vem a luz para um novo som

O americano DJ Shadow presta tributo à música negra com o CD *Endtroducing*

O DJ Shadow, um americano da Califórnia, de apenas 23 anos, acaba de lançar um disco magistral, que dá um passo além no que conhecemos como trip-hop.

Endtroducing (MoWax, importado) é simplesmente um dos melhores discos do ano. E uma espécie de divisor de águas, como foi *Exit Planet Dust*, dos Chemical Brothers. Como os "manos" ingleses, Shadow bebe na fonte do soul e do hip-hop americano, e faz um mix perfeito de música orgânica com samplers.

Basicamente, *Endtroducing* presta um tributo à música negra suingante americana, ao disco de vinil e aos mestres do hip-hop, influências que se refletem em cada parte do disco, desde a capa.

Com auxílio de baixo e bateria de verdade — que, às vezes, soam como um novo tipo de jungle — mais teclados atmosféricos (tocados pelo ex-Beastie Boys Money Mark), sopros e trechos sampleados de músicas de diversas épocas (de mestres do soul a Tangerine Dream e Björk), o DJ

Rio Fanzine

Shadow constrói um disco que soa melhor a cada nova audição.

Ele é mais uma prova viva de que o conceito de "músico de verdade" acabou.

— Não interessa quem faz a música, desde que seja boa" — disse Shadow ao fanzine eletrônico *ATN*.

Quanto ao uso dos samplers, ele, que já teve um problema com o U2 por ter sampleado frases de "I Still Haven't Found What I'm Looking For", tem a seguinte opinião: "Eu acho que se os George Clintons, James Browns e Curtis Mayfields receberem por seus direitos, eles devem ficar felizes por alguém estar sampleando eles." Com certeza.

A estréia de Shadow foi há três anos, com o single "In/flux", seguido de "Lost and Found", ambos escolhidos como singles da semana por várias revistas inglesas. Mas seu turning point foi "What Does Your Soul Look Like" (com 32 minutos!). A música aparece em duas partes no novo CD.

Entre as 13 faixas de *Endtroducing* está uma vinheta que diz "Why Hip hop Sucks in '96" ("Porque o hip-hop é uma droga em 96") representada por aquele típico tecladinho que assola o gênero e a frase "é o dinheiro". Não é bem assim, mas tem a ver.

O som do DJ Shadow é para depois de uma festa. Naquela hora do crepúsculo, em que as cores são indefinidas, não é dia, nem é noite. Totalmente cool. (T.L.)

Fumacê dub se espalha no pop

A vertente espacial do reggae influencia os sons do futuro

Apesar da fumaça, as coisas começam a ficar bem claras: o lado escuro do reggae é o que há. O dub, a vertente lisérgica da MPJ (Música Popular Jamaicana), ganha força a cada dia e é reconhecido como uma das grandes influências não só do novo som eletrônico mas também de várias tendências da música pop. Da tapeçaria do The Orb às versões instrumentais dos balanços de Madonna, não há quem não tenha caído de amores pela psicodelia tropical.

Crédito aos bois. Foi graças a chapeleiros loucos como King Tubby e Lee Perry, entre outros, que o dub chegou à Terra, entre o fim dos anos 60 e o início dos 70. Foi nessa época que a dupla de produtores começou a pirar na batatinha jamaicana. A motivação, como não poderia deixar de ser, foi tecnológica. Com a chegada de novas mesas de som na ilha, possibilitando a separação de instrumentos na hora da mixagem, eles descobriram que havia como colocar vida inteligente no lado B dos compactos.

Primeiro, foram as versions, literalmente versões instrumentais das músicas, que caíram nas graças da galera. O que acontecia era o seguinte: as equipes de som da ilha botavam as versões instrumentais para tocar e a massa cantava por cima. Depois, alguns DJs se especializaram no assunto — talk-over, depois toast e mais tarde rap e ragga — e fizeram (outra) história.

Os produtores — trancados em estúdios enfumaçados pelo consumo de Cannabis — começaram a tratar as versions como um assunto à parte, adicionando efeitos ao mix — o prato básico tinha eco, reverb e delay —, gerando o dub. Com isso, criava-se, um efeito hipnótico na estrutura da música. Era como se o acid-rock ou o psicodelismo tivesse desembarcado, cheio de ritmo, na Jamaica.

Além de compactos, discos inteiros começaram a ganhar versões dub — e alguns viraram clássicos, como *Garvey's Ghost*, de Burning Spear, e *King Tubby Meets Rockers Uptown*, de Augustus Pablo — este último um dos grandes nomes do dub graças ao seu mix espacial e ao som da sua melódica, uma espécie de teclado tocado com as mãos e a boca.

— Eu gosto de reggae com interferência dub — diz Ed Motta, que comprou recentemente uma melódica semelhante à usada por Augustus Pablo. — Acho legal essa história de os periféricos do estúdio serem usados como instrumento e o técnico de som virar uma espécie de arranjador.

Hoje, grandes lojas de discos (no exterior, claro) dedicam prateleiras inteiras ao som dub. A febre dos remixes — que começou nos anos 80 — deve muito aos trabalhos de Tubby, Perry e seguidores como Sly & Robbie, Scientist e o grupo Aswad.

— O Aswad fazendo dub ao vivo é impressionante — diz Bi Ribeiro, dos Paralamas, grupo pioneiro do dub no Brasil.

Na ponte entre o dub clássico e as novas tendências, como techno, ambient e trip-hop, gêneros que bebem fundo no som dub, estão figuras como Adrian Sherwood, Mad Professor, Tricky, Massive Attack e Portishead. É a cortina de fumaça do dub se espalhando pelo mundo.

Cronologia

1995

Os Mamonas Assassinas estouram em todo o país
Terremoto mata 5 mil pessoas no Japão
Já dominado, assaltante que roubara uma farmácia em shopping no Rio é executado por um PM. A televisão registra a cena
***Forrest Gump*, de Robert Zemeckis, ganha o Oscar de melhor filme**
Estréia na Globo o programa *Malhação*
Renato Gaúcho faz gol de barriga e Fluminense derrota o Flamengo na final do campeonato estadual do Rio
Hortência abandona o basquete
Após oito meses de julgamento, o ator e ex-jogador de futebol americano O.J. Simpson é absolvido da acusação de assassinato de sua ex-mulher e de um amigo dela
O alemão Michael Schumacher é bicampeão de Fórmula 1
O primeiro-ministro de Israel, Yitzhak Rabin, é assassinado durante um comício pela paz em Tel-Aviv
Em Los Angeles, a prostituta Divine Brown e o ator Hugh Grant são presos por atentado ao pudor fazendo sexo oral num carro
O bispo Sérgio Von Helder, da Igreja Universal, chuta uma imagem de Nossa Senhora Aparecida em programa na televisão, justamente no dia da padroeira do Brasil
Morrem Rafael Rabello, Ginger Rogers, Ivon Curi, Paulo Gracindo...

1996

Yasser Arafat é eleito presidente da Palestina
Michael Jackson sobe o morro de Dona Marta, no Rio, para gravar o clipe de "They Don't Care About Us". O diretor Spike Lee diz que teve que pedir permissão aos traficantes locais para fazer as filmagens
Os cinco integrantes do grupo Mamonas Assassinas morrem na queda de um avião que os levava de Brasília para São Paulo
Em abril, Cid Moreira apresenta o *Jornal Nacional* pela última vez

Comandado por Michael Jordan, o Chicago Bulls é tetracampeão da NBA
PC Farias e a namorada, Suzana Marcolino, aparecem mortos na casa de praia de PC, em Alagoas
O Barcelona compra o passe de Ronaldo do PSV por US$ 20 milhões
Em outubro, um avião da TAM, que fazia o trajeto São Paulo–Rio, cai minutos após a decolagem. As 105 pessoas a bordo morrem
Bill Clinton é reeleito presidente dos EUA
Luís Paulo Conde, eleito prefeito do Rio, vai comemorar a vitória no Circo Voador, durante um show de punk rock. Ele e sua equipe são vaiados e expulsos do local. No dia seguinte, o prefeito César Maia cassa o alvará do Circo, dizendo ser aquele um local de bêbados e drogados
Morrem Sara Kubitschek, Taiguara, Renato Russo, Marcelo Mastroianni...

Love Parade, DJs do rock, os caretas hardcore, Bossacucanova, Tribal Gathering, Bowie no Metalheadz, Tricky no Coliseu, Beavis & Butthead, um papo com Space Ghost, as bermudas de Angus Young, o ritual de Lee Perry, Moving Shadow, um papo com Wayne Kramer, o católico Frank Black, dois pedaços do Reprazent, homens de preto em Washington, BUM na Baixada, o surgimento do MP3, tocando o theremin…

97/98
NA ONDA DOS FESTIVAIS

Os DJs que mixam o rock

Bandas como Planet Hemp, Rappa e Black Alien usam disc-jóqueis que são mais do que meros tocadores de discos

Quem já viu um show do Planet Hemp, do Rappa ou do Black Alien, apenas para citar alguns, já deve ter notado que, além dos músicos de sempre (guitarrista, baixista, baterista), essas bandas contam com um elemento musical extra: o DJ. É, um manipulador de sons, piloto de toca-discos, um cara que tanto pode aquecer a abertura dos shows quanto participar ativamente deles e dos discos das bandas, até como co-produtor.

Diferente dos disc-jóqueis habituais, que se preocupam com mixagens e em envolver o público com ritmos dançantes nas festas, os DJs de banda são integrantes extras, músicos adicionais, embora muita gente não dê bola para aqueles caras que ficam lá atrás fazendo uns barulhinhos com o disco (de vinil).

Mas não é apenas isso. Quem conhece o trabalho do paulista Zé Gonzales, por exemplo, o DJ oficial do Planet Hemp, sabe que o buraco do disco fica mais no meio. Basta ouvir o primeiro trabalho do PH, *Usuário*, por exemplo, ou já ter ido a algum show da banda para sacar que o cara faz alguma diferença.

Zé, que entrou para a banda bem por acaso ("Encontrei com Marcelo D2 durante um campeonato de skate em São Paulo e como eles estavam precisando de um DJ, ele me convidou"), hoje é uma presença indispensável.

Ele é o "pai" de outro DJ (também paulista adotado pelo Rio), Ds Nuts, do Rappa; e bróder do Rodrigo Junior, do Black Alien. E foi um dos pioneiros do lance no Brasil, quando excursionou com o DeFalla há três anos.

Gonzales, que era skatista, começou fazendo som em campeonatos e descobriu as pick-ups quando conheceu Thaide & DJ Hum e o hip-hop. Daí, comprou uma bateria eletrônica e passou a criar ritmos junto com os discos. O seu primeiro trabalho oficial foi no disco do DJ/rapper Chita.

— Depois, fui morar em L.A. — diz Gonzales. — E tive mais contato com a cena hip-hop. Voltei, trabalhei com o DeFalla, e agora com o Planet.

Nesse meio-tempo, ele passou a mostrar suas habilidades técnicas com scratches, back-to-backs e transformings em discos de gente como Cidade Negra, Fernanda Abreu, O Rappa e até mesmo Gilberto Gil.

— Por causa disso, eu e o Ds Nuts abrimos a firma D.Z. Cuts só para fazer esse tipo de trabalho para discos de outros artistas — conta Gonzales.

A bronca maior de Zé e de seus amigos de profissão é que aqui o DJ em geral ainda é visto meio de lado e na hora de receber cachês sempre fica com a merreca. Ao contrário de nomes como Hurricane (Beastie Boys), DJ Lethal (House of Pain), DJ Muggs (Cypress Hill) e mesmo Howie B. (que foi considerado pelo U2 o quinto integrante da banda), que são tratados como músicos e recebem direitinho.

Gonzales também é um fiel defensor do disco de vinil (realmente, não dá para fazer as mesmas coisas com um CD, ainda que ele tenha pitch acelerador), que jamais morrerá entre os DJs.
(C.A. / T. L.)

Careta hardcore

O movimento ideológico americano straight edge ganha cada vez mais adeptos no Brasil

Sou alguém como você/ Mas eu tenho mais o que fazer/ Do que ficar me drogando/ Eu quero ser careta!"

É mais ou menos assim, em português, o refrão de "Straight Edge", música do primeiro disco do Minor Threat, Out of Step (1981), que lançou a idéia da "caretice extrema". A banda era liderada pelo punk Ian McKaye, atualmente no Fugazi. Foi por causa dessa música e desse refrão, que surgiu um, digamos, movimento (eles não gostam do termo, não se consideram militantes ou tribo), que ficou mundialmente conhecido como straight edge ("totalmente limpo", "careta ao extremo"). Radical.

Mas o que vem a ser isso? Externamente, um straight edger ou uma banda do gênero não difere em nada de uma banda punk/hardcore comum. Seus adeptos são (geralmente) carecas, tatuados e gostam de som muito alto e rápido.

O detalhe está no que as letras dizem. Pouco a ver com a revolta pura e simples do punk contra a sociedade. Ou melhor, é isso, só que de um modo diferente, como explicou ao Rio Fanzine Sidarta DeLuca, um straight edger local.

— No início, o straight edge era mais uma coisa de desintoxicação — diz Sidarta. — Ele pregava contra o uso de drogas e álcool.

Aliás, é justamente por isso, como nos explicou Sidarta, que os adeptos do lance usam um X pintado nas costas das mãos.

— Antigamente, nos Estados Unidos, os menores de idade nos bares eram identificados por um carimbo de X nas mãos, que indicava que eles não podiam pedir bebida alcoólica. Hoje, os straight edgers usam o X como motivo de orgulho, de assumir uma postura.

Com o tempo, os ideais do straight edge foram se expandido para além do álcool e das drogas. Hoje, a maioria é vegetariana e boicota produtos de laboratórios que usem animais em experiências ou utilizem os próprios na receita dos produtos, inclusive divulgando o nome dos laboratórios e empresas através de panfletos e na Internet.

Uma facção mais radical do straight edge chega mesmo a invadir laboratórios de pesquisas para salvar os animais, num esquema tático parecido com o usado pelos ativistas do Greenpeace.

Outro dado curioso é que parte dos straight edgers têm uma ligação com religiões como o Hare Krishna, da qual Sidarta (esse é o nome verdadeiro dele) é adepto.

— O ponto de contato com a religião é o vegetarianismo e a não intoxicação — explica Sidarta. — A religião em si não é um fator importante, até porque a maioria dos straight edgers é atéia — diz.

Religiões, partidos e times de futebol à parte, Sidarta nos diz quais os principais "mandamentos" para ser um straight edger:

— O principal ponto é não beber, não fumar e não usar droga nenhuma. Mesmo a maconha não é aceita, porque tira as pessoas da realidade. E um ponto X é justamente estar consciente, na real — conta.

Ter uma postura ética positivista também é importante. Ou seja, a pessoa tem que estar ciente de seu papel na sociedade e tentar fazer alguma coisa para melhorar o que está ruim. De modo geral o homossexualismo não é tolerado, bem como a promiscuidade. Embora existam poucas mulheres no meio, nada há contra.

Esses são os pontos básicos, que podem variar de acordo com cada um, como Sidarta, por exemplo.

— Apesar de eu não comer carne eu bebo leite. É uma opção pessoal. Nada é muito fechado — diz.

— Mas isso não soa meio fascista?

— Não — diz Sidarta, alegando que não há um pensamento totalitário, só um veio básico.

Outra coisa que se destaca no straight edge é que, apesar de as bandas tentarem passar uma mensagem, todas cantam em inglês, mesmo as brasileiras, que ainda são poucas e a maioria baseada em São Paulo, mas crescentes.

— Acho que é por causa do intercâmbio internacional — diz Sidarta, que alegou compor melhor em inglês as letras para a sua banda, Age of Quarrel. — Só nos comunicamos em inglês.

Já os folhetos distribuídos pelo pessoal nos shows e através de fanzines são todos escritos em português. Eles podem até ser confundidos com aqueles panfletos dos evangélicos, pelo formato.

De modo geral, os straight edgers podem não ser os Borgs (raça ciborgue da série *Star trek: Next generation*) que tenta conquistar as pessoas "assimilando-as" e tornando-as parte de uma consciência coletiva. Mas bem que tentam.

Ah, Igor Cavalera, baterista do Sepultura, é straight edge.

Segundo Sidarta DeLuca, no Brasil existem cerca de mil adeptos do straight edge, sendo que, deste total, uns 600 estão em São Paulo. Eis aqui uma lista de algumas bandas e zines do gênero.

AS BANDAS:

PERSONAL CHOICE: Grupo paulista já finado considerado o primeiro de straight edge no Brasil. Foi também o primeiro a gravar.

SELF CONVICTION: Alguns integrantes da Personal Choice formaram esta banda, que gravou o disco independente *Something To Say* no ano passado.

AGE OF QUARREL: A banda do Sidarta, que tem uma baterista, Cíntia. Acabam de lançar a fita demo *Infallible Justice*.

ALGUMAS BANDAS LÁ DE FORA: Atualmente, a banda top do movimento é a Earth Crisis de Nova York. Mas pioneiras (e hoje extintas) como Minor Threat (a primeira) e Gorilla Biscuits (atual Civ) ainda são apreciadas. Outras bem cotadas: Youth of Today (que introduziu o lado vegetariano nas músicas), Judge (ex-banda de Porcell, do Shelter),

Chain of Strenght, Snapcase. Fora os Estados Unidos, o país com mais bandas straight edge é a Suécia (de onde vêm as bandas Doughnuts, Abhinanda e Refused). Na América do Sul, o país mais forte na parada é a Argentina. Peru e Chile vêm em seguida. (T. L.)

Garota de Ipanema na pista de dança

Trio de produtores prepara um disco com remixes de clássicos da bossa nova

O patinho enlouqueceu, o barquinho virou, o banquinho foi pintado com cores psicodélicas, o violão ficou distorcido e a voz diz apenas que a garota de Ipanema, em êxtase, está dançando sem parar na pista. Bossa nova? Não. Bossa novíssima é o que vem por aí no disco *Bossa Cuca Nova*, em fase final de produção, e que vai arrepiar alguns puristas e alegrar mentes abertas ao inserir beats dançantes em alguns clássicos do gênero.

A subversiva e bem sacada idéia nasceu do encontro do trio Marcelinho da Lua (DJ da festa *Batucada Groove*), Márcio Menescal e Alexandre Moreira, que trabalha nos estúdios da gravadora Albatroz, de Roberto Menescal. Ali, ao alcance da mão, está um arquivo valiosíssimo com pérolas da bossa nova, quase pedindo para ser mexido, remexido e transformado num novo som. Foi o que os três fizeram, tendo como inspiração o trabalho do grupo inglês US3, que deu roupagem dançante a clássicos da gravadora de jazz Blue Note.

— Nossa inspiração foi o US3 — diz Márcio Menescal, filho de Roberto, sentado em frente a um computador numa sala do Albatroz. — Mas também achamos que era necessário fazer algo para que uma geração inteira não cresça sem ouvir a bossa nova.

Mais que isso, a idéia era fazer aqui, com matéria-prima e mão de obra verde-e-amarela, o que está sendo feito lá fora: a reciclagem da música brasileira com batidas eletrônicas, como pode ser ouvido no disco *Red Hot + Rio* ou em compilações como as da série *The Rebirth of Cool*.

— Não estamos mudando a harmonia das músicas — diz Márcio. — O que estamos acrescentando é uma colagem de ritmos, usando elementos de pistas, como a repetição de batidas.

E pelo que o Rio Fanzine ouviu, a mistura está ficando perfeita. "Influência do jazz", de Carlinhos Lyra, ganhou ares de acid-jazz. E "Só danço o samba", dos Cariocas, ficou parecido com algo ainda não catalogado, as tradicionais harmonias do grupo num perfeito casamento com batidas eletrônicas, tradição e modernidade na pista.

— Já temos sete músicas prontas, e o disco deve ficar com dez no total — conta Marcelinho.

Para dar roupa nova à bossa antiga, o trio tem usado um programa de edição (Soft Splice) e muitos, muitos discos em vinil. *Bossa Cuca Nova* deve

Rio Fanzine

ficar pronto em junho e, embora falte acertar com uma gravadora, é certo que o disco vai ter uma carreira internacional. Por aqui, sinal verde dos autores, como conta Márcio:

— Carlinhos Lyra, Wanda Sá, Os Cariocas, todos ouviram os remixes e, passado o susto inicial, adoraram o resultado.

Embalos de sábado à noite e domingo de manhã

O Tribal Gathering 97, o maior festival de música eletrônica do planeta, reúne Kraftwerk, Daft Punk e mais de cem DJs numa festa ao ar livre

O sonho não acabou, ele apenas foi guardado em disquete. Se a galera paz e amor teve Woodstock, a turma do rock independente/alternativo teve o Lollapalooza, a geração ligada no som eletrônico, ou dance, tem o Tribal Gathering com algumas diferenças. Woodstock é passado, algo que a segunda, e patética, versão do festival, em 1994, só

fez reforçar. O Lollapalooza também perdeu o impacto inicial e vai se esvaziando a cada edição. Já o Tribal Gathering tem a força. Com uma estrutura moderna e matéria-prima inovadora (incluindo quase todas as vertentes da música eletrônica), o TG, o festival dos festivais, é um modelo a ser seguido. E, na edição de 1997, que aconteceu há duas semanas em Luton, uma cidade a meia hora (de trem) de Londres, o couro comeu, o bicho pegou e, com alguns dos melhores DJs do planeta em ação, foi difícil, muito difícil ficar parado. Até porque estava frio, muito frio.

É que o Tribal Gathering 97 foi realizado ao ar livre, numa grande área verde nos arredores de Luton. Ali, divididos em nove enormes tendas, se espalharam vários grupos (como Daft Punk, Orbital e o Kraftwerk, o grande nome do festival) e mais de cem DJs. Cerca de 40 mil pessoas (de cabelos pintados, raspados, enrolados, arrepiados...) pagaram as 35 libras do ingresso (algo em torno de US$ 60) e, de 12h de sábado até 8h30m de domingo, festejaram tudo o que tinham direito: a proximidade do verão, uma década de cultura dance na Inglaterra, a consolidação do Tribal como o maior festival do gênero e até mesmo a chegada do trabalhista Tony Blair ao poder (depois de anos de governo conservador, que perseguiu raves e clubbers em geral).

Tudo isso foi motivo de festa num dia de sol e céu azul e noite de lua cheia e céu estrelado. Um cenário de sonho.

Segundo brincou a revista *Muzik*, uma das patrocinadoras do evento, o tempo bom, raro na sempre cinzenta Inglaterra, foi graças a um pacto com o diabo feito por Paul Shurey, da Universe, a empresa organizadora do Tribal Gathering. Mais do que um acerto com o coisa ruim, a galera da Universe teve que suar a camisa para realizar o festival. Ano passado, o TG esteve ameaçado por conta de exigências das autoridades (em especial, a polícia).

Na última hora é que a licença saiu, e o Tribal aconteceu, pela primeira vez, em Luton.

Este ano, a licença foi conseguida com mais facilidade, e, em janeiro, o sinal verde já estava dado para o Tribal 97. Entre hospedagem, visto e transporte para todas as atrações, a maior dificuldade foi convencer o Kraftwerk, que não tocava na Inglaterra há mais de seis anos e desde 1986 não lança um disco, a se apresentar no festival. O esforço valeu a pena: o grupo, pioneiro do som eletrônico, ajudou a gerar tanto o som dance quanto o hip-hop, além de ter apontado os caminhos do futuro. E o futuro chegou. O Tribal Gathering 97 foi a maior prova disso.

Para quem sai do Brasil, o impacto é bem maior na hora de acertar os relógios. Como explicar que o som eletrônico, e a música genericamente chamada dance, é o som mais inovador da atualidade? Como dizer isso para um país (como o Brasil) em que dance parece querer dizer apenas DJ Bobo e Corona e, por isso mesmo, virou sinônimo de baba? Enquanto isso, a Inglaterra comemora uma década de cultura dance e isso é saudado como o maior fenômeno do pop (e jovem) do país em toda a sua história. E aí?

Bom, e aí que é bom ver os shows e notar mais sinais de mudança. Para quem está (mal) acostumado com o egocentrismo roqueiro, e a distinção palco/platéia, é muito bacana ver shows em que dois sujeitos sobem ao palco, abrem suas cases, tiram de lá teclados ou pick-ups e, sem solos de guitarra ou pedidos para a galera cantar iô-iô, mandam ver um som furiosamente dançante. Foi assim com o Daft Punk, que fez um set de 40 minutos de festa e que acabou com um mix de *Around the World* com o tema de *Expresso da meia-noite*, de Giorgio Moroder. Não foi um show, foi um baile.

O Orbital foi mais intenso, muuuuuito mais, os irmãos Hartnoll atrás de mesas de teclados, usando capacetes com luzes, parecido com os usados por mineiros. Denso, mas dançante, profundo, mas acessível, o show do Orbital é um troço de doido que acaba com uma versão extended de "Halcyon+On+On" que incluiu um sample de "You Give Love a Bad name", de Bon Jovi.

E, claro, teve o Kraftwerk, que praticamente parou o Tribal durante seu show. As primeiras músicas foram matadoras — "Trans-Europe Express", "Computer World", "Autobahn" e "Tour de France". Tudo acompanhado por imagens demenciais no telão. Metade da galera dançou. Outra metade ficou de boca aberta. No palco, os quatro cavaleiros do apocalipse eletrônico não se mexiam, impassíveis, como robôs, vestidos de preto, atrás de quatro teclados. E, depois de duas horas, o título da última música soou irônico: "Musique Non-Stop".

Uma festa nada bucólica

A CHEGADA: De trem, saindo da estação de King's Cross, em Londres, chega-se em Harpenden, perto de Luton. De lá, na própria estação, ônibus (de dois andares, oba), fretados pela produção, levavam o público ao local do Tribal Gathering, literalmente no meio do campo.

Rio Fanzine

SEGURANÇA: Discretíssima. Apenas na entrada, todos passavam por um rigoroso pente fino. Um dos seguranças quis verificar se o enviado do Rio Fanzine tinha alguma coisa na meia. Coitado.

BANHEIROS: No começo do dia, era tudo organizado, com filas para as cabines dos banheiros. Depois, ao longo do dia, e principalmente da noite, valia tudo, e as cercas foram de grande utilidade.

CINEMA: Uma das tendas passava curtas ingleses, experimentais e muito divertidos. Durante o dia, ficou vazia. À noite, com o frio, ficou lotada.

OS DJs: Era, literalmente, impossível acompanhar o trabalho de mais de cem DJs se alternando entre as nove tendas. Mas alguns dos principais, por sorte, não coincidiam os horários de suas apresentações. O DJ Hurricane, dos Beastie Boys, mandou bem no mix rap-funk-hip-hop. O lendário radialista John Peel fez um set eclético, indo do rap ao folk inglês. Kevin Saunderson e Sven Väth extrapolaram os limites do techno. Roger Sanchez mostrou a força da house americana. Na tenda drum & bass, Adam F mostrou sofisticação, Doc Scott foi lisérgico e Grooverider foi pesado, muito pesado.

CARL COX: Merece um destaque. O DJ inglês, um negão gorducho, careca e com cara simpática, fez um set ao ar livre e foi o mais impressionante do festival. Uma hora e meia de funky house non-stop. Os antigos diriam que Cox levou a galera ao delírio, mas não havia como ele sair dali com tanta gente.

COMIDA: Como todo grande festival que se preze (todo?), o Tribal tinha várias opções de rango. Barraquinha de cachorro-quente, tenda de comida natural, massas, comida chinesa, fish & chips e até mesmo sorvete, que à noite, com aquele frio, era a mesma coisa que chamar dona Pneumonia para dançar.

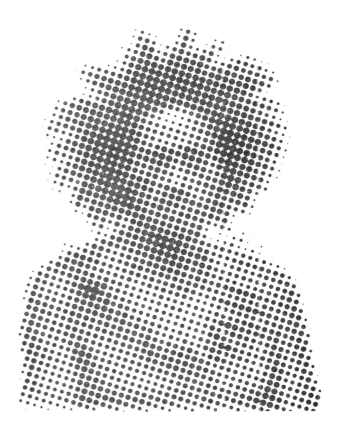

DROGAS: Eram proibidas (mas o uso da Cannabis era tolerado). Por isso, barracas de produtos naturais vendiam ervas variadas e, importante, legais, que prometiam trips diversas. Uma delas, chamada Shamen, garantia fazer o sujeito se sentir flutuando. Mas, na real, só deixava um gosto de mato na boca.

TRANSE: Uma barraca oferecia óculos e fones, do tipo dream machine, para um relax induzido. O cara pagava 3 libras e tinha direito a dez minutos de sessão num sofá. Tinha gente que não queria mais sair dali.

JOGOS: Um dos patrocinadores do Tribal Gathering era o Playstation, console de jogos da Sony. Por isso, havia uma tenda só para games, tudo de graça, incluindo um simulador de snowboard. Logicamente, a tenda ficou lotada o tempo todo.

SKATE: A grife Diesel instalou um half-pipe, onde skatistas davam um show. A área era animada por MCs e só tocava rap e hip-hop.

BRINCADEIRAS: Tinha roda-gigante, carrinho bate-bate e outros brinquedos ruins para quem está de barriga cheia.

CHILL-OUT: O Tribal tinha duas tendas de repouso, com música ambient e luzes baixas. Dava um soninho... (C. A.)

Camaleão na selva de ritmos londrina

LTJ Bukem some e David Bowie é flagrado dançando ao som de Goldie

Londres é a sede mundial do drum & bass. A música nasceu ali. E, claro, quem quiser saber como e para onde vai o drum & bass, tem que ficar ligado nos batuques que vêm da capital inglesa. Uma folheada na revista *Time Out* dá os endereços das melhores noites de drum & bass da cidade — a saber, Logical Progression, de LTJ Bukem, e Metalheadz, de Goldie. Com eles na mão, pernas para que te quero.

Primeira parada. Quinta-feira, Turnmills. Logical Progression. Lá dentro, dois ambientes, um de soul e o outro, o principal, com o melhor drum & bass do planeta. Beleza. A pista está cheia. O público é misturado e jovem. Blame está nos pratos, em mixagens perfeitas. O MC Conrad faz as honras da casa... com bases pré-gravadas. Fumaça e luzes em perfeita sintonia dão o clima espacial à noite. E o som, Deus, explode nas caixas, uma seqüência atrás da outra, o baixo estupidamente grave, um transe non-stop até as quatro da manhã. Bukem não é visto até o final da noite.

Rio Fanzine

Segunda parada. Domingo. Blue Note. Metal-headz. O lugar é menor, o público fica mais apertado. No andar de cima, no bar, a cerveja jamaicana Red Stripe desce macia. Mas é no andar de baixo que a coisa pega fogo. O som de Goldie, invisível na cabine cercada de gente, é menos melódico e mais pesado que o de Bukem. A galera se acaba do mesmo jeito. O espaço para dançar é mínimo.

No meio da lata de sardinha jungle, um amigo berra no meu ouvido.

— Esse cara do teu lado parece o David Bowie — grita ele.

Claro, e eu sou o Príncipe Charles de Albuquerque.

Uma olhada mais focada, porém, mostra que, ora, não é que é o Bowie mesmo, ali, no meio da massa, sem segurança, dançando como todo mundo?

— Ah, você é do Brasil? — diz ele, todo simpático, apertando minha mão. — Aqui é ótimo, não? Quando estou na cidade, eu sempre venho aqui.

A batida vai ficando cada vez mais nervosa. Bowie fala mais alguma coisa no meu ouvido antes de voltar a dançar.

— Como vai o drum and bass no Brasil? Deve ser um casamento perfeito com o samba.

Talvez um dia, Bowie, talvez um dia... Por hora, let's dance!

Um encontro com Tricky entre luzes e sombras

Misturando blues e dub, o soturno rapper faz show em Portugal mas não mostra o seu próprio rosto

Num show de Tricky, a luz no fim do túnel nunca aparece. Dramática, teatral, hipnótica, genial, uma apresentação do ex-rapper do Massive Attack equivale a uma corrida numa montanha-russa com o carrinho em velocidade reduzida, a cabeça girando lentamente para cima e para baixo.

O parque de diversões macabro da vez é o Coliseu, uma imponente sala no centro de Lisboa. A casa está cheia: são garotos e garotas de visual skatista, alguns de cabelos pintados, alguns de dreadlocks, todos loucos para ver o cavaleiro das sombras do pop.

E tiveram o que pediram. Tricky veio das sombras e ali permanece. Seu show tem uma iluminação singular: feixes de luzes laterais (o azul e o vermelho predominam) fazem com que ele nunca seja iluminado de frente, você nunca vê Tricky direito, apenas o vulto, a sombra. Só Martina, toda de branco, num vestido esvoaçante, ganha um pouco de luz.

Na penumbra, a música ganha peso, fica, sem trocadilho, visível. A base é dub em cruzamento com hip-hop. O sentimento é blues, explícito em "Christian sands" e em "Hell's Around the Corner". Mas o melhor momento é "Makes me Wanna Die", demencial transe com quase 20m de duração, Tricky possuído, girando a cabeça como um cachorro saindo do banho, sussurrando contra o mundo pop, as gravadoras, o uso de armas entre os jovens, a violência e, no final, dedicando a música ao saudoso rapper Notorius B.I.G.

No dia seguinte, ainda impressionado com o show, ao entrar no avião rumo a Londres, quem vejo afivelando o cinto numa das poltronas? Tricky. Com o vôo prestes a decolar, falo a primeira besteira que vem à cabeça.

— Cara, grande show — digo.

Ele sorri, aperta minha mão e agradece. Martina pede licença e senta ao seu lado com a filha do casal. Eu sigo para meu lugar, torcendo para que uma nuvem preta não siga o avião. Afinal, Tricky está a bordo. E com toda a família.

Um filme "B" em dobro

O criador Mike Judge fala sobre *Beavis & Butt-head detonam a América*

O Rio Fanzine conseguiu uma façanha inédita: entrevistou Beavis & Butt-head. "Mas como", o leitor se pergunta, "se eles são bonecos de desenho animado?" Simples, Beavis, Butthead e o criador da duplinha, Mike Judge, são uma pessoa só, já que Judge não só escreve e desenha os episódios como faz as duas vozes.

Contudo, durante a entrevista, por telefone (Mike estava em Los Angeles, mas mora em Austin, Texas), a voz de Butt-head apareceu mais e, às vezes, confundia o repórter. He-heh, huh-hu.

Judge, 34 anos, nascido no Equador (o pai era arqueólogo), é um exímio criador de vozes. Além das de B&B, ele também faz o de quase todos os coadjuvantes do desenho. No momento, ele já está pensando no novo filme para cinema com seus "filhos" (o primeiro, *Beavis & Butt-head detonam a América*, que estréia aqui dia 18, foi sucesso de bilheteria além do esperado nos Estados Unidos). O novo filme trará uma grande revelação. Para saber qual é, leia a entrevista a seguir.

Apesar de vez por outra pensar como suas crias, o artista disse que não agia como eles quando era adolescente.

— Mas conheci alguns garotos na escola muito parecidos com eles — diz Mike Judge.

Mas a idéia de criar os personagens nasceu naquela época.

— A primeira vez que eu os rabisquei foi quando estava no ginásio. Mas eu só lhes dei alma quando comecei a fazer curtas animados para participar de festivais. Eles nasceram oficialmente no curta *Frog Baseball* (92).

No curta, B&B praticavam beisebol com um sapo. Judge garante que nunca fez isso.

— Quando eu era criança costumava ouvir uns garotos dizerem que jogavam beisebol com sapos vivos. Eu nunca vi, mas a idéia ficou gravada na mente.

O talento com vozes quase o levou para outra carreira.

— Na verdade, gosto mais de fazer interpretações vocais e, quando criança, costumava brincar de criar vários personagens com a minha voz. Então, comecei a fazer esquetes para interpretar comigo mesmo. Sou mais um criador de vozes do que um animador. Contudo, comecei a carreira desenhando um esquete para ser apresentado no programa *Saturday Night Live*.

Foi naquela época (92), conta Judge, que surgiu o *Guy in the Office*, curta sobre um nerd que se acha perseguido por todos.

— O *Guy in the Office* foi feito para o *SNL* e, depois de fazer sucesso em festivais de curtas alternativos, acabou indo parar no *Liquid Television*. Foi assim que eu abri as portas da MTV.

Por isso, o próximo projeto de Judge é com o personagem.

— Estou desenvolvendo um projeto para a Fox de um filme com ele. Não será desenhado, mas com atores vivos (virou o filme *Office Space*).

Atualmente, a imprensa americana combate a imbecilização da mídia, e B&B aparecem como dois dos maiores responsáveis. Judge não se sente atingido.

— Acho muito engraçado quando eles levam a sério coisas que não são para serem levadas a sério. O mais engraçado em relação a B&B é que a imprensa nunca cita o meu nome, nunca me acusa, mas sim aos personagens, como se eles fossem reais e existissem! De minha parte, eu não assumo culpa alguma, pois B&B são estereótipos, uma crítica ao tipo de jovens que eles representam.

Judge não concorda que, por causa disso, os desenhos da TV tenham perdido um pouco do clima heavy do início.

— Muita gente acha isso, mas eu acho que não. Não dava pra ficar muito tempo em cima de um mesmo tema. Por isso, eu mexi um pouco. Mas é verdade que alguns episódios foram banidos (caso de *Frog Baseball* e daquele no qual eles cheiram gás de cozinha) por pressões externas.

Ele explica por que o universo de B&B está tão ligado à música.

— No começo, não seria assim, pois não havia nenhuma conexão com a MTV. Foi depois que eles estrearam no *Liquid Television* que a MTV se interessou pelos personagens. Eles queriam criar um programa em que os dois fossem os VJs apenas. Eu sugeri que eles criticassem os clipes também, pois no primeiro curta deles, eles estão vendo TV e malhando comerciais. Eles gostaram da idéia e me encomendaram um lote de desenhos. Tive de fazer tão rápido que os primeiros ficaram bastante toscos.

Judge, que é baixista e compôs o tema do desenho, não se acha um músico frustrado por isso.

— Eu fui músico antes de ser desenhista, toco baixo. Mas não sou frustrado porque nunca pretendi fazer parte de uma banda. Me incomoda o fato de fazer turnês, estar sempre viajando.

Atualmente, estão no ar na TV americana dois desenhos derivados do universo B&B, *Daria* (aquela menina esperta da sala de aula da duplinha, que chega aqui este mês na MTV) e *King of the Hill*, sobre dois caipiras, dublados pelo próprio Judge.

— No caso de Daria, eu apenas cedi o uso do personagem. É uma produção totalmente feita pela MTV e sem a minha participação. Para falar a verdade, não gostei do resultado. Já *King of the Hill* eu fiz para a Fox. Gosto deles.

Apesar de nascido no Equador e ter crescido na fronteira mexicana, Judge nunca criou nenhum desenho com tipos hispânicos.

— Eu conheço muito bem os hábitos do povo. Mas não quero fazer algo do tipo *Gringo Goes to Hollywood*. Quero evitar a paródia, a falta de conhecimento, o jeito como esse povo é tratado pelos americanos. Mas eu vou fazer algo nesse sentido, sim.

No final do papo, Judge respondeu à grande pergunta que todos os fãs de Beavis & Butt-head se fazem: Quando é que eles finalmente vão, para usar a linguagem da dupla, "faturar uma mina"?

— Provavelmente, no segundo filme, já em produção. Mas eu acho que só o Beavis vai "faturar". E será com uma mulher mais velha. Butt-head terá que esperar mais um pouco.

"This sucks!", diria ele. (T. L.)

Rio Fanzine

Os 15 minutos de fama "cool"

Space Ghost faz sucesso como apresentador de talk show do Cartoon Network

Ele mora longe, lá no Ghost Planet, fora de nossa galáxia. Mas acreditem, recebe e-mails enviados da Terra. E nós mandamos um para ele. E não é que ele respondeu?!

Space Ghost, o maior apresentador de talk shows do universo, deu uma entrevista exclusiva ao Rio Fanzine contando seus planos de virar cantor (está lançando este mês um CD) e explicando porque deixou temporariamente de lado a vida de super-herói.

Atualmente, qual um Larry King ou Jô Soares do espaço, o fantasmão comanda, desde 1994, um show de entrevistas no Cartoon Network (Net/TVA).

"Cidadão, eu não digo isso para todo mundo, principalmente para a imprensa, mas Bruce Wayne é o Batman! Aliás, ele está me devendo um almoço até hoje, aquele canalha pão-duro!"

Diga-nos uma coisa Space Ghost: como é que você, um super-herói respeitado, conhecido, se deixa ser tão humilhado pelas piadinhas com a sua pessoa feitas pelo pessoal do Cartoon Network, principalmente nas vinhetas da casa?

Nunca pensou em usar seus punhos de força contra eles?

SPACE GHOST: Se é para aparecer na TV, profissionalmente, eu não tenho vergonha de nada. Eu me lembro como é ser um super-herói desempregado.

Comandar um talk show me dá a vantagem de poder humilhar pessoas famosas.

Houve uma época, nos anos 70, que eu estive completamente sem trabalho.

Agora sou famoso outra vez. Lembre-se que além do meu talk show eu também apresento o *Cartoon Planet*.

O que aconteceu com os gêmeos Jan e Jace e com o macaquinho Blip, que o acompanhavam nas aventuras?

GHOST: Jan e Jace se aposentaram, embora tenham ficados chateados por terem sido copiados por uma outra dupla em *Superamigos*. Blip se livrou de seus problemas de fala e agora é um advogado muito bem-sucedido em Las Vegas. Eventualmente ainda trabalha para mim.

Por acaso você é parente daquele outro mascarado com capa, o Batman? Quando criança meus amigos achavam que vocês eram a mesma pessoa, ou pelo menos irmãos gêmeos.

GHOST: Pouca gente sabe, cidadão, mas na verdade Bruce Wayne é o Batman.

Normalmente não passo esse tipo de informação sigilosa para a imprensa, mas o fato é que ele até hoje está me devendo um jantar que eu paguei para ele em Little Gotham. Canalha!

Quem é aquele camarada gordo e desengonçado que se veste de Space Ghost na abertura do programa *Cartoon Planet*? Ele é um horror e ajuda a denegrir ainda mais a sua imagem na praça.

GHOST: Bom, eu não queria revelar isso, cidadão, mas aquele é meu irmão gêmeo. Infelizmente ele tem problemas mentais e esse é o único emprego que eu pude conseguir para ele na TV.

Você tem planos de se tornar um rock star com o lançamento de seu CD, *Space Ghost's Musical Bar-b-que* (Rhino Records, importado)?

GHOST: Claro que sim! É por isso que venho usando essa malha justa todos estes anos, para já ficar no clima.

Como é a sua relação com Zorak, Brak, Moltar e outros arquivilões de seus desenhos que hoje trabalham com você nos seus programas?

GHOST: Como lhe disse, somos profissionais e precisamos de emprego. Depois das aventuras, temos as nossas vidas normais e contas para pagar. Por isso, nossa relação na TV é profissional.

Por acaso o Ghost Planet é o mesmo planeta no qual vivem os Herculóides? Você sabe por onde eles andam? Falaram até em fazer um filme com eles.

GHOST: Não, não habitamos o mesmo planeta. Os Herculóides vivem numa outra galáxia. E eles nunca me ligam de volta quando eu deixo recado, aqueles ingratos. A última vez que estivemos juntos foi um tanto desagradável. Eles até hoje estão me devendo um jantar que paguei para eles na ocasião. Humm.

Eu acho que isso foi em Little Gotham.

Hoje em dia há uma porção de apresentadores de talk shows por aí. Qual o seu favorito entre os americanos Jay Leno, David Letterman, Conan O'Brien e Larry King e o brasileiro Jô Soares?

GHOST: Eu nunca ouvi falar em nenhum destes nomes. Quem são?

Falando em talk show, quais seus convidados para a nova temporada?

GHOST: Estarei entrevistando em breve os astros de cinema Peter Fonda, Goldie Hawn e Charlton Heston; também o astro da TV Erik Estrada, que fazia um patrulheiro em *C.H.I.P.s*, o desenhista Mike Judge (o criador de *Beavis & Butthead* e *King of the Hill*) e o super-herói da TV The Tick.

Quais foram as entrevistas que você mais gostou de fazer em seu show?

GHOST: Gostei muito de falar com a Lassie, embora ela só tenha me respondido com latidos. Também achei legal o papo com os Ramones, não fosse pelo fato de terem comido sozinhos um bolo sem deixar nem uma fatia para mim. Mas eu gosto mesmo quando entrevisto atrizes ou cantoras bonitas. Sempre chamo algumas delas para passearem no meu cruzador espacial. Não falha.

Com toda essa agitação televisiva você pensa em se aposentar como combatente do crime? Quais os seus planos a esse respeito para o futuro?

GHOST: Não deixei de ser um cruzado de capa contra o crime ainda, cidadão.

Quando o perigo chama, se eu estiver em casa, parto para a ação. Mas quando não estou, geralmente deixam recado na minha secretária eletrônica. É claro que se for uma chamada a cobrar eu não atenderei.

Mande, por favor, uma mensagem para os seus fãs brasileiros.

GHOST: Saudações para todos os meus amigos no Brasil! Se estiverem no espaço, liguem para mim. Nós podemos jantar juntos em Little Gotham qualquer dia desses. Eu pago. (T. L.)

Rio Fanzine

Tem emoção no rock de bermudas

AC/DC homenageia cantor morto em 80

O que é o que é? Vive plugado na tomada, parece tocar a mesma música há séculos, cheira a espírito juvenil e é legal exatamente por (tudo) isso?

Na lata: AC/DC, uma banda de calças curtas que faz um empolgante rock de bermudas (como diziam, de forma pejorativa, alguns jornalistas de uma cidade vizinha ao se referir ao rock carioca dos anos 80).

O grupo — australiano na origem, inglês no coração — é um caso raro de adoração no universo rock'n'roll. Poucas bandas têm fãs tão fiéis, e constantes, como o AC/DC. Assunto não falta: são 17 discos oficiais e incontáveis piratas espalhados pelo mundo. Para dar conta disso, existe uma penca de fã-clubes e vários sites na internet cujo assunto é, claro, a banda dos irmãos Young, Malcolm e Angus.

Nos próximos dias, mais lenha vai ser colocada na fogueira: vai sair a caixa *Bonfire*, com quatro CDs dedicados ao primeiro vocalista do grupo, o saudoso Bon Scott, grande voz, enorme paixão pelo álcool, que morreu em 1980 de excesso de "mé".

A caixa vai incluir faixas do raro *Live from the Atlantic Studios* (gravado em 1977), a trilha do filme/show *Let There Be Rock* (que chegou a ser exibido aqui com o prosaico título *Deixa o rock rolar*), além de demos e sobras de estúdio com a presença de Bon Scott.

E aí, talvez pelo lado emocional envolvido em *Bonfire*, talvez por uma conjunção astrológica ou talvez por causa do El Niño, Angus Young uma das figuras mais marcantes do rock e que raramente dá entrevistas, resolveu falar. E falou. O telefone tocou aqui na nossa mesa e do outro lado estava ele (será que de bermudas?).

— Hello! Como vai? É legal falar com a galera do Brasil — diz ele, sujeito bacana, mas que tem uma voz, juro, parecidona com a do Patolino.

Angus lembra com prazer da primeira vez em que tocou por aqui, em 1985, na primeira e já lendária edição do Rock in Rio.

— Foi um show inesquecível com uma platéia maluca e muita caipirinha — diz ele, tropeçando no nome da bebida número 1 dos gringos recém-chegados ao país.

Angus conta como surgiu a idéia da caixa em homenagem a Bon Scott.

— Estávamos em turnê quando a gravadora veio com a idéia de uma caixa de greatest hits — diz o guitarrista. — Mas preferimos algo que não tivesse saído antes. E assim aproveitamos para fazer uma homenagem a Bon Scott.

Ele não gosta de comparar o falecido vocalista ao atual dono do microfone no grupo, Brian Johnson, aquele que parece um caminhoneiro (sem ofensas!).

— São duas pessoas importantes na história do AC/DC. Embora com estilos diferentes, cada um teve seu papel para a banda — garante ele.

Sabendo-se que eram públicos e notórios os excessos etílicos de Scott, fica a dúvida: alguém poderia ter feito algo para salvá-lo do alcoolismo?

— Não sei, gostaria de ter ajudado, mas cada pessoa tem seu próprio caminho — diz Angus.— Bon era festeiro, gostava de beber, gostava de garotas... e como eu era jovem acabava indo com ele (risos).

Do material incluído na caixa, Angus diz ter ficado feliz com a inclusão da trilha de *Let There Be Rock*.

— O filme chegou a ser lançado em vídeo, mas saiu logo de catálogo. E os fãs sempre pediam para lançarmos a trilha. Afinal, é complicado sair na rua com um vídeo cassete nos ombros — diz ele, a voz de Patolino soltando outra risada.

Angus diz que o AC/DC, com anos de estrada e vários sites na Grande Rede, nunca agiria como o Oasis, que ameaçou processar os sites não-oficiais que tivessem letras e trechos de músicas sem autorização da banda.

— É um mundo livre. Não vou reprimir nossos fãs — diz ele, antes de espetar o grupo dos irmãos Gallagher.— E, na verdade, acho que o Oasis nem tem tantos sites assim.

O guitarrista de bermudas diz que um disco solo, por enquanto, está fora de cogitação.

— Gosto de trabalhar em banda. É o que me dá prazer.

Embora diga não assistir muito a MTV, ele é fã da duplinha infernal, Beavis & Butt-head (detalhe: Beavis usa camisa do AC/DC).

— São engraçados. Morro de rir. Somos bem parecidos.

Huh-huh. Cooool!

Vovô Lee Perry sai da toca e faz ritual reggae em São Francisco

Não foi um show. Foi um ritual. Mas estava anunciado como um show. Daqueles esperadíssimos. Lee Perry, a lenda viva, o homem que tirou o melhor dos Wailers, o cientista alucinado que ajudou a criar o dub, o ídolo dos Beastie Boys (e de mais meio mundo), ele mesmo estaria tocando no Maritime Hall, em São Francisco. Depois de 15 anos sem tocar nos Estados Unidos, o supremo eremita Perry tinha saído da toca e estava de volta. Ele já tinha se apresentado no mesmo lugar em abril e aproveitado para gravar o ao vivo *Live at the Maritime Hall*, já à venda nas lojas da cidade. Mas o lance mesmo era ao vivo e em cores...

Rio Fanzine

Garota na beira do palco ganha beijo de Lee Perry e show vira festa

Sexta-feira chuvosa. O táxi parou em frente ao Maritime e não tinha fila.

Beleza. Lá dentro, salão espaçoso, vista nobre (para a Bay Bridge) e alguns gatos pingados. Uma hora depois, porém, o lugar estava cheio. Dreadlocks, cabelos pintados, chapéus, bonés, lenços, cada cabeça uma sentença. No ar, aquele aroma....

Sem muita enrolação, depois de uma pequena introdução da Robotiks Band, Lee Perry entrou em cena. Boné multicolorido virado para trás, tênis com cadarços coloridos, calças coloridas, blusa vermelha, o velhinho mais alucinado da Terra (são sessenta e tantos anos bem vividos). Dava vontade de pedir a bênção.

Mas nem precisou. Tendo o auxílio de ninguém menos do que Mad Professor na mesa fazendo os dubs mais fluidos possíveis, Perry criou mágica. Começou com "I Am the Madman" e não parou mais. Uma música emendada na outra, na outra e na outra, "Time Conquer", "De Devil Dead" etc. O baixão roncando pelo salão, ecos entre os vocais e um telão exibindo imagens psicodélicas. Troço de doido.

Na beira do palco, nenhum segurança, nenhuma grade, nada. Vovô Perry aproveitou o clima bom e veio para perto de uma menina ao lado do palco, exatamente à minha frente, que jogava bilhetes e acenava para ele sem parar.

Perry chegou bem perto, ofereceu seu cigarro, abaixou a cabeça e sapecou um beijo na moça. A galera vibrou. E gostou. Logo, todo mundo queria um tasquinho do vovô. Cigarros foram acesos só por isso, mãos começaram a se estender em sua direção. E ele não deixou por menos. Ia de um lado a outro do palco cada vez que era chamado, dava uma tragada, um aperto de mão e voltava para o microfone. Foi assim até o show, digo, ritual acabar, duas horas e meia de encantamento depois. (C. A.)

Uma sombra que dança na batida do drum'n'bass

Produtor, DJ e ex-parceiro de Goldie, Rob Playford, dono da gravadora inglesa Moving Shadow, lança a fina flor do gênero e faz Moscou cair na batucada

Quer saber um troço chato? Você liga para um lugar e, enquanto aguarda alguém na linha, tem que ficar ouvindo aquelas musiquinhas safadas ao fundo. Em alguns lugares, o som ambiente parece saído de um videogame dos anos 70. Outros colocam coisas como Kenny G e familiares ao fundo, numa prática descarada de tortura auditiva.

Mas nem tudo está perdido no mundo ocidental. A gravadora inglesa de drum 'n' bass Moving Shadow, cujo chefão é o engenheiro de som, DJ e produtor Rob Playford, deixa você na linha com o som macio de um dos seus principais artistas, Omni Trio, rolando ao fundo. É tão bom que dá vontade de ficar esperando o disco tocar até o fim e depois pedir para a telefonista trocar o lado.

Sobre a gravadora, a história é a seguinte: se drum 'n' bass é o soul da música eletrônica, a Moving Shadow é a sua Motown. Enquanto outras importantes gravadoras do gênero, como a Good Looking e Metalheadz, vivem acopladas à imagem dos seus donos, respectivamente LTJ Bukem e Goldie, duas estrelas do db, o homem que faz a Moving Shadow respirar vive, sem trocadilhos, nas sombras. Mas com a agenda cheia.

— Estou ocupado preparando o lançamento do disco do EZ Rollers — diz ele. — Também estamos cuidando dos discos do Flytronix e Dom & Roland. Isso sem falar da promoção, divulgação e outras coisas que envolvem uma gravadora independente.

Rob Playford é assim: sua a camisa, faz gols, mas não aparece para a torcida. Além de estar à frente de uma gravadora que, ao longo dos últimos oito anos, tem lançado a fina flor do drum 'n' bass, ele era o braço direito de Goldie, o responsável por traduzir e transformar em música as idéias do homem dos dentes de ouro. Mas ao final das gravações de *Saturn Returntz*, o segundo disco de Goldie, a dupla brigou e a parceria saiu de tom. Mesmo sem ter acompanhado o final do disco, Playford não se incomoda em falar sobre ele.

— Acho que vai ser um passo além de *Timeless*, mas não posso dizer ao certo.

Playford fundou a Moving Shadow em 1990 e no começo vendeu seu peixe como pôde: aos sábados, ele abria a mala do seu carro nas ruas de Londres e oferecia seus discos para a massa. O tempo voou e muitos hits depois, Playford está em situação bem diferente: hoje, ele recebe, no escritório da gravadora, no SoHo, em Londres, fitas e CDs-demo de todas as partes com novatos querendo um lugar ao sol (ou seria à sombra?) da Moving Shadow.

Difícil deve ser selecionar o que lançar e quais artistas contratar.

— A seleção é complicada porque obviamente não podemos lançar tudo que recebemos. O principal critério é que seja um som original e inovador.

Mesmo tendo no seu cast gente que faz trabalhos tão distintos como o citado Omni Trio e Hoax (mais melódicos) e Technical Itch e Dom & Optical (mais pesados e cavernosos), a marca registrada da Moving Shadow é mesmo um drum 'n' bass melódico, funkeado mas com tintas jazzísticas.

— O som melódico é importante porque atraiu um público que nem sempre vai a clubes e quer ouvir um disco em casa, mas isso é apenas uma das vertentes.

Há uma diversidade muito grande rolando.

Foi isso que atraiu Felipe Lerena, da gravadora Natasha, que há alguns anos distribui a Moving Shadow no Brasil (o último lançamento foi a ótima compilação *Junglemania*).

— É um estilo musical de vanguarda e tem a ver com uma tribo bem legal — conta ele.

Como DJ, Playford tem viajado pelo mundo. Uma das suas últimas paradas foi inusitada.

— Toquei em Moscou e descobri uma cena drum 'n' bass fantástica — conta ele.

Feliz ao ver e ouvir o drum 'n' bass se espalhar pelo mundo, Playford, que patrocinou carros de corrida e um time de futebol, e é dono de uma loja de discos, sonha com as possibilidades.

— É um som de formas tão livres que é capaz de se adaptar a várias culturas — diz ele. — Fico curioso, por exemplo, em saber como será um drum 'n' bass feito no Brasil.

Quem sabe um dia, numa secretária eletrônica da Moving Shadow? (C.A.)

O "Rosebud" do cidadão Wayne

O ex-MC5 Wayne Kramer lança disco confessional e diz querer vir tocar no Brasil ainda em 98

Existem alguns nomes do rock 'n' roll pelos quais a gente deve ter algum respeito, independentemente de ideologias ou da idade. Wayne Kramer é um deles.

Sobrevivente de uma época de muita loucura (os anos 60/70), regada a drogas pesadas e até mesmo a uma temporada na cadeia, Kramer chega ao final dos anos 90 intacto e ainda tendo o que dizer.

Integrante de uma banda seminal do rock pesado e do próprio punk rock, o agora mitológico MC5 (que junto com os Stooges de Iggy Pop fundamentou o rock barulho/grunge), ele reapareceu no final dos anos 80 com uma carreira solo irregular e sem foco, que incluiu até uns discos desnorteados junto com o falecido Johnny Thunders.

Deu mais um tempo e retornou, agora como baluarte do punk, gravando discos solos mais consistentes pela Epitaph (lar de bandas como Bad Religion, The Offspring e Rancid), que começou com *The Hard Stuff* (95), passou por *Dangerous Madness* (96) e chegou em *Citizen Wayne* (97), o seu melhor trabalho, que está saindo pela Paradoxx.

Por conta disso, o RF teve a honra de falar com o cara, por telefone, dia desses, direto de Los Angeles, cidade que trocou pela sua Detroit natal.

Pelo menos a poluição lá é igual

No começo do papo, Kramer, com uma voz tranqüila e pausada, foi logo dispensando esse papo de ser chamado de sobrevivente.

— Eu não sou um sobrevivente de nada — diz Kramer. — Talvez um sortudo.

Ele ficou contente por um disco dele estar sendo lançado no Brasil e foi logo entregando:

— Estamos em contato com alguns empresários aí do Brasil para arranjar uma turnê minha o mais breve possível. E com isso, a gravadora também irá lançar meus discos anteriores. (Nota: Isso nunca aconteceu.)

Bacana. O maior diferencial que há entre *Citizen Wayne* e os dois solos anteriores pela Epitaph é que desta vez ele trabalhou em parceria quase total com o produtor Don Was (do Was not Was)

— Nós somos amigos desde Detroit e por acaso moramos agora em Los Angeles e acabamos nos encontrando. Na verdade foi uma troca de favores. Eu toquei num disco do Was Not Was nos anos 80 e agora o David retribuiu o favor.

Com isso, Was não apenas tocou em várias faixas como também escreveu letras em parceria com Kramer, imprimindo novas idéias.

— David e eu assinamos seis faixas em conjunto. Foi bom porque traz um novo ponto de vista.

Em algumas faixas, Was inclui até programações eletrônicas, o que não incomodou Kramer.

— Eu não tenho nada contra a tecnologia. Ela está aí para ser usada por nós mesmos.

Wayne usa o mesmo pensamento liberal para comentar a nova cena musical de sua Detroit natal, que nos anos 70 foi uma das mecas do hard rock nos EUA e nos anos 80 foi o berço da moderna música eletrônica e do verdadeiro techno (por isso os americanos chamam o techno inglês por lá de "electronica", para diferenciar e tirar marra).

— Eu estou sempre em ligação com o que rola no mundo. Não sou um saudosista.

Gosto de saber o que está acontecendo na música. Sei o que é techno e o que é jungle, só não estou conectado musicalmente com estes estilos — diz.

E aproveitou para dizer que não tem nada contra música para fazer dançar, ao contrário.

— Uma coisa que eu nunca gostei no heavy metal, no punk rock e no grunge é que não tinham músicas dançantes, estes ritmos não são dançáveis. E eu acho essencial para as pessoas que se dance de vez em quando. Faz bem pro espírito.

Wayne sabe muito bem disso, porque a outra metade das canções que ele escreveu sozinho, revelam momentos conturbados de seu passado e soam bastante pessoais e introspectivas.

— Eu achei que precisava contar um pouco da minha história. Ajuda a exorcizar os demônios. Nos outros discos eu fui muito abstrato.

E ele explica por que resolveu fazer isso:

— Eu tive uma vida muito estranha, bem diferente das vidas de pessoas ditas normais. O que eu passei com o MC5, sozinho na prisão, com Johnny Thunders e com todos os que estavam à minha volta não acontece com qualquer um.

Estes momentos estão bem descritos em letras como "No Easy Way Out" (sobre a prisão), "Back When Dogs Could Talk" (sobre seu período no MC 5 e com os White Panthers, leia abaixo), "Down in the Ground" (sobre a rapaziada de Detroit) e "Snatched Defeat" (sobre ele mesmo e a solidão).

Tudo isso injeta nas canções de Kramer mais veracidade do que na maioria das coisas que se grava hoje em dia como "punk rock". Aliás, sobre a nova geração ele tem uma opinião formada.

— Eu gosto do jeito como eles estão fazendo uma cena acontecer, da determinação das bandas. Mas musicalmente não me diz nada, não há substância. Mas é importante que existam bandas assim.

Sobre os remanescentes (poucos) do MC5, Kramer afirmou que vê um ou outro às vezes.

— O Michael (Davis) e o Dennis (Thompson) tocaram baixo e bateria em alguns shows comigo em Los Angeles. Continuamos em contato.

Antes de desligar, Wayne Kramer disse que está acabando de gravar o seu novo disco, que vai se chamar *LLMF*. Quer saber o que significa?

— Live Like a Mother Fucker! (T. L.)

O legítimo homem de preto está de volta

Ele vive em Los Angeles, não aquela no sul da Patagônia, mas a outra, no sul da Califórnia. Ele é Frank Black (nascido Charles Thompson III), não aquele da série *Millenium*, e sim aquele que tocava guitarra nos Pixies, como Black Francis.

Pois é, Frank Black está lançando o seu quarto disco pós-Pixies, e o primeiro com uma banda creditada na capa: Frank Black and The Catholics. O mais incrível é que o disco saiu antes no Brasil (via Natasha) e em alguns países europeus (pela belga Play It Again Sam) do que nos Estados Unidos.

— Os Pixies sempre foram mais populares fora dos Estados Unidos — diz Frank Black ao RF, com uma voz meio sonada, por telefone —, e isso acontece também comigo.

O novo disco de Black soa mais cru e foi quase gravado ao vivo, bem diferente de seus trabalhos anteriores. E as letras também não falam mais sobre discos voadores.

— Isso foi deliberado. Eu estava me transformando numa espécie de piada. O gordinho lunático. Quis me desvencilhar disso — explica

Apesar do toque espacial, ele nunca foi ligado à eletrônica, embora tenha usado um Theremin (bizarro instrumento eletrônico dos anos 50) no disco *Bossa Nova*, dos Pixies, na música "Velouria".

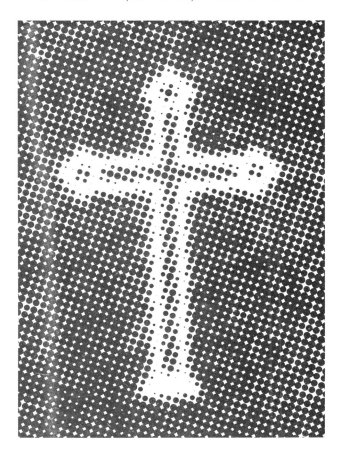

— A música eletrônica não me afeta porque eu simplesmente não a escuto. Aliás, eu não escuto música nenhuma. Nem os meus discos.

O tom ranzinza da conversa teve um momento mais animado quando ele disse, para alegria dos fãs, que vai tocar mais músicas dos Pixies do que habitualmente faz em seus shows quando vier ao Brasil.*

— Normalmente eu só toco duas músicas do repertório dos Pixies, mas como a banda nunca foi ao Brasil talvez eu inclua mais músicas.

Sobre a cena de sua cidade natal, Boston, ele diz que acha que hoje ela está melhor do que antes.

— Eu acho a cena hoje muito mais movimentada e até melhor do que há dez anos.

Gosto de uma banda chamada Upper Crust.

(T. L.)

---

* Não veio. (*N. da R.*)

As novas formas mostram sua face

DJ Die e MC Dynamite tocam no aniversário do Rio Fanzine

As velinhas vão tremer. Na festa de 12 anos do Rio Fanzine, que vai rolar na próxima sexta-feira, no Estação Ipanema, o show vai ficar por conta dos convidados especiais: DJ Die e MC Dynamite, ambos integrantes do Reprazent, o supremo grupo de drum'n'bass comandado por Roni Size.

Die e Dynamite — que fazem parte do cast da gravadora Full Circle, de Bristol, uma das melhores do universo drum'n'bass — são substitutos à altura para Blame e MC Conrad, que iriam se apresentar na festa dos 11 anos do RF, que acabou não rolando por causa do inesperado fechamento do clube Downtown, em novembro passado. Sem outro lugar para tocar e sem outras datas na agenda, Blame e Conrad tiveram que cancelar sua vinda ao Brasil. Assim, sai a galera da Good Looking (a gravadora comandada por LTJ Bukem e pela qual gravam Blame e Conrad) e entra a galera do Full Cycle. Está de bom tamanho.

Rio Fanzine

Die e Dynamite tocam também em SP (dia 9) e em Belo Horizonte (dia 11). É a primeira vez que a dupla vem ao Brasil. Ou pelo menos acreditávamos nisso.

— Oi! Como vai? Tchudo bem? — diz Dynamite, por telefone, falando de Londres, se arriscando no português.

A explicação vem a seguir. MC Dynamite, os "lábios do Reprazent" (segundo um crítico da *Mixmag*), morou três meses no Brasil, a maior parte do tempo em Belo Horizonte, passando também alguns dias no Rio.

— Isso foi em 1993 — conta ele. — Desde então, eu tenho contado os dias para voltar ao Brasil. Morro de saudades da caipirinha, do feijão, da couve e do... como fala? Ah, lembrei: tutu.

Como se vê, Dynamite realmente provou as delícias de BH.

— Mas também estive no Rio. Fui à praia na Barra.

Ok, então. É sempre bom descobrir que há um pouquinho de Brasil no Reprazent, que debutou ano passado com o imperdível *New Forms*. O disco, um CD duplo, lançado aqui pela PolyGram (em versão simples) levou o drum'n'bass a novos níveis, misturando beats secos e poderosos com estruturas de jazz (como o baixo acústico de *Brown Paper Bag*) e ocasionais vocais soul (a cargo de Bahamadia e Onallee). Tratado como um tesouro no underground, *New Forms* surpreendeu a todos ao ganhar o Mercury Awards, o equivalente inglês do Grammy, derrotando concorrentes mais conhecidos como Chemical Brothers, Prodigy, Oasis e, sorry, Spice Girls.

— O Mercury foi bom para que o drum'n'bass e toda a música de qualidade feita no underground fosse notada — diz Dynamite.

Parceiro de Dynamite nessa turnê, Die é um dos produtores e DJs mais respeitados da nova geração do drum'n'bass. Antes disso, ele gastava seu tempo andando de skate.

— Ando de skate há muito tempo — conta ele em recente entrevista à revista *Jockey Slut*. — Eu chegava a matar aula para andar de skate. Mas acabei diminuindo o ritmo quando comecei a freqüentar raves e sair à noite. Depois, me tornei um DJ e as pick-ups viraram meu novo desafio.

Bom nas pistas de skate, Die não demorou a se destacar também nas pistas de dança. Através de Suv, seu amigo de infância, ele encontrou Roni Size e, depois, Krust. Formou-se, assim, o núcleo central do Reprazent.

No grupo, Die é responsável por efeitos especiais e scratches, uma das suas especialidades. Fora do Reprazent, Die tem uma fértil carreira solo. Com Size (que nasceu no mesmo dia que ele), faz músicas como Scorpio.

Sozinho, tem músicas em diversas compilações (*V Classics*, *Music box*), além de singles de alto poder de fogo nas pistas, como "Something Special" e "Special Treat". Já como DJ...

— Ele é ótimo — diz Dynamite. — Seu set tem peso e balanço.

Dynamite — que vai lançar um disco solo breve — sabe o que fala e o que faz.

Um MC não é um rapper. Seu trabalho é uma arte à parte: animar a multidão sem quebrar o ritmo do DJ.

— Faço rimas sobre o governo, as garotas, o tempo, o que vier à cabeça.

Gosto de improvisar, como todo MC. Pode ser até que eu faça uma rima em português quando estiver aí.

É carnaval na Alemanha!

A décima edição da Love Parade, a maior festa techno do planeta, anima as ruas de Berlim

Começou ontem à tarde e termina hoje em Berlim, a décima edição da Love Parade, a maior festa techno do planeta. Este ano, a parada do amor promete reunir novamente mais de um milhão de pessoas de todo o mundo sob o lema "One world, one future". Desta vez, em vez de sair apenas do tradicional Ernst-Reuter-Platz, outra caravana dançante partirá do Portão de Brandenburgo. Na capital da Alemanha, hotlines atendem os mais ansiosos e dão todas as informações, até sobre camas para alugar.

Além disso, no fim de semana da Love Parade acontecem cerca de 30 festas diferentes (entre elas a Love Galaktika, que já teve algumas edições no Brasil), inclusive uma concorrente, a Fuck Parade, que espera reunir três mil pessoas em um trajeto paralelo. Para o mentor desse carnaval eletrônico, Dr. Motte, um DJ berlinense de 37 anos, quanto mais, melhor.

Motte não se intimida com as proporções gigantescas da festa, o que motivou a existência da Fuck Parade, feita por uma galera para quem a Love Parade ficou grande demais. De fato, a parada começou em 1989 com cerca de 150 pessoas e, em 1997, reuniu mais de um milhão.

— Com a quantidade de pessoas que vêm para cá e com o interesse que a Love Parade ganhou na mídia, abriu-se a possibilidade de mostrar a importância que cada um tem na construção do futuro. Isso sempre foi a minha motivação — diz Motte.

A partir desse ano, além das boas vibrações, ele pretende aliar a parada techno às ações humanitárias. Como o Belo Mundo Novo, um happening com artistas plásticos e músicos. As obras serão reunidas em um catálogo e um CD que serão postos à venda. A verba obtida será doada à Fundação Nordhoff/Robin, que trata com musicoterapia, entre outros, de crianças autistas.

Como nos outros anos, a música fica a cargo de DJs do mundo inteiro (o tema do ano foi composto pelo DJ Westbam), que comandam a festa do alto dos carros. Quem quiser pegar a festa ao vivo pela Internet, basta ir para http://www.loveparade.com.

Apesar de todas as boas intenções, a parada do amor vem encontrando resistências cada vez maiores a cada ano. O problema maior é o trajeto e o aumento do número de participantes, que passam por dentro do Tiergarten, o maior parque de Berlim. Ecologistas garantem, e não é difícil acreditar, que a passagem de cerca de um milhão de ravers perturba a vida dos animais do parque e destrói parcialmente a vegetação do local.

Isso sem contar com o lixo que fica como rastro. Ainda não foi acertado um esquema de limpeza. Em 1997, a organização se responsabilizou. Este ano estão em andamento negociações entre os organizadores e a Prefeitura.

Dr. Motte, o homem que tinha um sonho

Criador da festa diz que se inspirou no Brasil e que prefere drum'n'bass a techno

Em entrevista exclusiva para o Rio Fanzine, o idealizador da maior festa de música eletrônica do planeta revela que o carnaval carioca foi a principal inspiração para a criação da Love Parade.

— Eu sempre ouvia falar do que acontecia no Rio de Janeiro no carnaval — diz Motte. — Em 1989, quando vivíamos o nosso *Summer of Love*, eu queria também acrescentar algo e sabia que na Inglaterra eram feitas as street parties, então pensei: como fazer algo do gênero aqui?

Ele garante que não queria faturar nem investir muito em algo parecido. Foi quando teve a idéia de anunciar uma manifestação contra o desarmamento nuclear, usando a música como meio de compreensão. O techno, claro, foi a trilha sonora desse ato político com jeito de festa.

— Uma nova forma de música estava sendo criada na época, primeiro com o nome de acid house, depois electro, e finalmente techno — diz ele, que trabalhava como DJ desde 1985, tendo em 1986 criado o seu próprio clube, e em 1988 feito a primeira festa acid house de Berlim.

Para Motte, a Love Parade sempre foi uma grande plataforma onde há espaço não apenas para a música, mas também para o encontro de pessoas de vários países e regiões.

— O especial da festa é que realmente acontece a comunicação entre essas pessoas. Essa característica é que permite a disseminação de ideais humanitários e ecológicos, que, espero, estarão cada vez mais ligados à Love Parade em prol de um futuro melhor para os nossos filhos — diz.

O que tem interessado Motte atualmente é o drum'n'bass.

— Estou ouvindo bastante drum'n'bass, coisas como as que LTJ Bukem tem feito, com influências do jazz, e as músicas de Peshay também.

E a música alemã?

— Eu diria que a Alemanha tem um caráter próprio. Nos últimos anos, em geral, está muito pop, mas eu percebo que há uma tendência de volta aos clubes pequenos. Isso é bom porque permite mais experimentação, diferentemente dos grandes clubes, onde só tocam os grandes sucessos.

E qual seria a nova tendência da música na sua opinião?

— Eu não sei. Acho que precisamos de uma nova revolução musical, como foi o punk. Eu já estou ouvindo as mesmas coisas há quase dez anos e o techno não me inspira mais. Em geral, está muito comercial e repetitivo. Eu me interesso mais por experiências, mas ainda não sei que caminho vou seguir.

Precisamos de novos sons e ritmos que nos transportem a novas dimensões.

Será que a música brasileira pode ter uma influência forte nessa busca pelo novo?

— Certamente. O ritmo brasileiro (imita o ritmo de uma batida de samba com a boca) é capaz de estimular todos os chakras (portais da sensibilidade) do corpo e faz o corpo inteiro querer dançar. É uma música que abrange todo o espectro das freqüências e que me interessa muito. Além disso, há muitos sons interessantes na música brasileira, como aqueles do agogô, do berimbau e do tamborim. (Eric Brücher)

Moda, espionagem e bossa nova em Washington

O bem-vestido grupo Thievery Corporation mistura com elegância dub, trip hop, ambient e música brasileira; e dedica o seu disco à memória de Tom Jobim

Eles são os homens de preto da música eletrônica, protegendo a Terra (e nossos ouvidos) da escória do universo. Rob Garza e Eric Hilton são os dois nomes por trás do projeto/grupo Thievery Corporation, uma banda cool até a medula. Seu som, como prova o disco *Sounds From the Thievery Hi-fi* (que vai sair aqui pela Natasha), é tão elegante quanto seus autores, que andam o tempo todo de terno e gravata. Dub, trip hop, acid jazz, ambient, toques de bossa nova (o disco é dedicado à memória de Tom Jobim), tudo envolto por uma fina tapeçaria eletrônica tocada em clima de chill out.

Relaxar, afinal, é preciso num lugar como Washington DC, capital dos Estados Unidos, local de intensa movimentação política, e de onde vem o Thievery.

— Washington é um lugar estranho — conta Rob Garza, por telefone, em entrevista exclusiva a *O Globo*, falando do estúdio da banda, ESL, na capital americana. — As pessoas vem para cá para trabalhar com política, fazer uma carreira nessa área. Por isso, há uma atmosfera conservadora em torno da cidade. As pessoas não saem para se divertir tanto quanto nos outros lugares aqui nos Estados Unidos. Mesmo assim, há clubes legais, pequenos oásis de alegria no meio de tanta rigidez.

Um desses lugares é o bar Eighteenth Street Bar Lounge, do qual Eric é um dos sócios. No mesmo local, fica o ESL. Ali, é feita e testada a produção musical do Thievery Corporation.

— Eu diria que nosso estilo é ambient de estrada — brinca Rob. — É um som suave, mas com ritmo e cuja graça está nos pequenos detalhes. Bom para ouvir no carro e em casa também.

Brincadeira à parte, a música do Thievery Corporation pode ser ouvida no carro, sim, mas não combina com engarrafamentos e trânsito enfumaçado. Seu som tem mais a ver com estradas panorâmicas. O nome do grupo, algo perto de

Rio Fanzine

"corporação do roubo", é uma forma bem-humorada de se referir ao uso de samplers em sua música.

— Gostamos de usar samplers de forma sutil, quase imperceptível. Queremos que nosso som seja orgânico, vivo, não frio, por isso usamos muitas coisas de discos antigos, jazz clássico, dub antigo, coisas assim.

Em "Sounds"..., a prática de tal conceito desce macio nas caixas de som.

Ecos jamaicanos em *2001 a Spliff Odissey*, cantos tribais e saxes em "Universal Highness", cítaras em "Vivid" e uma voz brasileira, de Bebel Gilberto, em "Mañha" (assim mesmo, com o acento no lugar errado), envolta por teclados atmosféricos e percussão.

— Meus pais são latinos e sempre ouvi música brasileira em casa — conta Rob.

— Durante muito tempo, ouvi techno e rock, mas acabei cansando porque tudo era agressivo demais. A bossa nova foi uma das coisas que me atraíram quando quis mudar o que estava ouvindo. Amo a música brasileira. Nosso disco é dedicado a Antônio Carlos Jobim porque sua música é linda e inesquecível.

Apaixonado também por mestres do dub como Augustus Pablo, King Tubby e Lee Perry, Rob diz que o Thievery Corporation, na melhor tradição jamaicana, trata o estúdio como um instrumento à parte.

— Não temos uma formação musical clássica, tradicional — conta ele. — Mas sabemos tirar tudo de um estúdio. A mesa, o sampler, tudo o que está ali é trabalhado como uma coisa só, um instrumento só.

Discos antigos, música brasileira e jazz são algumas das paixões de Rob e Eric. A moda é outra delas, como os ternos impecáveis não deixam mentir.

— Em Washington, você tem que estar bem vestido para ser bem recebido em alguns lugares — conta Rob. — E nós gostamos de moda. Eu adoraria fazer a trilha sonora de um desfile. Já tive alguns convites, mas não tive tempo para aceitá-los.

Com planos para trabalhar com Bebel Gilberto em outras músicas, o Thievery Corporation teve um contato recente com artistas brasileiros. O grupo assinou um remix para "Ave Maria", no novo disco de Edson Cordeiro, "Clubbing", que acabou sendo a melhor faixa do disco:

— Foi uma amiga nossa que trabalhava na Sony quem nos convidou para fazer o remix. Foi divertido dar uma roupagem diferente a "Ave Maria".

Fora da música, Rob Garza tem um passado curioso. Em conexão direta com o clima policialesco e de conspiração de Washington, ele trabalhou durante um tempo com... espionagem e serviços secretos. Hollywood perde:

— Eu trabalhei no aeroporto na área de controle de segurança. Vivia atrás de bombas e sujeitos estranhos (risos). Também trabalhei numa agência de controle de armas químicas.

Sobre o affair Bill Clinton-Monica Lewinsky, e toda essa história de pegou ou não pegou, Rob tem uma opinião clara e sensata:

— O país e o mundo têm coisas mais importantes com que se preocupar. Até agora, gastaram mais de US$ 60 milhões nesta história e tudo o que arrumaram foi um pouco de sêmen. É ridículo. (C.A.)

A Baixada mergulha na onda eletrônica

Festas, programas de rádio e um fanzine agitam a cena local

Bum! Barulho de uma explosão nos subterrâneos da cidade. Mas não na zona sul, tradicional epicentro de novidades e modismos. Dessa vez, o estouro vem da Baixada Fluminense, área geralmente associada à violência, celeiro de boas bandas de reggae (o Cidade Negra veio de lá), e que atualmente vê nascer uma cena eletrônica com os ingredientes que marcam os melhores movimentos do underground: paixão, garra e camaradagem. Apoiados nesses três elementos, festas, discos, associações, programas de rádio, DJs, produtores e um fanzine provam que a Baixada está plugada. E dançando sem parar.

Distante (até mesmo geograficamente) das caras e bocas (os populares "carões") que ocasionalmente marcam as festas na zona sul, os eventos promovidos pelo B.U.M. (Brazilian Underground Movement), um grupo de DJs e produtores locais, são freqüentados por uma galera que não quer fazer pose, e sim ouvir novidades musicais. Quem garante é o DJ Schild, da festa Revolta, que rolava na Basement e no momento está sem lugar fixo.

— Lá não tem carão, a galera vai às festas pela música mesmo. É um clima superlegal — diz ele, que há algumas semanas saiu da zona sul para uma festa B.U.M., que rolou em Anchieta.

Nas origens do B.U.M. estão os DJs Péricles e Jonas. Em 1992, os dois tocavam num lugar chamado El Templo, de som mais comercial. Aos poucos, à medida que iam descobrindo novidades, a dupla começou a experimentar novos sons na pista da El Tempo: techno, hard house, trance etc. O racha foi imediato. O público tradicional da casa reclamou. Os novos freqüentadores, atraídos exatamente por esse som, adoraram.

— A casa, que era essencialmente gay, começou a receber um público diferente — conta Péricles. — Muita garotada, muitas meninas, uma galera com um visual diferente.

Depois de dois anos, Péricles e Jonas acabaram saindo do El Templo, mas ficaram com um público fiel, uma legião de recém-convertidos. E a Baixada nunca mais foi a mesma.

Na falta de um lugar para ouvir aquele som, todos começaram a se reunir na casa de Péricles.

— A gente ficava ouvindo música e trocando idéias sobre música eletrônica. Discos, revistas, artigos de jornais, tudo era passado de mão em mão — conta ele.

Desses encontros, cada vez mais concorridos, nasceu o B.U.M. E a necessidade de uma nova festa se impôs. Era hora de botar em prática aquele conhecimento. Era hora de dançar.

O B.U.M começou a promover festas. Inicialmente, para menos de cem pessoas.

Rio Fanzine

Hoje, porém, seus eventos atraem mais de 400. Com um detalhe: em todas as festas, a entrada é um quilo de alimento não perecível.

— Foi uma forma de ajudarmos a população local e também divulgarmos a cena de um jeito legal — diz Péricles.

Schild completa com um dado bastante curioso.

— Não há drogas na festa. É todo mundo careta — diz ele. — E os DJs são ótimos.

Mais que isso: são unidos. Cada um toca um set, geralmente de meia hora. Sem problemas, sem estrelismos. E o público faz a sua parte, surpreendendo a cada edição da festa.

— A galera de Queimados é louca por drum 'n' bass — diz o DJ (de db) Yanay.

O B.U.M. gerou outro grupo, Quartus-Mundus, que também promove festas na região. E não só. Surgiu o programa Underground Beat, com locução de Yanay.

E também o zine Club UB, tocado por ele e amigos. Tudo isso acabou despertando fortes (e belas) reações nas pessoas.

— Um cara foi de Olaria a Anchieta só para ouvir o programa — conta Yanay. — Ele me disse que aquilo era o seu oxigênio. (C.A.)

Quebrando as barreiras do som através da grande rede

Compressor de áudio MP3 torna livre o tráfego de músicas pela internet

Música é liberdade. Internet, também. E MP3 é o programa de compressão de música na internet que chegou para polemizar. E traz de volta à baila aquela discussão: música tem dono?

Para os menos conectados, um preview em geral, os arquivos musicais na Internet eram comprimidos através do padrão MPEG. Só que demorava muito a carregar e o som não saia lá essas coisas (parecia fita cassete amassada).

Como na rede a evolução é rápida, surgiu o MP3, versão melhorada do compressor de sons que não apenas carrega em menos tempo (e ocupa menos espaço), como oferece qualidade de áudio mais próxima do original. Tem som de CD.

O que isso significa? Que, através da rede, você pode carregar a música que quiser (com o auxílio de programas simples) e gravá-la em seu disco rígido para depois montar fitas, MDs ou CD-Rs como quiser. E o melhor é que tudo isso (ainda) é de graça. Basta estar conectado e ter um programa adequado, geralmente distribuídos de graça em sites.

Agora imagine que, além de baixar as músicas de graça, você ainda possa gravá-las numa espécie de walkman? Bom, o bichinho já existe e se chama MPMan (original, não?). Ele cabe na palma da mão e comporta até 60 minutos de dados sonoros gravados. E pode ser recarregado sempre que você enjoar das músicas. O problema é o preço: custa cerca de US$ 800.

Embora a indústria fonográfica já esteja preocupada, o MP3 ainda não representa uma ameaça assim tão grande e imediata, mas pode ser o trailer de um futuro no qual a música transitará mais livre em nossas vidas. Nada mais de lojas onde fica tudo amontoado e ninguém sabe informar nada. Nesse novo meio, você simplesmente vai até os sites onde estão os arquivos musicais, faz a sua seleção e ponto final.

Mas será que isso vai realmente mudar alguma coisa por aqui?

—As vendas via internet ainda são fração abaixo da vírgula na indústria fonográfica americana — diz o guitarrista Lulu Santos, que passa horas na internet atrás de programas de música. No Brasil, o netbizz ainda engatinha dentro deste nanomercado. Existem fantasmas bem mais corpóreos, como o próprio preço do disco, dentro do atual quadro econômico.

Além disso, no Brasil ainda sofremos com a precariedade das linhas telefônicas. Não dá pra montar um CD em MP3 tão rápido como se deveria, pode-se levar horas baixando arquivos. No final das contas, o impulso telefônico vai sair

caro. Mais fácil, por enquanto, é comprar CDs na internet.

Mas a indústria musical está preocupada, sim, como refletido em recente artigo na importante revista americana de negócios *The Economist*, de outubro. "A distribuição digital da música representa tanto uma oportunidade quanto uma ameaça para a indústria", diz o texto, que conclui que a oportunidade está na margem de lucros. As companhias poderiam vender diretamente para 60% dos lares mundiais via computador. Contudo, a preocupação maior é que, com isso, elas possam perder o controle das músicas, já que ainda não existem leis específicas para isso na internet.

Hoje, cerca de três novas faixas em MP3 são descarregadas na rede por dia.

Algumas são apenas samples autorizados, mas a maioria são piratarias, que qualquer um (eu ou você) pode fazer de casa e oferecer para o próximo na rede (tipo você fazendo uma fita para um amigo, só que para o mundo inteiro!). É como se ninguém mais no planeta fosse dono de música alguma.

Por conta disso, já existem trocentos sites oferecendo o serviço de graça.

Com o MPMan, a coisa fica mais fácil: qualquer um (mesmo sem computador em casa) poderá carregar músicas, pois já inventaram no Japão (claro) estações para isso. Como num posto de gasolina, você vai num totem e carrega a maquininha, pagando uma taxa pelo serviço. Desse modo, o termo música descartável ganha um novo, e melhor, sentido.

Embora as vendas de CD pela internet tenham crescido muito nos últimos tempos, esse novo

Rio Fanzine

meio de se obter música (de graça) pode se popularizar rapidamente. Paralelamente, a alemã Deutsche Telekom, em conjunto com algumas gravadoras, está testando um sistema de venda de música pela linha telefônica. Sairá mais barato do que comprar CDs e você poderá apagar ou reordenar as músicas. Tudo mediante o uso de um cartão inteligente, tipo na TV paga via satélite.

Para Webmasters (criadores de sites na rede) como Luciano Boiteux, da LM

Design, o MP3 é uma mão na roda.

— O MP3 é um formato interessante por permitir a divulgação de músicas com qualidade na Internet — diz Luciano. — A principal vantagem é a sua relação qualidade versus tamanho (em megabytes); e a sua principal desvantagem é o fato de o usuário precisar de um plug-in para ouvi-la, além de ter que baixar a música para a sua máquina.

Ao contrário de plug-ins de áudio/vídeo como o RealPlayer, o MP3 não roda on line. Mas isso é questão de tempo.

Seja como for, o fato é que, com a ajuda da informática, a música hoje torna-se cada vez mais alternativa e livre. Breve, você poderá vender músicas de sua banda diretamente pela rede, sem precisar fazer demo tapes custosas e que pouca gente escuta. Isso é ser indie.

Seu nome é Rio, mas ele não dança na praia

Não vai ser assim tão fácil comercializar o MPMan por aí, não. A RIAA (Recording Industry Association of America) declarou guerra à maquininha nos Estados Unidos através de seu site na internet. Eles querem impedir a venda nos US do modelo Rio (?) PMP300, o primeiro aparelho portátil à venda naquele mercado.

Na semana passada a associação (a ABPD dos americanos) entrou com um recurso tentando impedir a venda da traquitana fabricada pela Diamond na Califórnia. Eles acham que o lançamento do aparelhinho tão cedo é precipitado e pode prejudicar todo o comércio da venda de música digital no futuro. Alegam que é melhor criar uma infra-estrutura antes (leia-se controle total).

Por sua vez, o fabricante Diamond alega que, como é um aparelho que toca, e não grava as músicas (ele apenas as carrega em seu computador, já previamente gravadas), a proibição não tem nada a ver. Para botar mais lenha na fogueira, a Diamond pretende vender o seu MPMan (que comporta 60 minutos de áudio e funciona por 12 horas com duas pilhas comuns) por cerca de US$ 200 (contra os quase US$ 800 do similar inglês, da GBS Ltd.).

Mais informações (downloads de músicas e programas) em www.mp3.com. Tudo que está lá é legalizado e funciona. (T. L.)

A parada é tocar antena!

Avô dos instrumentos eletrônicos, o theremin é descoberto pela nova geração

O primeiro disco do Portishead, *Dummy* (94), espantava logo de cara por começar com uma faixa de som esquisitíssimo, "Mysterons", que soava como trilha sonora de filme de ficção científica/terror barato. Mas era muito legal. E o P usou o lance em músicas do disco seguinte e também ao vivo. O que era aquilo? O que produzia aquele som bizarro, assustador? Era o mesmo som presente também numa música dos Pixies, "Velouria".

Bom, aquilo era o som de um theremin. Ficou na mesma? O theremin foi simplesmente o primeiro instrumento inteiramente eletrônico criado neste século. Inventado em 1919 pelo russo Leon Theremin (então com 21 anos) e desenvolvido nos anos 20 na Europa, logo passou a ser usado em orquestras e virou moda.

Como se tratava de um aparelho totalmente inusitado, ele teve grande destaque durante um período, principalmente por se tratar de um instrumento que não tinha nada a ver com os convencionais de corda e sopro. Era inteiramente tecnológico, futurista, diferente. Do outro mundo.

Basicamente, o theremin é uma caixa, que lembra um rádio antigo, com uma longa antena vertical e outra, lateral e de forma circular, o oscilador. O gabinete do theremin é alto de modo que permita ao músico tocá-lo de pé, numa posição meio de maestro. Com uma das mãos (geralmente a direita), o thereminista capta e controla as vibrações da antena maior (os sons mais agudos); e com a outra, controla o volume e a freqüência. Parece coisa de Kraftwerk ("Antenna"), não?

Como as antenas são muito sensíveis e reagem a qualquer movimento do corpo, para tocar o troço é preciso ficar estático, mexendo apenas as mãos suavemente, em ondas, como se estivesse tocando o ar. Imagine que estranho deve ser ver um concerto solo de theremin: uma pessoa lá, durona, meio que desmunhecando de leve e fazendo uma música que parece o som de um ataque de pernilongos espaciais!

Talvez por isso, tão logo passou a fase de curiosidade/descoberta do instrumento, sua popularidade decaiu na Europa. Então, Leon (cujo nome original era Lev Sergeivitch Termen, e foi "inglesado" para facilitar a pronúncia) foi para os Estados Unidos em 1927, onde fez bem-sucedidas turnês.

Na época, ele era acompanhado da maior thereminista de todos os tempos, a também russa Clara Reisenberg Rockmore. Os ricos da América também gostaram de Clara e do instrumento esquisito. E uma nova fase de popularidade nasceu para o theremin.

No final dos anos 20, Theremin licenciou seu instrumento para que a RCA fabricasse alguns para uso caseiro. Contudo, o lance não vendeu como esperado. Além de ser mais caro do que um rádio (o aparelho do momento naquela época), não tinha muito uso prático a não ser para você assustar sua irmãzinha ou algum gatuno.

Enquanto isso, Clara Rockmore seguia fazendo turnês nos anos 30 (dessa época restou apenas um disco lançado em CD em 87) e o theremin chamou a atenção de outro gênio musical, o americano Robert Moog, que se encantou com o instrumento e passou a fabricá-lo. Alguns anos depois (anos 50), e influenciado pelo theremin, Moog inventou os hoje clássicos teclados/sintetizadores que levam o seu nome e que, em alguns modelos, reproduzem perfeitamente o som do theremin. Hoje em dia, o theremin é fabricado exclusivamente por Moog.

Os Beach Boys introduziram o theremin no mundo pop

Os tempos passaram e mudaram. O theremin perdeu seu espaço nas orquestras e virou figurinha fácil na trilha sonora de filmes sci-fi, sobretudo após o sucesso de *O dia em que a terra parou*, no qual é usado fartamente para compor os climas darks.

Nos anos 60, o theremin virou pop. Brian Wilson, dos Beach Boys, conta no documentário *Theremin: An Electronic Odissey* (93), que usou o instrumento em algumas faixas do disco *Good Vibrations* porque, quando pequeno, ele tinha medo do som do theremin e para exorcizar seu medo e fazer ligação com o nome do disco (boas vibrações) ressuscitou o theremin. E fez escola, já que a citação do mesmo pelos Pixies no disco *Bossa Nova* parte do princípio rock-surfístico com um pé no filme trash *Plan 9*, de Ed Wood.

Nos anos 70, o Led Zeppelin usou uma versão do theremin durante os concertos que resultaram no filme *The Songs Remains the Same* (quem já viu o filme sabe do que estamos falando). Foi a maior exposição pública do instrumento desde os anos 20.

Atualmente, acontecem em várias partes do mundo (Austrália, Escandinávia e Estados Unidos, principalmente) festivais anuais dedicados aos cultuadores do instrumento. E, além do Portishead, nomes como Blur, Eels, Dinosaur Jr, Fishbone, Fugazi, Luna, Man or Astro Man?, Marilyn Manson, Mercury Rev, Meat Beat Manifesto, Pavement, Phish, Jon Spencer Blues Explosion e Tortoise usam/usaram o instrumento em determinadas músicas.

Leon Theremin morreu em novembro de 93, aos 97 anos.

Influenciados pelo theremin e pelo moog, outros desbravadores da música eletrônica deixaram o seu legado em discos.

FORBIDDEN PLANET: A trilha sonora de *Planeta proibido*, um clássico do sci-fi realizado em 1956 (e, felizmente, não refilmado por ninguém até agora), foi a primeira composta inteiramente por instrumentos eletrônicos.

De autoria do casal Louis e Bebe Barron, ela utiliza exclusivamente protótipos de moog, theremin e outros instrumentos criados exclusivamente para a ocasião. Genial.

JEAN JACQUES PERREY: Este francês amante do moog e reverenciado pelo Air no disco *Moon Safari* (ele aparece num clipe e toca em algumas faixas) lançou em 68 pelo selo Vanguard o disco *The Amazing New Electronic Pop Sound*, cheio de experimentos com os blip-blops primitivos. Em 70, lançou o excelente *Moog Indigo*, sampleado por quase todo grupo eletrônico atual.

Ainda soa novo.

PIERRE HENRY & MICHEL COLOMBIER: Também nos anos 60, essa dupla francesa compôs uma trilha eletrônica para um balé de Maurice Béjart, *Metamorphose: messe pour le temps present*, que foi reinterpretada ano passado por nomes como Coldcut, Fatboy Slim, William Orbit, e destacou o hit "Psyche Rock". (T. L.)

Cronologia
1997

Max Cavalera deixa a banda Sepultura
Nasce a ovelha Dolly, o primeiro animal clonado
Cinco adolescentes jogam álcool e ateiam fogo no índio pataxó Galdino Jesus dos Santos, em Brasília
O trabalhista Tony Blair se torna primeiro-ministro da Grã-Bretanha e põe fim aos 18 anos do domínio conservador na Inglaterra
Paula Tomaz é condenada a 18 anos de prisão pela morte da atriz Daniella Perez
Gustavo Kuerten vence o torneio de Roland Garros
Bomba explode em avião da TAM em pleno vôo e deixa um rombo na fuselagem. Um passageiro é expelido do avião no acidente
O presidente americano Bill Clinton visita a Mangueira
Os integrantes do Planet Hemp são presos em Brasília
O desenho japonês *Pokémon* vira febre nacional
Morrem Paulo Francis, Chico Science, Darcy Ribeiro, Allen Ginsberg, Jacques Costeau, Gianni Versace, Herbert de Souza (Betinho), William S. Burroughs, Madre Teresa de Calcutá, a princesa Diana...

1998

Horas antes do jogo do Brasil contra a França na final da Copa do Mundo na França, Ronaldo sofre um colapso inexplicável. A França vence o jogo por 3 x 0 e é campeã mundial pela primeira vez
É preso em São Paulo Francisco de Assis Pereira, o Maníaco do Parque, que matou mas de 10 mulheres
O iatista Lars Grael é atingido por uma lancha quando velejava no Espírito Santo e tem uma das pernas amputadas
No Rio, o edifício Palace II desaba por falhas na construção
Chega às farmácias o Viagra, o remédio contra a impotência
O filme *Titanic*, de James Cameron, se torna a maior bilheteria do cinema de todos os tempos
Os Racionais MCs vendem 800 mil cópias de seu disco independente, *Sobrevivendo no inferno*
O presidente americano Bill Clinton tem um caso com a estagiária Monika Lewinski
Morrem Tim Maia, Nélson Gonçalves, Frank Sinatra...

DJ Marky brilha, Wes Craven causa pânico, o ataque dos pitboys, Napster, LTJ Bukem, o grande chef do techno, El Vez vive, a luz dos Los Hermanos, Augustus Pablo sobe, Brasil em Matrix, Burning Man, Ry Cooder é rei, Kevin Smith, a valsa eletrônica, DJ Fabio, Stereolab, V2000, tiros em Ted Nugent, raves in Rio, gente bonita...

99/00
SUPERSTAR DJs?

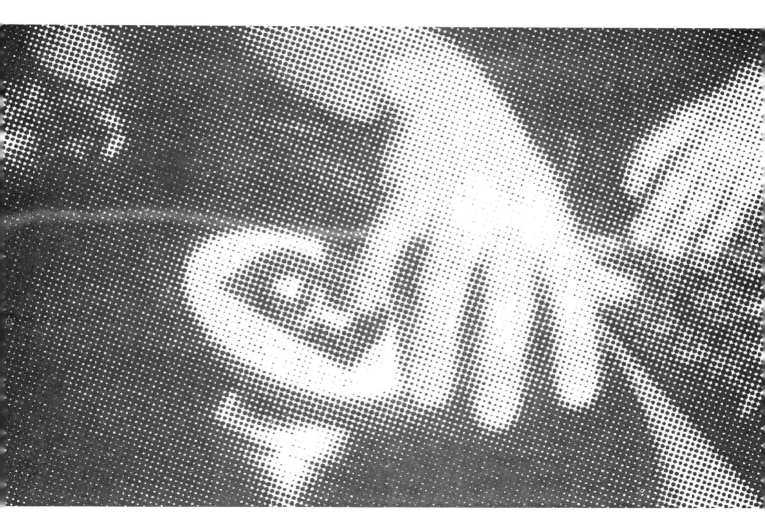

Os pitboys atacam na noite carioca

Violentos, eles andam assustando as mulheres

Eles não ladram, mas mordem, puxam o cabelo, seguram o braço e tratam as mulheres como um pratinho de Biscrok. São os pitboys, uma tribo de homens primatas que, infelizmente, ocupa cada vez mais espaços na noite carioca, quebrando uma longa tradição local de paquera bem-feita, azaração sutil e cantadas espertas. Para essa turma, mulher é como um produto que se pega na prateleira. Ou um adversário de um vale-tudo imaginário.

Agressivos na aproximação, violentos na chegada, eles atropelam a educação e o cavalheirismo e pegam pesado. São criaturas bizarras, que não saem para se divertir, ouvir música e, se der, arrumar uma companhia legal. Não. Para essa espécie, o que vale é a "caça". Violentos, não admitem levar um fora e parecem sempre a um passo do estupro. Triste, mas é verdade. Foram séculos de evolução para chegarmos nesse ponto?

Há quem diga que os pitboys são o reflexo de tempos de bundas de fora por toda a parte e violência crescente. Talvez sejam mesmo. O fato é que as mulheres estão assustadas. E ao mesmo tempo em que reclamam, começam a fugir da noite.

— Esses caras pegam você pelo braço e vão atacando. Eles não se tocam que, para acontecer alguma coisa, tem que ter um clima — diz Valéria Araújo, assessora de imprensa. — Eles te cercam e acham que têm que marcar seu território. Só que cachorro faz xixi no poste, mas você não pode fazer algo parecido com uma mulher. São uns boçais, uns sujeitos feios, horrorosos e chatos. Por isso, cada vez mais estou deixando de sair. Só vou aos lugares certos nas noites certas.

Reclamações assim estão por todos os cantos. E partem de mulheres inteligentes, espertas, interessantes sob todos os aspectos, que simplesmente andam preferindo ficar em casa a ter que aturar os pitboys. Até porque, uma das características dessas criaturas é não saber absorver um não.

— Teve o caso de uma amiga minha em que o cara foi chegando e imprensando ela na parede. Depois que ele viu que não ia conseguir nada, começou a xingá-la — conta Dani Dacorso, fotógrafa. — É assim. Quando você dá um fora num cara desses, eles te chamam de sapatão para baixo.

Rio Fanzine

— Outro dia eu tive que chamar um segurança porque o cara não me largava — diz Ana Kazz, jornalista e DJ. — Eles falam "oi" e já colocam a cara quase na sua boca. Se você tirar o rosto, eles te empurram e começam a xingar. Fico muito triste com isso porque parece que não existe mais espaço para a conversa, a conquista.

É uma situação triste mesmo. Porque a maior parte dos pit-boys é de classe média (ou alta) e freqüenta os lugares da moda. Por conta da controversa popularidade do som techno — que, por causa de casas noturnas oportunistas e jornalistas mal informados, acaba sendo confundido com qualquer baba eletrônica —, os pitboys andam se arriscando por alguns points alternativos da noite carioca. E aí, chegam nesses lugares, encontram garotas de visual diferente (piercings, cabelos coloridos, roupas largas etc.), acham que são todas "doidonas" e vão à luta. No caso dos pitboys, essa expressão pode ser encarada de forma literal.

— Já fui importunada de modo grosseiro várias vezes — conta Philippine Bigorie, estudante. — Mas a pior foi quando um cara grandão me imprensou na parede numa festa, impedindo a minha passagem. Eu sou pequena e magrinha e quase fui esmagada. Tentei argumentar com ele e acabei levando um tapa na cara.

É ou não é o fim da picada? O pior é que essa situação faz com que quem ainda é jovem — como a produtora e editora de imagens Daniela Bevervanso, de 24 anos — já tenha saudades de uma época que mal acabou de passar.

— Até pouco tempo, eu não tinha problemas na noite. Os caras costumavam ser mais educados, trocavam olhares antes de tomar uma atitude — diz ela. — Mas agora eles chegam, sem a menor cerimônia, e querem te pegar, te agarrar. Nunca fui tão incomodada como agora. Morro de medo. Você nunca sabe o que esperar de um cara desses.

Em suas atitudes, os pitboys chegam a usar táticas especiais (e estúpidas) de "caça" ao sexo feminino.

— Às vezes eles chegam por trás de você e te empurram em direção a um outro que está parado na sua frente — conta Ana Kazz. — É tudo muito ridículo.

— Uma vez eu estava indo para a pista de dança e vi um corredor polonês formado por esses manés marombeiros — diz Melissa Monteiro, programadora visual. — Quando passei, eles me agarraram pelo braço. Reclamei e fui sacudida por eles, ficando com o braço machucado e uma mancha roxa no pulso. E ainda fui chamada de piranha.

Quem define bem o que falta aos pitboys é Valéria Araújo.

— O que falta a esses caras é educação, civilidade e cérebro. (C. A. e T. L.)

Com vocês, LTJ Bukem

O supremo DJ e produtor inglês prepara seu primeiro disco solo e garante que é bom de bola

De tanto fazer onda, o cultuado seriado *Havaí 5-0* estourou na praia do drum'n'bass. Foi graças a uma expressão usada pelo topetudo Steve McGarret (Jack Lord), sempre que seu parceiro Danny (James MacArthur) tinha que levar alguém em cana ("Book them, Danno"), que Danny Williamson, um garoto inglês franzino que sonhava se tornar jogador de futebol profissional, virou LTJ Bukem, DJ espetacular, produtor visionário e um dos maiores nomes do drum'n'bass e, por tabela, da música atual.

— Eu adorava o seriado. E como sou Danny também, resolvi usar essa expressão e transformá-la num sobrenome — diz ele, em sua primeira entrevista a um jornal do Brasil, falando por telefone do escritório de sua gravadora, Good Looking, em Hertfordshire, na Inglaterra. — Quanto ao futebol, eu jogava no meio de campo e era bom de bola, mas não consegui seguir carreira.

Melhor assim. À frente da Good Looking, Bukem desenvolveu um som único, criando um estilo próprio dentro do universo drum'n'bass. Desde seus primeiros lançamentos, como o single "Demon's Theme" ou o primeiro volume da série de compilações *Logical Progression*, que sua marca registrada, e de seus contratados, tem sido um som atmosférico com batidas de médio impacto, cercadas de climas jazzísticos e ambientais. Música para dançar. E música para ouvir no sofá da sala também.

No momento, Bukem está preparando seu primeiro disco solo. A expectativa, como não poderia deixar de ser, é enorme. Bukem é uma grife famosa do drum'n'bass, um dos seus pioneiros e arquitetos. Dos gigantes do gênero — Goldie, Roni Size, Grooverider —, só ele ainda não lançou um disco. Alguma pressão no reino Good Looking?

— Não diria pressão, mas claro que existe uma expectativa, afinal, estou nisso há quase 15 anos e não é fácil resumir tanto tempo em um só disco — diz ele. — Mas o trabalho no estúdio tem rendido bem. Tenho dubplates (discos de prensagem única, geralmente só para DJs) de algumas músicas do disco que toco em minhas apresentações. E a reação do público tem sido ótima.

Mas nem sempre foi assim. Em 1994, quando começou a festa Speed, um divisor de águas do drum'n'bass, esse som ainda se chamava jungle e estava restrito a duas vertentes: o anfetamínico ragga jungle, com influências do reggae; e o darkcore, pesado e sombrio. No Speed, porém, o som que Bukem e seu parceiro Fabio tocavam era como uma refrescante brisa no meio da pancadaria jungle. O impacto foi fulminante. Nas primeiras semanas, a casa ficou vazia.

Depois...

Rio Fanzine

— De um dia para o outro, começaram a rolar filas na porta e a casa ficou lotada — lembra ele.

— O Speed foi importante porque mostrou que havia uma série de possibilidades para o jungle e não apenas um ou dois estilos.

Depois do Speed, o jungle passou a ser chamado de drum'n'bass, não só para tirar a conotação racista que o termo jungle ("selva") trazia, mas também para mostrar que aquele som à base de baixo e bateria tinha, como Bukem queria mostrar, um universo de possibilidades. Só ficou chato quando quiseram chamar seu som de "intelligent drum'n'bass".

— Eu sempre odiei essa expressão — diz ele.— Era como se dissessem que a minha música, por ser melódica, era inteligente, e a de gente como o DJ Hype, bem mais pesada, era burra. Isso não tinha nada a ver.

Bukem é um típico produto da geração acid house, o fenômeno musical que abalou a Inglaterra há dez anos e acabou influenciando a música no mundo inteiro. Rato de lojas de discos, freqüentador assíduo das raves e, depois que essas foram proibidas, dos clubes, ele, como tantos outros jovens daquela época, se deixou levar pela versão eletrônica da máxima punk "faça você mesmo" e meteu a mão na massa, criando suas próprias músicas e seu próprio selo.

Antes, porém, ele foi um aplicado estudante de piano, aprendendo música clássica e depois caindo de amores por soul, punk rock, reggae e jazz. Bateristas, claro, sempre estiveram no topo da sua lista de preferências.

— Adoro Bill Cobham, Keith Moon, Stewart Copeland e Rick Butler (do The Jam).

A música brasileira também foi bem digerida por ele, que cita alguns dos seus amores.

— Gosto de (se enrola com o nome) César Camargo Mariano, Azymuth, Eumir Deodato e bossa nova. É uma escola musical de grande criatividade.

Considerado um dos melhores DJs de drum'n'bass em atividade, ele diz que um bom DJ tem que ter de tudo um pouco.

— A técnica é importante, mas a seleção das músicas também. Uma coisa completa a outra — conta ele, que, como DJ, já tocou em diversos países e sonha se apresentar no Brasil.

Além da Good Looking, Bukem tem também a Earth Records, por onde ele e seus parceiros se exercitam em áreas paralelas ao drum'n'bass. A série *Earth* já está no terceiro volume.

— São discos de downtempo, repletos de coisas que não caberiam na série *Logical Progression*. É uma forma de não nos limitarmos a um só estilo — diz.

Depois da entrevista, e de algumas coisas que tinha para resolver no escritório, Bukem voltou para o estúdio, de onde só quer sair com o disco pronto. E se a fome apertar, nenhum problema. Bukem, que já foi chef de um restaurante, diz que não se aperta.

— É só pedir uma comida ao restaurante mais próximo (risos). Eu não tenho muita paciência para cozinhar hoje em dia.

Enquanto o tão esperado disco solo não vem, LTJ Bukem segue fazendo bonito com seu lado de DJ. Amanhã, chega às lojas da Inglaterra o terceiro volume da série *Progression Sessions*, mais uma invenção legal da galera da Good Looking

Records. Se a série *Logical Progression* traz drum'n'bass fresquinho feito pelos contratados da gravadora, e a série *Earth* leva tudo para um clima mais cool e jazzístico, as "progression sessions" trazem os DJs da casa mostrando como se faz em sessões gravadas ao vivo ou em estúdio, acompanhadas por MCs de primeira como Conrad e DRS.

No primeiro volume, quem comandava as ações era o poderoso "chef" da gravadora, LTJ Bukem, acompanhado pelo supremo Conrad, bom de rimas, bom de improvisos, bom de voz. No segundo volume, o DJ era Blame e o MC, DRS.

Agora, a bola volta para LTJ Bukem, dessa vez acompanhado por Conrad e DRS.

Progression Sessions — LTJ Bukem Featuring MC Conrad and DRS traz uma seleção do melhor produzido pela gravadora atualmente, entre temas recém-chegados às lojas (como as batidas dobradas de Voyager) e outros ainda inéditos (como o funk espacial do Big Bud, presente em quatro faixas). Por cima de tudo, a mixagem perfeita de LTJ Bukem e os raps etéreos de Conrad e DRS. Uma odisséia de drum'n'bass espacial.

Achou legal? Ficou tentado? Gostou? Deu água na boca? Então corra atrás de uma importadora legal. É que nenhum disco da Good Looking saiu no Brasil, nada, nothing, neca de pitibiribas, coisa alguma, zero. (C.A.)

Síndrome de pânico

Wes Craven é pai de Freddy Krueger e diretor de *Pânico*

Ele é o responsável por fazer muita gente perder o sono por conta de um personagem já clássico da galeria do terror moderno: o homem das unhas de aço, Freddy Krueger, da série *A hora do pesadelo*. Aos 58 anos, Wes Craven é hoje o rei dos filmes de terror adolescente por conta do sucesso esmagador de *Pânico* e sua seqüência, *Pânico 2*, ambos dirigidos por ele.

— E a última parte da trilogia vem aí, definitivamente — afirmou ao Rio Fanzine por telefone, de Los Angeles, o diretor. — Estaremos fechando o roteiro até abril e filmaremos entre junho e julho para lançamento nos cinemas em dezembro.

Quem já viu *Pânico 2* (que é tão bom quanto o original) pode se perguntar como é que haverá idéias para uma terceira parte, já que o segundo é praticamente uma refilmagem referencial do primeiro, uma brincadeira:

— O grande diferencial do terceiro é que ele se passará fora do ambiente escolar. Será na cidade. Sydney (Neve Campbell) estará formada e trabalhando e a repórter Gale Weathers (Courtney Cox) vai para uma grande rede de TV e ficará famosa.

Craven reforça também o grande diferencial de *Pânico* para todos os outros filmes de matança adolescente: o assassino não é um zumbi ou um fantasma.

— O que realmente assusta em *Pânico* é que o assassino é alguém de sua turma de amigos, uma pessoa aparentemente normal. Não vem do além, não é nenhum monstro ou zumbi — diz.

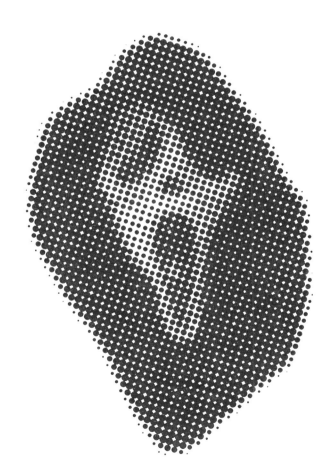

Também contribui para o sucesso do filme o fato de ele contar com alguns atores mais escolados e não apenas modelos:

— Exigi isso. Neve Campbell, David Arquette (o policial Dewey) e Courtney Cox são bons atores com trabalhos reconhecidos tanto no cinema quanto na TV.

Falando em TV, um dos projetos atuais de Craven para a telinha é a série *Wasteland*:

— É uma série com episódios independentes, como o cancelado *Nightmare Cafe*, contando histórias fantásticas.

Novo filme do diretor é drama estrelado por Meryl Streep

Mas o atual projeto de cinema de Craven não tem nada a ver com sustos e sim com lágrimas:

— Estou acabando de editar um filme chamado *50 Violins*, um romance baseado num livro, com Meryl Streep e a cantora cubana Gloria Estefan estrelando. É um filme que gira em torno de música, mas não é um musical, é um drama romântico.

Aliás, música não é o forte de Craven, cujo último show que se lembra de ter visto foi B.B. King.

— Estou meio por fora da música de hoje — admite.

Sobre o esperado encontro entre Freddy Krueger e Jason (de *Sexta-feira 13*), o cineasta apenas ouviu falar.

— Estou totalmente fora do projeto. Sei que ele será dirigido por Sean S. Cunnighan (do primeiro *Sexta-feira 13*).

Wes, cujo primeiro primeiro sucesso, *Quadrilha de sádicos* (*The Hills Have Eyes*, 78), é hoje um cult, conta que alguns personagens de seus filmes foram baseados em experiências próprias de sua vida:

— Freddy era o nome de um cara que costumava me bater no colégio, daí eu ter batizado o Freddy Krueger com esse nome.

Boa terapia. Desde Freddy, Craven (que perdeu o controle do personagem para a produtora New Line e por isso não esteve envolvido em nenhuma das seqüências da série) vem tentando criar um novo espectro tão marcante quanto. Seu Horace Pinker (um assassino que se movimenta pela corrente elétrica) de *Shocker* (89) quase chegou lá.

Mas foi ao encontrar o roteirista Kevin Williamson (criador de *Dawnson's Creek*) e a produtora Dimension Films (afiliada da Miramax e responsável por lançar a maioria dos atuais filmes do gênero) que ele cravou a sua melhor facada cinematográfica.

— Nunca é tarde para o sucesso. Basta você continuar fazendo o que sabe e acreditar. (T. L.)

A hora de Marky Mark

DJ brasileiro, vindo da periferia de São Paulo, brilha na Inglaterra

Se houvesse um Estandarte de Ouro para melhor DJ do ano, o prêmio certamente iria para o paulista Marky Mark, que fez um verdadeiro carnaval em sua recente passagem por Londres, onde passou dois meses (dezembro e janeiro passados) mostrando que tem drum 'n' bass — o batuque eletrônico dos ingleses — no pé.

Conhecido aqui por seus dons pirotécnicos — invariavelmente incendeia pistas —, ele quebrou o gelo dos gringos e fez bonito. Resultado: ganhou respeito, admiração, notas e reportagens em revistas especializadas (é destaque da edição de março da revista *Muzik*), e um contrato com uma das festas mais bacanas de Londres, a Movement, que rola toda quinta-feira no concorrido Bar Rhumba, em Picadilly Circus, no Centro da cidade.

— Na primeira vez em que toquei na Movement, estava preocupado e um pouco nervoso — conta ele. — Mas a pista logo encheu e todo mundo dançou. Foi tão legal que eu acabei voltando para tocar mais uma vez na mesma noite, adiando a entrada do Grooverider. No outro dia, estava na Black Market Records (a principal loja de drum 'n' bass de Londres) e uns caras me reconhece-

ram. Eles me elogiaram e queriam saber quando eu ia me mudar para a Inglaterra.

Contrato de cinco anos com um dos principais clubes ingleses

A hora de exportar nosso craque, porém, ainda não chegou. Mesmo assim, Marky Mark — ou Marquinhos, para os mais chegados — embarcou esta semana para Londres, onde vai participar da turnê de lançamento do esperadíssimo disco *Planet V*, da V Recordings, uma das mais influentes gravadoras do db, que é tocada pelos mesmos caras que agitam a festa Movement.

— Meu contrato com a Movement é de cinco anos — diz ele. — Estou indo para lá com todas as despesas pagas, incluindo passagens e hospedagem.

Nada mal para um garoto vindo da periferia de São Paulo e que já comeu o pão que o Tinhoso amassou por causa da sua paixão pelas batidas quebradas do drum 'n' bass, algo que remonta ao distante ano de 1993, quando o db ainda se chamava jungle e Marky Mark era apenas um DJ novato, apaixonado por um som que pouca gente conhecia e muita gente não respeitava:

— Cara, eu já fui vaiado por tocar jungle. As pessoas diziam para tirar aquele som de preto. Muita gente bateu a porta na minha cara. Para sobreviver, tive que tocar outros estilos, mas sempre levando meus discos de jungle junto. Nunca deixei de acreditar no meu som.

Bem feito. Aos poucos, as pessoas foram deixando o preconceito (um pouco) de lado e recebendo melhor o jungle, renascido como drum 'n' bass. No percurso, passaram a notar a espetacular técnica e a seleção funky de Marky Mark, que deu a volta por cima e hoje é a estrela das noites de quinta-feira no clube Lov. E também tem arriscado alguns passos na produção de remixes, assinando recentemente um deles para Marina Lima.

Outra produção assinada por Marky Mark — um remix de *Jack to a King*, do DJ Hype — ganhou a aprovação do próprio Hype e virou um dubplate (discos de prensagem limitada), caçado pelos mais famosos DJs ingleses e destacado por Bryan Gee, dono da V Recordings, no seu top ten apresentado na *Muzik* de fevereiro.

Com a bola cheia lá fora, Marky Mark tem apenas uma pedrinha na sua chuteira: ele não fala inglês. Nem "the book is on the table", maro?

— Cara, eu não falo nada de inglês. Quem me ajuda é o Adrian (MC e representante da Movement no Brasil). Quando fui entrevistado pelo Bryan na Kiss FM, ele disse que eu não falava inglês, mas meu som, que tava rolando ao fundo, falava por mim — diz ele, que nesta viagem vai ser entrevistado por Fabio e Grooverider no famoso programa da dupla na Radio One, da BBC.

Próximos capítulos desse conto de fadas: Marky Mark, o garoto negro que veio da periferia de São Paulo, deve produzir algumas faixas para a V Recordings e mixar a versão em CD de *Planet V*. Tá bacana?

— Tá sim. Tô me mantendo trabalhando com o que sempre acreditei. (C. A.)

O "grand chef" do techno e da simpatia

Quando o DJ francês Laurent Garnier tocou pela primeira vez no Rio, numa inesquecível sexta-feira na extinta Dr. Smith, em 1994, a cena techno local era bem outra. Os marombeiros da cidade não sabiam o que era Prodigy, as patricinhas não se fantasiavam de lollypop-ravers e a mídia não tinha sequer idéia do que significava o termo "clubber" (hoje, até confundido com estilo musical segundo o anúncio de um disco de dance pop na TV). Eram os tempos de pegar um ônibus para o after do Hell's (SP) e de ser chamado de ET ou gay pelos outros.

Contudo, Laurent Garnier já era um dos maiores DJs do mundo (foi oficialmente eleito assim por uma revista inglesa no ano seguinte e desde então sempre está na lista dos dez mais) e arrastava multidões para suas festas em outros países. Bem antes do atual hype em cima da nova música eletrônica francesa, que revelou nomes como Daft Punk, Air e, recentemente, Cassius. Aliás, esse ex-chefe de cozinha nem se considera francês, contrariando o forte senso nacionalista que os gauleses fazem questão de ter.

— Eu, antes de tudo, me considero um europeu — diz ao RF, por telefone, Garnier, que toca na próxima quarta-feira no Rock in Rio Café. — Pra mim tanto faz tocar na Suécia, em Londres, Berlim ou Paris. Estou sempre em casa.

Como pioneiro, Garnier enfrentou o preconceito no início.

— Na França, a minha música sempre foi vista como estrangeira, nunca tocou em rádio ou teve nenhum apoio da mídia.

Dos pratos de culinária francesa para os plates de vinil, não foi uma transição repentina.

Rio Fanzine

— Desde os 12 anos eu queria ser DJ e comprava discos, treinava em casa.

Mas, como precisava ganhar dinheiro, fiz curso para chefe de cozinha.

Cheguei a trabalhar nisso, sem nunca deixar de pensar em ser DJ.

Sua primeira chance foi no Hacienda (clube de Manchester, na Inglaterra, de propriedade do New Order, que começou a cena rave local e hoje está fechado), meio por acaso.

— Fui chamado para cobrir um DJ que faltou e comecei a minha carreira ali, em 87. Mas já fazia o som das festas dos amigos.

Hoje, Garnier é um dos artistas mais ocupados das pick-ups, tocando em vários países, atividade que ele concilia com a de sócio de uma gravadora (a F Communications) e de marido.

— É preciso ter muita disciplina e tudo bem planejado previamente. Por exemplo, eu fico semanas viajando como DJ, como estou fazendo agora; depois paro e fico meses no estúdio e só volto a discotecar no verão. Nesse meio tempo, tiro uma folga para ficar em casa com minha mulher, Delia, se não, estafo.

Ele explica, fazendo uma analogia com servir um bom prato, como é uma boa noite.

— Uma boa noite é mais do que um bom prato apenas, é uma boa refeição completa. Mas eu compararia com um bom filme. Melhor dizendo, um bom livro. Você sente emoções diferentes a cada página, é uma coisa individual, cada um na pista sente algo diferente. No final, fechar uma boa noite é como fechar a última página de um bom livro.

Ele não faz questão de ser incluído na nova cena francesa.

— Não faço parte disso, até porque começamos nosso trabalho na F Communications bem antes, em 94. E, na França, que é um país bem conservador, não consideram a música que faço francesa. Aliás, a F Communications não lança só discos eletrônicos, mas jazz também.

Lendário por seus sets que duram até oito horas seguidas, Laurent Garnier diz que aqui vai ser um pouco mais curto.

— Aqui vou tocar cerca de quatro a cinco horas. Mas acho que o DJ para mostrar bem o seu trabalho tem que tocar, no mínimo, duas ou três horas.

Nesses longos sets ele experimenta um pouco de tudo.

— Quando toco muito tempo geralmente eu misturo techno com electro, drum'n'bass e tech-house. Menos trance.

Garnier faz dois tipos diferentes de apresentações.

— Uma é como DJ, quando toco músicas em geral; e outra é meu live act, com dançarinos, percussão, um violonista e apenas músicas minhas.

Apesar das mega raves de hoje em dia (com até 30 DJs tocando numa noite!), ele ainda prefere tocar em pequenos clubes.

— Prefiro tocar em clubes pequenos do que em raves. Aliás, eu não toco mais em raves.

Ele não se julga um popstar e nem acha que o DJ seja o popstar da próxima década.

— NÃO! (enfático). O DJ é, e sempre será, um cara acessível. Após meus sets costumo ir para o bar e beber com as pessoas, sem estrelismos, numa boa. Uma banda de rock é inacessível, cheia de agentes, segurancas etc. O DJ sempre será um cara acessível, tocando ali, do seu lado. Salvo no caso de caras como o Junior Vasquez, mas ele tem essa coisa de ser o DJ da Madonna (ri).

Aliás, faria um remix pra ela?

— Da Madonna sim, porque ela ainda é verdadeira e também faz as coisas com o coração.

Da primeira vez no Brasil, ele só tem boas recordações.

— Tive aqui talvez duas das melhores noites de minha vida. (T. L.)

Ay, ay, caramba! El Vez não morreu

A versão latina do rei Elvis Presley é divertida e politizada, canta ao lado das El Vettes e transforma "Hound Dog" em "Chihuahua"

Ele se refere a Graceland, a famosa casa onde morou Elvis Presley, como Graciasland. Na sua voz, "Blue Suede Shoes" virou "Huaraches azuis" e "It's Alright Mama" virou "Estás bien, mama". Ele tem um disco que se chama *G. I. Ay Ay Blues* (o original, de Elvis, chamava-se *G. I. Blues*). Ele usa topete, mas o inacreditável bigodinho não disfarça suas

origens. E o que é melhor: ele não morreu. No, no, no. Ele está vivo, botando tequila no uísque, pimenta no hambúrguer e mariachis no rock'n'roll. Señoras e señores, é hora de conhecer o fenomenal El Vez, a versão latina do rei do rock!

Mas segure o riso. El Vez não é apenas uma piada ou mais um entre os zilhões de imitadores de Elvis que existem no planeta. El Vez é diversão com recheio. O homem tem uma carreira de verdade, tendo lançado vários discos (nenhum no Brasil) desde que surgiu, em 1988. Inteligente, profundo conhecedor tanto da cultura americana como da mexicana, Robert Lopez — seu nome verdadeiro — faz do personagem El Vez a tradução de um mito, para consumo, e deleite, da massa latina que vive nos EUA, geralmente longe do american way of life.

Mas tem a ver um Elvis latino? El Vez garante que sim.

— A mãe de Elvis tinha sangue indígena, graças ao parentesco com índios da fronteira do Texas e estes são, na maioria, formados por imigrantes mexicanos — diz ele, em entrevista exclusiva ao RF. — O que eu faço como El Vez é botar um ícone da cultura americana dentro de um contexto latino.

E faz bonito. El Vez já foi assunto de matérias elogiosas em diversas revistas e jornais nos Estados Unidos e na Europa, do *New York Times* à *Axcess*, onde sempre é destacado seu entretenimento politizado. "Debaixo do seu humor, há uma mensagem. E debaixo da mensagem, ainda há humor", disse Neil Straus, do *NYT*.

Nascido na Califórnia, Lopez cresceu acreditando que Elvis era latino porque seus tios também usavam topete e roupas espalhafatosas. Na adolescência, porém, ele, que morava em San Diego, virou punk, tocando em diversas bandas, sendo o The Zeros a principal delas.

— Foi uma época muito divertida — lembra. — Uma vez fomos para Los Angeles abrir para o Devo. Na manhã seguinte, eu estava de volta a San Diego porque tinha aula bem cedo.

Depois, já morando em LA, ele foi trabalhar como divulgador e curador de uma galeria de arte. Após trabalhar numa exposição sobre objetos ligados a Elvis, ele acabou parando numa convenção em Memphis, onde, de brincadeira, fez uma versão latina de Elvis. O sucesso foi tanto que, a partir dali, Robert Lopez sumiu e nasceu El Vez, o mito revisitado, a piada e o assunto sério. Quem sabe?

— Só eu sei minhas intenções — diz ele. — Há muita coisa ao redor de El Vez. Há um background cultural, musical e espiritual. Então, sempre vou atingir as pessoas de um modo ou de outro, mas nunca elas vão entender El Vez de um jeito uniforme. Seria impossível.

Impossível é não se divertir com a trajetória e as músicas de El Vez. Nos seus discos, a imagem de Elvis é apenas o ponto de partida para uma série de citações — de R.E.M. a Traffic — que acabam sempre desembocando no elemento latino. No disco *G.I. Ay Ay Blues*, "Mistery Train" vira "Misery Train". Já "Say it Loud! I'm black and I'm Proud", imortalizada por James Brown, vira "Say it Loud! I'm Brown and I'm Proud". A capa do single "El Vez Calling" copia o visual de "London Calling", do Clash (que já copiava Elvis). Melhor ainda: "Hound Dog", na voz de El Vez, vira "Chihuahua".

Nos inúmeros shows que faz mundo afora, El Vez é sempre acompanhado pelas ElVettes, que fazem backing vocals.

— Meus shows são pura diversão. Como Elvis, eu troco de roupas várias vezes. Também danço e, claro, canto.

El Vez, porém, não acredita que seja um remédio para o racismo (presente em suas letras) na América.

— Adoraria que fosse, mas seria o mesmo que imaginar que a música do U2 vai trazer paz para a Irlanda — diz ele.

Fã de Julio César Chávez e Carlos Santana, El Vez diz que está ouvindo no momento sons atuais como Goldie, Blur, Chemical Brothers, Rocket from the Crypt e Jon Spencer Blues Explosion. Do Brasil, ele sabe algumas coisas.

— Pão de Açúcar, praias, língua portuguesa e a capital, Brasília — conta. — E a música que Paul Simon tentou roubar.

Por fim, El Vez, qual o seu filme predileto de Elvis Presley?

— *O seresteiro de Acapulco* porque ele canta com um grupo de mariachis. (C.A.)

O pierrô chora pelo amor da colombina num baile hardcore

O emocionante grupo Los Hermanos faz barulho para mostrar que é de paz e amor

Vai acontecer mais uma vez. Uma banda nova, com absolutamente tudo em cima — letras, som, postura e atitude —, pronta para conquistar a cidade, o país, o mundo, as galáxias, bate à sua porta. Pode abrir seus ouvidos. Não tem mais volta. O segredo mais bem guardado do underground carioca começa a ser desvendado. O Los Hermanos — duas fitas-demo, vários shows, um número cada vez maior de fãs — é o que há: um grupo que toca hardcore com paixão, que tem o suingue latino e a força de mil sabres de luz, que prega o amor num mundo infestado por pitboys em letras como a de "Quem sabe" ("Quem sabe o que é ter e perder alguém/Sente a dor que senti").

— Isso é o reflexo de uma visão de mundo diferente que todo mundo na banda tem — diz Camelo, voz e guitarra. — É não achar que tudo na vida é só bunda e maconha.

O grupo — que toca neste fim de semana no Abril Pro Rock — nasceu no final de 97 e só melhorou de lá para cá. Com uma formação inusitada para hardcore — tem teclados, sax, flauta — o Los Hermanos digere influências diversas dos seus integrantes (samba, funk anos 70, metal, hardcore, jazz) e transforma tudo em um som único, potente e contagiante. Jóia pura. Músicas como "Pierrot" e "Deus e o diabo" soam como se Noel Rosa encontrasse o Hüsker Dü numa esquina de Vila Isabel.

— Captamos sentimentos por aí, seja numa flor para a namorada ou no choro na despedida de um amigo que vai morar no exterior — diz ele. — Temos uma parte emocional muito forte. (C.A.)

Um grande reforço na banda lá de cima

O jamaicano Augustus Pablo morre e deixa seu dub encantado como herança

Anunciado há algumas semanas, e logo depois cancelado, o festival de reggae que ia rolar no Metropolitan, tendo à frente duas das maiores vozes do gênero — Gregory Isaacs e Dennis Brown — foi logo acoplado ao inevitável título *Tributo a Bob Marley*. Parece que não tem jeito mesmo. Show de

Rio Fanzine

reggae no Brasil tem sempre que ser vendido como "Tributo a Bob Marley", seja no extinto Circo Voador ou no Metropolitan. É como se não existisse mais nada no reggae além da figura (onipresente) de Marley. E, claro, isso é um grande erro. Existe tanta gente legal, de cima a baixo, de todos os tipos, de A a Z...

Para quem consegue enxergar o sinuoso som jamaicano além dessa camisa de força, uma má notícia. Há mais uma estrelinha no céu do reggae. Subiu desta para uma melhor o magistral Augustus Pablo, que morreu, de complicações no sistema nervoso, na terça-feira da semana passada, em Kingston, capital da Jamaica.

Produtor de mão cheia e músico iluminado, Augustus Pablo era sinônimo de dub. É assinado por ele um dos clássicos do gênero, *King Tubby Meets Rockers Uptown*, uma tabelinha sua com King Tubby, um dos criadores e talvez o maior nome dessa vertente psicodélica do reggae. No disco, Tubby aplica sua mágica em faixas produzidas e tocadas por Pablo, que, por sua vez, massageia os ouvidos com sua tradicional melódica, o instrumento — uma espécie de miniórgão tocado por sopro — cujo som virou sua maior característica (ele também tocava piano, órgão e clarineta). *King Tubby Meets...* nunca foi lançado no Brasil, mas é peça indispensável em qualquer discoteca de reggae que se preze.

Batizado Horace Swaby, foi com o nome Augustus Pablo que ele se tornou conhecido. Peça de destaque da fase de ouro do reggae — os anos 70, tempos de experimentação, pioneirismo e auge da "rebel music" jamaicana — Pablo tocou e/ou produziu inúmeros artistas do lendário Studio One e fundou seu próprio selo, Rockers (daí o nome do disco com Tubby). Rasta, donc de uma loja de discos em Kingston, Augustus Pablo agora vive para sempre, soprando seu encanto nas caixas de som e fones de ouvido do mundo todo. (C.A.)

Tem o dedo de um brasileiro nas sensacionais cenas de *Matrix*

Ivo Koss, ex-colaborador gráfico do Rio Fanzine, supervisionou e criou 25 cenas de efeitos especiais digitais do anfetamínico sci-fi

Você aí já deve ter ficado sem fôlego ao ver as incríveis cenas de efeitos especiais do filme *Matrix*, já em cartaz, no qual Keanu Reeves é um hacker que descobre que o nosso mundo é virtual e controlado à distância por máquinas do futuro. Se ainda não viu, não sabe o que está perdendo, até porque o filme é muito divertido, para não dizer absurdo.

O que poucos sabem é que várias cenas de *Matrix* foram desenvolvidas e supervisionadas por um brasileiro, Ivo Koss, por acaso também um ex-colaborador gráfico do Rio Fanzine nos primeiros anos da coluna. Mas não foi só supervisão que Ivo fez, ele também criou os designs em 3-D, fez storyboards, criou modelos digitais e fez a iluminação de cenas.

— Eu estou creditado no filme como "Lead technical supervisor" — diz Ivo. — Mas fiz muito mais que isso. Supervisionei todas as seqüências do Neo (Keanu Reeves) saindo do casulo, e dos sentinelas (aquelas espécies de "polvos" mecânicos) atacando a nave.

No total foram 25 cenas do filme supervisionadas e criadas por Ivo e sua equipe:

— Nas duas seqüências eu participei do desenvolvimento dos storyboards, design das criaturas tridimensionais, criação de modelos digitais e texturas, iluminação das criaturas e ambientes, e supervisão técnica de efeitos digitais (neblina nos túneis, explosões digitais etc.).

Especificamente, eu criei a iluminação de 11 cenas, nas quais os sentinelas rompem o teto da nave com raio laser, invadem a nave, e são destruídos pelo choque eletromagnético.

Formado pela Escola Superior de Desenho Industrial da UERJ em 1985, Ivo começou sua carreira como roteirista e editor de histórias em quadrinhos na antiga RioGráfica Editora. Em 1989, foi para os EUA, onde fez doutorado em Tecnologia da Comunicação na Universidade de Nova York.

Koss contou para a gente que acabou de trabalhar nos efeitos do remake de um filme de terror dos anos 60, *The Hauting of the Hill House*, e, mais adiante (meados de junho), irá trabalhar na conceituada Pixar (ao lado do renomado Phil Tippett, de *Jurassic Park*, que já ganhou seis Oscar), na produção de *Toy Story 2*. Dá-lhe, Ivo! (T. L.)

Queimando tudo

Tribal e utópico, o Burning Man é o verdadeiro festival alternativo

Esqueça a farsa que foi Woodstock 3, em que um refrigerante custava US$ 4 e cartões de crédito e grandes corporações comandavam tudo. Esqueça também festas a fantasia locais, do tipo "tudo liberado" (argh!), em que pessoas gastam (muito) dinheiro para se embebedar e azarar de forma vulgar ao som de música de quinta. Esqueça clubes, boates e festivais tradicionais. Esqueça pitboys, boazudas descerebradas, jogadores de futebol, políticos e autoridades. Esqueça, na verdade, do mundo em que vivemos. Porque, aí sim, você vai estar preparado para entender — e apreciar — o que é o Burning Man Festival, um evento sem igual no planeta, que rola, durante uma semana, sempre entre o final de agosto e o começo de setembro, no meio do deserto de Nevada, nos Estados Unidos, sem grandes bandas, sem grandes DJs, sem palco, luz, água ou comida. E que lembra, a quem interessar possa, que o sonho — aquele mesmo dos anos 60, maltratado e ridicularizado por overdoses de cinismo e ironia — ainda não acabou.

O primeiro choque vem logo no ingresso, que vem impresso com um aviso: "Você voluntariamente

Rio Fanzine

assume o risco de se machucar ou até morrer comparecendo a este evento." Mas as aparências enganam — e afugentam os aventureiros. O Burning Man é um evento de paz. E amor.

O festival nasceu há 13 anos, em São Francisco, a partir de um sujeito chamado Larry Harvey, que resolveu se livrar das vibrações negativas ao seu redor construindo um boneco de madeira, levando-o para uma praia e tacando fogo nele. No ano seguinte, alguns amigos de Larry resolveram participar dessa sessão de purificação cabeça, aumentando assim a concentração na praia. A coisa foi crescendo a cada ano, até que, em 1990, uma verdadeira multidão pintou na praia para ver a queima do boneco, que já tinha atingido os 20 metros de altura. Foi quando a prefeitura da cidade viu que a situação estava saindo do controle e resolveu apagar o fogo da galera. Em vão.

Larry e amigos, então, se mudaram para o meio do deserto, onde o Burning Man acontece até hoje.

— Os organizadores costumam dizer que eles trouxeram o festival para bem longe da civilização para que não houvesse observadores, apenas participantes — diz Tito Rosemberg, surfista, guia turístico, ecologista e aventureiro de carteirinha, que este ano fez sua segunda visita ao Burning Man.

De fato, o aviso (a todos) é bem claro: o Burning Man não tem espectadores, e sim participantes. É um evento sem similares. De fato, como imaginar um festival, ainda mais nos Estados Unidos, em que NADA está à venda? Nenhuma lembrança, nenhuma barraca de comida, nenhum refrigerante, nenhum tipo de comércio por perto. O dinheiro não circula no Burning Man.

— Ali, você é a atração principal — diz o diretor de TV Jodele Larcher, que fotografou e filmou seu primeiro festival (e cujas imagens devem aparecer, em breve, numa emissora perto de você).

— O festival é uma grande crítica ao consumismo e uma celebração da criatividade, no que eles chamam de "expressão livre radical" — conta Tito.

A área do festival — chamada de Black Rock City — tem uma divisão mística: uma arena imaginària, marcada no chão, a partir de um semicírculo que simboliza o nosso sistema solar, na qual as avenidas são planetas e as ruas são horas. À medida que as pessoas vão chegando — e vem gente de todas as partes do mundo — elas escolhem um "lote" e ali montam sua barraca, sempre botando a criatividade para fora. Em Júpiter com 8h30m, alguém pode ter montado uma tenda com aulas de ioga. Em Saturno com 7h, outro sujeito pode ter criado uma tenda com sofàs e um DJ tocando trance. Em outra "esquina", pode haver apenas uma cama estilizada, para quem quiser transar sem culpas e repressão.

Uma das regras impostas pelos organizadores é que, além de todas as provisões básicas (água, comida e abrigo), as pessoas podem levar seus aparelhos de som, desde que limitem sua potência a um certo nível, para que, assim, nenhuma área tenha música mais alta do que a outra. A preocupação com a ecologia do local também é grande.

— Na entrada, todo mundo recebe uma caixinha para colocar pontas de cigarros. Lá dentro, existem banheiros públicos, que ficam impecáveis durante todo o festival. E depois que tudo acaba, não há uma cinza no local.

— É impressionante — diz Tito.

A segurança no festival é outro caso à parte. Médicos e patrulheiros florestais circulam discretamente pela área em torno do evento. Sua principal função ali é proteger as pessoas — muitas em profundas viagens lisérgicas — delas mesmas. Não há repressão. Mas quem for pego vendendo drogas, é retirado do local e periga ir em cana. Afinal, o comércio é proibido na Black Rock City.

Um lema do Burning Man é "não deixe rastro". Isso é levado ao extremo.

— Todas as instalações, e elas estão por toda a parte, são queimadas no final do festival — conta Jodele.

Mas o auge é outra queimada: a do próprio Burning Man. No penúltimo dia do festival, à noite, todo mundo se reúne num grande círculo, para presenciar o gigantesco boneco ardendo em chamas.

— É uma coisa tribal, primitiva e absolutamente inesquecível — conta Jodele.

O problema é voltar à vida normal depois de passar alguns dias nessa cidade utópica, sem brigas, sem violência, onde apenas a criatividade e o bem-estar importam.

— O choque é enorme. Afinal, o impacto de toda aquela experiência é muito grande — diz Tito. — E aí, depois de alguns dias, tudo o que você quer é pensar no Burning Man do ano que vem. (C.A.)

O cavaleiro solitário

Ry Cooder produz disco de cantor cubano em mais uma de suas viagens musicais

No filme *Cavaleiro solitário*, Clint Eastwood vive um misterioso personagem, que se veste como um padre mas, quando necessário, mostra ser bom de briga e rápido no gatilho para salvar um grupo de mineradores de um inescrupuloso fazendeiro e seus capangas. Missão cumprida, ele, que parece ter poderes sobrenaturais, vai embora em busca de outras missões, deixando uma legião de admiradores para trás.

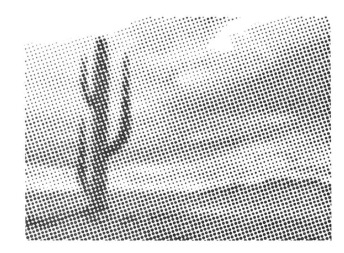

Na vida real, o americano Ry Cooder é um cavaleiro solitário, um verdadeiro outsider, capaz de dispensar o convite para se juntar aos Rolling Stones (em 1969!) para seguir seu próprio caminho, longe do esquemão da indústria fonográfica. No percurso, Cooder — guitarrista espetacular, mestre da slide guitar — gravou discos brilhantes, nos quais mostrou a riqueza da música americana (do jazz ao blues, do folk ao som tex-mex), e fez algumas das melhores trilhas sonoras que o cinema já ouviu, entre elas, a mágica trilha para *Paris Texas*, de Wim Wenders.

Disco solo de Ibrahim Ferrer sai este mês

Do seu refúgio, na bela Santa Barbara, uma cidade no litoral da Califórnia, ele só sai para preciosas colaborações com músicos de diversos pontos do planeta, geralmente em áreas esquecidas pelo show business. Precursor do que se convencionou chamar de world music, Cooder já gravou discos maravilhosos com artistas africanos, havaianos, irlandeses, indianos e cubanos. Dessa última parceria, resultou seu maior sucesso: o belíssimo *Buena Vista Social Club*, gravado com músicos cubanos, que ganhou um Grammy (e rendeu o filme homônimo dirigido por Wim Wenders, destaque do Festival do Rio, que volta a ser exibido hoje, às 14h, e domingo, às 16h30m, no renascido Odeon).

E vem da ilha de Fidel o novo projeto do cavaleiro solitário do blues: o disco solo de Ibrahim Ferrer, um dos cantores de *Buena Vista Social Club*, produzido por Cooder e que chega às lojas este mês. Uma bela desculpa para que finalmente ele — que raramente dá entrevistas — falasse com *O Globo*.

— Ibrahim é um cantor fantástico, cuja voz tem uma dramaticidade enorme. Meu trabalho foi apenas fazer com que as coisas que ele queria soassem bem — diz Cooder, por telefone, de Nova York. — O bolero e a música latina em geral têm a mesma emoção que ouço nos discos de soul.

Unir pontos musicais, na verdade, é uma das especialidades de Cooder. Pegue a encantadora "Amor de loca juventud", de *Buena Vista*, e ouça "Ku'u pua lei mokihana", do raro e magnífico disco gravado por Cooder com o havaiano Gabby Pahinui, em 1975, e você tem a mesma emoção ligando Cuba e Havaí:

— Gravar esse disco foi realmente muito emocionante. Gabby morreu em 1980, mas a música havaiana continua sendo uma das mais doces do mundo.

De Cuba, onde esteve gravando tanto *Buena Vista* como o disco solo de Ibrahim, Cooder diz só ter boas lembranças:

— É um lugar onde a música não se deixou abater pelos problemas vividos pelo país. Há uma tradição muito rica sendo preservada.

A mesma tradição e riqueza musical que levaram Cooder também à África, para gravar com o guitarrista Ali Farka Toure, e à Índia, para tocar com o músico V.M. Bhatt:

— Mas nenhum desses encontros é fruto de um planejado estudo de marketing. Eu apenas tenho tido sorte de, ao longo da minha carreira, poder gravar com músicos que admiro. Algumas vezes, eu faço contato com eles. Outras, eles me chamam.

Autor da trilha de *Paris Texas* não vai ao cinema

Dessa série de tabelinhas culturais, por que o estouro do disco com os cubanos?

— Acho que foi porque ele foi lançado no exato momento em que houve um aumento do interesse na cultura cubana em todo o mundo — diz. — Porque a música, e essas pessoas, sempre estiveram lá.

Curiosamente, para um músico que é sempre lembrado por suas belas trilhas sonoras, Ry Cooder anda longe da tela grande.

— O último filme que gostei? Uhnn... não lembro. Não vou ao cinema faz tempo. (C.A.)

O "nerd" que não vendeu sua alma e se deu bem

Diretor de *Dogma* é um eterno garotão que curte quadrinhos, cinema e *Guerra nas estrelas*

Estréia hoje no Rio o novo filme de Kevin "Clerks" Smith, *Dogma*, que vem causando polêmica por satirizar a religião católica, embora as piadas contadas lá sejam inofensivas e conhecidas de qualquer colegial. Mas, quando não está filmando, Smith é, antes de tudo, um fã de quadrinhos e da saga *Guerra nas estrelas*. E foi sobre esses assuntos que nós conversamos com ele, que não achou "Episódio 1" tão ruim como a maioria dos fãs.

— Na realidade, gostei de muitas coisas no filme — diz Kevin. — Mas acho que a geração que cresceu vendo os outros filmes esperava demais desse, que, no fundo, é um filme feito para crianças, que o adoraram. Só os velhos fãs é que se decepcionaram. Ele serve apenas como preâmbulo para o que virá, que será melhor, com certeza. Quem o vê sem expectativas, não conhece os outros, gosta.

Rio Fanzine

O primeiro filme de Smith, *Clerks* (*O balconista*),está ganhando uma versão em desenho animado para a TV.

— Ele está em produção e será exibido à noite em rede nacional, não em TV a cabo, como *South Park*, por exemplo. Deve estrear em março. Será um desenho adulto, como *Os Simpsons*.

O desenho animado adulto favorito do cara?

— Ainda é *Os Simpsons*. Não gostei muito de *Family Guy* (aqui, *Uma família da pesada*, da Fox), gostei pouco de *Futurama* no início, mas agora gosto mais. Nunca gostei muito de *King of the Hill* (*O rei do pedaço*, Fox). E há *South Park*, claro, cujo filme é melhor que a série de TV.

Outra criação de Smith, a dupla Silent Bob (ele mesmo) e Jay (Jason Mewes), que aparecem em todos os filmes (em *Dogma* são os profetas), virou gibi e vai indo bem:

— As revistas vendem o bastante para se pagar. Não quero ir muito além disso com eles para não superexpor os personagens. O máximo que fiz foram umas vinhetas em filme para a MTV, já fora do ar.

Roteiros para Demolidor e abandono do Superman

Kevin também está envolvido com os roteiros para gibis dos clássicos super-heróis Demolidor e Lanterna Verde:

— O gibi do Demolidor já saiu. Eu escrevi o roteiro de oito episódios que formam uma história completa. Ainda estou escrevendo os roteiros para o Lanterna Verde.

Do novo filme do Superman, ele nem quer ouvir falar:

— Foram muitos anos de estresse e vários roteiros. O filme acabou cancelado porque o seu custo chegou aos US$ 200 milhões!!! Inviável.

Além de morar em Nova Jersey até hoje, todos os filmes de Smith também se passam lá (como John Waters faz com a sua Baltimore). Ouve Bruce Springsteen e Bon Jovi?

— Não sou muito de música prefiro filmes, quadrinhos e esportes. Adoro futebol.

Projetos futuros:

— No momento estou de férias, até porque *Dogma* ainda está em lançamento em vários países. Ainda não tenho nada em mente.

Nova Jersey é o centro do universo?

— Pelo menos é o centro do meu universo. (T.L.)

A música livre

Napster cria comunidade mundial de troca de MP3 na rede

Sabe aquelas situações nas quais você empresta seus discos para um amigo gravar; ou então, na nóia de perder ou arranhar (no caso de vinil) seu precioso disquinho, fazia uma fita para o melhor amigo, namorada, ou para tocar numa festa?

Pois bem, toda essa rotina mudou completamente desde que apareceu na grande rede, ano passado, o Napster. Não é exatamente um programa, nem um site de MP3 comum (estes sites em geral só oferecem material restrito e óbvio). O Napster (www.napster.com) está mais para uma comunidade, uma roda de amigos, onde todo mundo e cada um que faz parte disponibiliza e troca músicas com os outros.

Na prática é o seguinte: você vai no site, baixa um programa (que cria o ícone da cabeça de gato) e sempre que precisar de alguma música, clica no ícone, bate o nome do artista ou da música que procura. Em seguida, aparece uma lista do que você estava buscando e então você baixa o arquivo no formato MP3 (que pode ser ouvido no Winamp, no Real Player ou qualquer outro programa de MP3), que vem diretamente do disco rígido de quem está disponibilizando. E aí ouve direto do seu computador ou grava para CD, MD ou carrega no seu MP3 player portátil. Simples assim.

O Napster foi criado por Shaun Fanning, um cara de 19 anos, da Califórnia, a princípio apenas para fazer a troca de músicas entre universitários. Mas a coisa se espalhou rapidamente. Tanto que hoje o Napster tem três servidores próprios para ajudar no tráfego. O sistema incomodou a indústria fonográfica, mas até agora não existe uma lei que diga que você não pode disponibilizar uma música, gravada de um disco seu — que você comprou — na rede, para que qualquer outro possa pegar.

Não há dinheiro envolvido, tampouco pirataria assumida, já que os arquivos não ficam nos servidores do Napster, mas na casa de cada pessoa que faz parte da comunidade. É como se você estivesse emprestando seus discos para quem estiver a fim na Internet. E o melhor é que para fazer parte do Napster você não se cadastra nem é obrigado a disponibilizar música alguma. Faz se quiser. Usa quando quer.

É o caso do DJ Wilson Power, da festa Alien Nation da Bunker, um fiel usuário.

— Eu tenho cerca de 250 arquivos, entre os que baixei e disponibilizei — diz Wilson. — Chego a fazer uns dois ou três CDs por semana com músicas que eu levo para tocar na festa. É claro que para baixar tantas músicas como Wilson faz é preciso estar com uma linha turbinada. Nas linhas normais, o ritmo é lento.

Assim como muita gente que usa o Napster, Wilson acaba comprando o disco original depois, quando gosta muito do que ouviu.

— Eu fui ouvir as músicas novas do Smashing Pumpkins. Gostei do disco e comprei o CD. Quando o disco é ruim, gravo só algumas músicas. Melhor do que pagar por um CD inteiro, que custa caro, e não aproveitar tudo.

É justamente isso que faz o sucesso do Napster. Enquanto os preços dos CDs não baixarem, o formato MP3 será a melhor alternativa.

— Uso o Napster para baixar coisas que não uso em pista, mas que quero ter ou arquivar — diz o DJ Lucio K. — Às vezes você dá sorte e encontra ótimas coisas. É uma alternativa econômica, ainda mais agora que a Receita Federal tornou a importação de CDs proibitiva, cobrando o absurdo de 60% em cima do que a gente já pagou em dólar.

Mas nem todos concordam com essa liberdade toda.

— Como produtor musical e vendedor de discos e CDs, tenho minhas dúvidas — diz Marcelo Schild, da Alien Disc Dealer. — Acho que o MP3 pode ser um excelente meio para artistas novos que estejam a fim de distribuir seu material com

uma boa qualidade de som. Agora, utilizar MP3 como uma alternativa à compra de música me soa meio sinistro, pois se os artistas não receberem dinheiro por seu trabalho, vão ter que encontrar outro ganha-pão. (T. L.)

A valsa agora é eletrônica

O elegante e espacial som de Kruder & Dorfmeister puxa a nova cena musical da Áustria

Essa talvez Freud não explicasse. Afinal, quem diria que a Áustria, terra do pai da psicanálise, da música clássica, das valsas, das tortas e da triste lembrança de Hitler, se tornasse, na virada do século, um dos mais criativos points de música eletrônica da Europa e, por tabela, do planeta. Mas não pense nas batidas hiperativas do techno e do trance, tão populares na vizinha Alemanha. O que rola em Viena e arredores é o som macio, lento e viajante de gente como Kruder & Dorfmeister, Dzihan & Kamien, Sofa Surfers, Peace Orchestra e Tosca, entre outros. Música tão bela, atmosférica, enfumaçada e indutora ao sonho que, se fosse numa história em quadrinhos do Batman, alguém ia logo levantar uma bizarra hipótese: o Coringa despejou uma certa erva nos reservatórios de água do país. E os efeitos dessa onda estão descendo redondo.

Detalhe: quase todos os integrantes dessa cena têm treinamento clássico, o que é compreensível levando-se em conta a herança musical do país. Só que tais conhecimentos são usados não para viagens egocêntricas e sim para construir, com maior clareza de detalhes, paisagens sonoras criadas em bases eletrônicas que são verdadeiras pinturas. Ou seja, um refinadíssimo ato de apertar botões aqui e clicar mouse ali.

Puxando esse trem da suave alegria em slow motion, está a cultuadíssima dupla Kruder & Dorfmeister, que, graças à sua incrível capacidade de transformar a mais feroz das batidas num suave embalo musical, se tornou uma das mais valiosas assinaturas de remixes do planeta. Ela vira ao avesso o trabalho de bacanas como Roni Size, Lamb, Bomb The Bass, Depeche Mode, Bone Thugs & Harmony, David Holmes e até mesmo Madonna, que viu sua dançante "Nothing Really Matters" virar um delicado soul servido com fartas doses de percussão.

Curiosamente, a dupla formada em 1993 até hoje não lançou um disco só dela. Há quem tenha divertidas teorias sobre isso. O começo foi meio que de brincadeira, quando Peter Kruder, ex-estudante de flauta e violão clássico, fã de Santana, se encontrou com Richard Dorfmeister, ex-integrante de uma banda de hip-hop, e notou que ambos pareciam o Simon & Garfunkel da capa do disco *Bookends*. Afinidades musicais uniram os dois, que acabaram lançando um EP, *G-stoned*, de apenas seis faixas, em cuja capa eles, isso mesmo, imitavam a famosa pose de Simon & Garfunkel.

Graças a um celestial mix de dub, jazz, drum'n'bass e bossa nova (sim, ambos são fãs de Edu Lobo!), que acabou virando a marca registrada da dupla, o EP fez bonito no mundo todo, se tornando a trilha sonora ideal para um relax após uma noitada intensa ou um dia heavy metal no trabalho. Depois disso, vieram os remixes, um atrás do outro, e duas coletâneas, uma para a série *DJ Kicks* e outra, *Sessions*, uma genial compilação, mixada, de seus melhores trabalhos.

A chapadíssima estética da dupla não é à toa. Repare bem: seu primeiro EP chama-se *G-stoned* (algo como "Ih, tô doidão"). Seu selo chama-se G-Stone. E no encarte de *Sessions*, Kruder aparece com um cigarro daqueles na boca.

Por isso, dizem, o disco da dupla ainda não saiu até hoje. "Não temos pressa", disse recentemente Kruder à revista inglesa *Mixmag* numa reportagem, bem, sobre músicos que consomem excessivamente ervas proibidas.

Planet Hemp perde!

Iluminada pelo reconhecimento alcançado por Kruder & Dorfmeister, a cena musical austríaca tem crescido bastante. Além do G-Stone, selos como Crouch Cheap têm botado na rua trabalhos de grupos como os Sofa Surfers, Count Basic e projetos como a Peace Orchestra, que nada mais é do um trabalho solo de Peter Kruder, e o Tosca, viagem paralela de Richard Dorfmeister com Rupert, um amigo de infância.

O mais recente rebento dessa cena é a dupla Dzihan & Kamien, que acaba de lançar o disco *Freaks & Icons*, também usando e abusando da estética dowtempo (de beats desacelerados) e contando, na música "Colores", com um inusitado e sensual vocal feminino... em português ("E o verde como o vale profundo e calmo/Com relva e flores e pássaros/Que cantam e te acalmam/Numa paz interior que não te deixa jamais", sussurra uma voz ao fundo). Um lance meio riponga, sem dúvida, mas que mostra que, enquanto o mundo está botando pressão no novo governo da Áustria, que tem em sua formação a extrema-direita de Joerg Haider e seu Partido da Liberdade, a rapaziada às margens do rio Danúbio está com os pés no chão ("É hora de lutarmos contra nosso passado e livramos o país do fascismo", disse Dzihan à revista *Muzik*) e a cabeça relaxada, os pensamentos voando bem alto, lá perto das nuvens.

O Danúbio não é azul

KRUDER & DORFMEISTER: O principal produto de exportação musical da Áustria, dois mestres do zen-surfismo musical com sua elegante e absurdamente cool mistura de dub, jazz, drum'n'bass baixos teores, hip hop e bossa nova. Se juntaram em 1993 (por se acharem parecidos fisicamente com Simon & Garfunkel), influenciaram meio mundo, mas até hoje não lançaram um disco inteiro. Dizem que é porque vivem sempre chapados.

PEACE ORCHESTRA: É o projeto solo de Peter Kruder. Além de diversos singles, tem um maravilhoso CD, de mesmo nome, lançado em 1999.

TOSCA: A viagem particular de Richard Dorfmeister com seu amigo de infância, Rupert. Lançou recentemente o luxuoso disco *Suzuki*, com leves toques orientais.

DZIHAN & KAMIEN: A nova geração do downtempo austríaco. Seu primeiro disco, *Freaks & Icons*, é tão relaxante e ensolarado que você parece sentir a água do mar bater nos seus pés. Uau!

SOFA SURFERS: O nome já diz tudo. Música para surfar no sofá, como prova *Cargo*, o segundo disco desse quarteto. (C. A.)

Rio Fanzine

A luz de um DJ

Com o jazz e o soul, o inglês Fabio tira o drum'n'bass da escuridão

Numa galáxia não tão distante assim, as forças do império hardcore do drum'n'bass, lideradas pelo poderoso Grooverider, impuseram seu domínio nas pistas de dança de todo o mundo. Sua arma: balanços pesados, soturnos e absolutamente devastadores. No Brasil, um guerreiro de incrível habilidade, Marky, ajudou a consolidar esse avanço, com performances de cair o queixo. Parecia não haver saída. O universo estava destinado a ser dark para sempre. Trevas, trevas...

Mas alguém deixou a luz acesa. E os rebeldes, liderados por um DJ inglês, de nome simples, chamado Fabio, começaram a reagir. Abrindo caminho com sabres de luz e grooves cheios de soul, jazz e funk, eles equilibraram a batalha. E o planeta Terra voltou a dançar sorrindo novamente.

Corta!

Tudo bem. Grooverider e Marky não são malvados como Darth Vader, longe disso, nem Fabio vive tocando por aí com roupas brancas, como um Luke Skywalker das picapes. Mas é difícil evitar uma comparação do estágio atual do db no Brasil com a série *Guerra nas estrelas*. No momento em que parece que o hardcore é força dominante nas pistas locais, é sempre bom ouvir o som orgânico de DJs como Fabio, um pioneiro do estilo jazzy do db.

Ele, que tocou pela primeira vez no Brasil há algumas semanas, como uma das atrações do Skol Beats, lançou recentemente seu primeiro disco, uma coletânea chamada *Liquid Funk* (importada). No disco, lançado pela sua própria gravadora, Creative Source, Fabio reúne músicas no estilo que o ajudou a se tornar um dos mais respeitados DJs do planeta, apesar da forte (e põe forte nisso) concorrência do som hardcore, do seu parceiro Grooverider, com quem divide um programa na rádio BBC.

— O som pesado atrai atenções com mais facilidade. Isso é normal — diz ele, em entrevista exclusiva, falando por telefone do seu estúdio em Londres. — Só não gosto que pensem que esse é o único som que há. O drum'n'bass oferece inúmeras possibilidades. E o som melódico é uma delas.

Ele sabe bem o que diz. Foi tocando ao lado de LTJ Bukem, no começo dos anos 90, que ele ajudou o anfetamínico som jungle a se transformar no drum'n'bass, mais aberto e variado. E a batalha prossegue, seja na sua residência semanal, às quartas, na festa Swerve, nos lançamentos da Creative Source ou nas discotecagens que faz pelo mundo.

— Há cenas legais em toda a parte e é maravilhoso ver um estilo criado no underground inglês influenciar tanta gente — conta ele. — Testemunhei isso passando por lugares como Canadá, Japão, Estados Unidos, principalmente São Francisco, e agora o Brasil, um lugar maravilhoso, e que certamente vai se tornar um dos principais pólos do drum'n'bass no planeta, principalmente pela ligação natural dos brasileiros com o ritmo. Além do mais, vocês têm DJs fantásticos, como Marky e Patife, que eu admiro muito.

Representante do mesmo estilo soul de Fabio, Patife, que lançou recentemente o disco *Presents the Sound of Drum'n'Bass*, retribui a gentileza.

— O Fabio representa o lado musical do drum'n'bass — diz o DJ paulista, que vai tocar no festival Reading, na Inglaterra, em agosto. — Ele é uma inspiração para mim e para DJs no mundo todo. Além do mais, ele é muito gente boa.

Para Fabio, o db precisa usar mais vocais em suas músicas para atingir um número maior de pessoas

— Não que isso seja fundamental, nem que vá representar a diluição do som, mas é sempre bom ter um gancho vocal.

Do Brasil, Fabio leva boas recordações e duas frustrações: não ter ido a um jogo de futebol e não ter visitado o Rio.

— Quero voltar logo para tocar no Rio, que dizem ter um clima bem funky, e conhecer o Maracanã.

Quem viu Fabio tocar sabe que seus grooves sensuais e melódicos, em geral, atingem um determinado público-alvo.

— As mulheres adoram. E não tem coisa melhor do que uma pista cheia de mulheres dançando. Não gosto de tocar para um bando de homens de braços cruzados vendo se estou mixando bem ou não.

E que a Força — feminina — esteja com ele. (C.A.)

A banda de uma nota só

O conceito de "ser uma banda de rock" foi muito deturpado nos últimos tempos. Aqui, por exemplo, as pessoas acham que ser rock é botar bermudão, se tatuar e pular cantando músicas de duplo sentido com som agressivo. Ainda bem que existem bandas como a inglesa Stereolab para mostrar que não é só isso.

Com uma década de carreira e 13 discos lançados, o grupo formado pelo casal Laetitia Sadier e Tim Gane (em palco são seis pessoas) faz um som esquisito como o nome de seus discos (o mais recente se chama *The First of the Microbe Hunter* e vai sair aqui pela Motor Music), com melodias ao estilo lounge e instrumentação que mistura guitarras com teclados Moog e tecnologia antiquada, low-tech.

— Desde o início temos essa proposta, a de fazer um som experimental, de brincar com a tecnologia antiga — diz Tim Gane por telefone, de Londres, ao RF. — Nosso processo de criação também é assim. As músicas vão surgindo de experimentos, meio que na hora.

Gane explica que optaram por uma sonoridade electro-lounge de comum acordo.

— Todos na banda têm um passado eletrônico, de Kraftwerk, Can etc. Só que fazemos som analógico, não usamos nada digital.

Rio Fanzine

No caso de Gane, ele chega ao ponto de preferir o disco de vinil ao CD e a banda só usa equipamentos valvulados.

— No caso do disco, está provado que o som do vinil é realmente melhor do que o do CD. O CD só é mais prático. Eu gosto da nova tecnologia, mas na nossa música ela é vetada.

Às vezes, só usar equipamentos antigos em estúdio pode não funcionar bem na transposição para o ao vivo.

— Tem muita gente que se decepciona com o Stereolab ao vivo justamente porque a gente não reproduz fielmente o som dos discos, não usamos bases pré-gravadas nem todos os equipamentos antigos dos discos, alguns bem pesados de se transportar — explica Tim Gane. — Ao vivo, toda a nossa música é recriada. Para uns, isso soa muito bem, diferente. Outros detestam. Inclusive, nós não ensaiamos, mal passamos o som e praticamente improvisamos nos shows.

Esse jeitão "nem aí" já levou críticos estrangeiros a chamarem o Stereolab de "uma cruza entre Velvet Underground e Can".

— Não vejo muitas semelhanças com o Velvet — diz Tim. — A não ser que são seis pessoas em cena e os cantores e músicos não são muito afinados (risos).

É difícil manter essa postura cool e, ao mesmo tempo, lidar com uma grande gravadora (no caso, o selo Elektra, da gigante Warner)?

— Não é difícil manter essa postura. Basta a banda querer isso. É a nossa proposta. Não temos grandes vendagens, mas um público fiel e interessado no som. O fato de estarmos ligados a uma grande gravadora é apenas questão de distribuição internacional, já que nós temos a nossa própria gravadora, a Duophonic. Gravamos os discos que queremos e quando queremos. Temos controle total do trabalho.

Gane encerra dizendo que não é verdade que ele seja um colecionador de discos de Bossa Nova (a banda regravou "Samba de uma nota só" — que não tocam ao vivo — para a coletânea *Red, Hot + Rio*).

— Tudo o que conheço de Bossa Nova veio de uma fita que comprei ano passado. Eu gosto mesmo é do som do Marcos Valle. Gostaria de conhecê-lo pessoalmente aí no Rio.

Grupos que escapam aos rótulos

Trans Am, Mogwai e Mouse on Mars estão nesse time

Assim como o Stereolab, existem algumas bandas que escapam a classificações simples como rock e eletrônica. São bandas que tanto usam equipamentos antigos e guitarras quanto recursos eletrônicos. Algumas dessas bandas (Mogwai, Tortoise) foram rotuladas de post-rock. Outras, como Mouse on Mars, dizem seguir a escola do kraut rock dos anos 70 (Can, Neu etc). O fato é que, enquadrar bandas como estas, e outras como Trans Am, Bowery Electric, Jessamine etc., não é fácil.

Pegue-se a americana Trans Am como exemplo. Seu mais recente disco, *Surrender to the Night*, às vezes é puro barulho, noise guitarreiro; outras, soa como o kraut rock alemão, com tonalidades kraftwerkianas. Se é som "cabeça"? Podemos dizer que sim. Muitas vezes é o tipo de música que parece estar interessando mais ao cara que está lá tocando e experimentando do que à platéia/ouvinte. É quase electro-jazz. Bom para shows em pequenos clubes beatniks enfumaçados. (T. L.)

Festival de rock movido à base de... oxigênio

No V2000, na Inglaterra, The Clash renasce, Leftfield faz bonito e Moby dorme na grama

Imaginem a seguinte situação, amigos fanzineiros: você é um jornalista razoavelmente rodado e que, por isso mesmo, por força das circunstâncias, acaba encarando as chamadas celebridades como se elas fossem o que realmente são: gente como a gente. OK, tudo bem, mas o que fazer quando, depois de uma entrevista com o Leftfield, nos bastidores do festival V2000, na Inglaterra, você repara que Moby está de bobeira ao seu lado e que Joe Strummer, ele mesmo, o ex-Clash, está passando toda hora na sua frente? O que fazer?

A resposta, como vocês devem ter notado, ilustra esse texto. Sabem aquela máxima — ninguém me conhece aqui mesmo — sempre usada quando se quer pagar um mico sem culpa? Pois é. Foi usada na ocasião. Moby mostrou-se simpático, disse que queria voltar ao Brasil, se despediu com um aperto de mão e, dois minutos depois, estava dormindo, chapadão, na grama em frente ao seu camarim.

Com duas edições acontecendo quase simultaneamente no mesmo fim de semana, com as atrações — entre elas, Groove Armada, Kelis, Paul Weller, Richard Ashcroft, Moloko, Cypress Hill e DJs como Sasha e Seb Fontaine — se revezando entre as cidades de Chelmsford e Staffordshire, o V2000 (o V é da gravadora Virgin) foi um entre os bons festivais que rolam no verão na Inglaterra.

O problema desses grandes eventos é que uma verdade física impede que você esteja ao mesmo tempo em dois lugares. Ou seja, a sensação de que se está perdendo algo é constante. Mas a "vibe" é tão legal — seguranças, por exemplo, não são notados — que isso logo acaba sendo esquecido. Afinal, o Weston Park, em Staffordshire, é uma belíssima área verde, "decorada" pela produção não apenas com três palcos, mas também com uma série de barracas e tendas, com brechós, tatoos,

Rio Fanzine

rangos diversos e até um lugar para você respirar oxigênio.

Isso mesmo. Na tenda de nome O2:bar, na qual álcool e cigarros são proibidos, o sujeito pode sentar, pedir uma água, botar um tubinho no nariz e ficar respirando oxigênio 95% puro, enquanto um DJ toca ambient.

Uma viagem natural e sem contra-indicações. Alguém tem que trazer isso para o Brasil.

Nos shows a que foi possível assistir, altos e baixos. Macy Gray se perdeu na própria presunção. Richard Ashcroft e Morcheeba não decolaram. Groove Armada e Cypress Hill foram da lata. Leftfield foi devastador. E Paul Weller foi arrepiante. Pena que na mesma hora em que o ex-The Jam fazia bonito no palco principal, Joe Strummer esquecia a sua caída carreira solo e emendava hits do Clash um atrás do outro no palco dois. Podia avisar, hein Joe? (C.A.)

Tiro ao alvo distorcido

Louco por armas e pela caça, o agressivo Ted Nugent é o verdadeiro uga-uga do rock

Rock pela paz. Rock pelo desarmamento. Rock contra a energia nuclear. Rock contra o racismo. Rock contra a fome na África. Rock pelos direitos humanos.

Rock pelo perdão da dívida dos países do Terceiro Mundo. Rock, enfim, por um mundo melhor.

Beleza. Só não chame Ted Nugent para um evento desses. Periga você ser recebido com um tiro de advertência. Pow! Pow!

Para quem associa o rock com causas humanitárias, do tipo Live Aid, bem, é hora de conhecer o outro lado da moeda. No caso de Ted Nugent, o lado certo é o da direita. Estrela de segunda grandeza do hard rock dos anos 70, ele deixou um pouco de lado a sua guitarra e hoje empunha um outro "instrumento": uma espingarda. Ou um revólver, uma escopeta ou qualquer arma de onde saia chumbo grosso. Entusiasta da caça, Nugent ligou uma coisa à outra e se tornou ativista de uma causa pouco nobre: o livre uso de armas na América.

Forte, inteligente, contraditório, grosso, reacionário, volta e meia escorregando nos seus próprios comentários racistas e em declarações contra aqueles que defendem o direito dos animais, Ted Nugent — que acha que animais têm direitos, sim, direito de serem servidos com um delicioso molho de churrasco — é o verdadeiro Conan o Bárbaro do rock.

Seu mais recente trabalho é um CD chamado *Hunt Music 2000*, um disco de canções inspiradas nas aventuras de Ted e seus amigos pelo interior dos Estados Unidos e também pela África, sempre atrás de "boa" caça: veados, alces, coelhos, elefantes e até mesmo bisões. Nada a ver com os discos que o tornaram conhecido décadas atrás, verdadeiros exercícios de bravata macho-rock como *State of Shock*, *Scream Dream*, *Free for All* e, o melhor, *Cat Scratch Fever*, cuja faixa-título é a sua canção mais conhecida. Em quase todos, Ted aparecia na capa atracando-se com a guitarra, sem camisa, os músculos em exibição e a expressão de homem selvagem somente atrapalhada pelos longos cabelos escorrendo pelo rosto. Uga-uga perde.

Falando em perder, no começo dos 80 Ted perdeu o fio da meada e foi varrido pelas novas tendências. Tratado como um dinossauro, virou suas garras em direção à nova geração. Em entrevista ao jornal *NME*, disse que o baterista da então emergente banda The Police, Stewart Copeland, logo estaria cortando madeira para ele. Obviamente, não foi o que aconteceu...

Desplugado do mundo do rock, Nugent foi fazer barulho em outra freguesia. E é o que está fazendo até hoje. Um autoproclamado "patriota", Ted fundou a Ted Nugent United Sportsmen of America (confira em www.tnugent.com), uma organização através da qual defende o seu estilo de vida.

Qual estilo? Segundo suas próprias palavras, "um modo de vida baseado em Deus, na família, na disciplina e nos direitos que Deus nos ofereceu". Para ele, entre esses direitos está, acima de tudo, o do uso livre e indiscriminado de armas de fogo por todos, jovens, mulheres, idosos e até mesmo crianças, sempre em nome da defesa pessoal.

Na sua mira, o inimigo pode ser o governo, os políticos e qualquer forma de autoridade, o que o aproxima das milícias de direita que infestam o interior dos Estados Unidos. Mas o alvo pode incluir também hippies, punks, rappers e até mesmo astros falecidos como Jimi Hendrix, Jim Morrison, Janis Joplin, Brian Jones, Keith Moon e outros, chamados por ele — que se vangloria de nunca ter usado drogas ou álcool na vida — de alguns dos maiores idiotas que já pisaram a Terra. Numa brincadeira de mau gosto com a língua inglesa, ele diz que eles usaram drogas e estão "dead" (mortos) enquanto ele sempre ficou de fora e hoje está Ted.

Recentemente, ele meteu os pés pelas mãos ao dizer, durante a abertura de um show do Kiss no Texas, que "quem não sabe falar inglês deve sair imediatamente da América", o que gerou protestos de entidades latinas, alvo da sua grosseria. Ainda na série "lambanças", ele — que lançou um livro chamado *God, Guns and Rock & Roll* e é chamado de "parceiro" pelo ator Charlton Heston, "garoto" propaganda da National Rifle Association, que representa a poderosa indústria bélica americana — disse que Hilary Clinton era uma "vadia" e que o Canadá — que pretende banir a caça — poderia desaparecer do mapa.

Mas pensando bem, como levar a sério um sujeito que, em seu último disco (rock) de estúdio,

Spirit of the Wild, lançado em 1995, numa canção polidamente chamada "Kick My Ass", xinga todos os seus desafetos, entres eles Courtney Love e, acreditem, Beavis & Butthead? Huh-huh, esse Ted... (C.A.)

A onda das raves, enfim, estoura no Rio

Eventos alternativos, ao ar livre e à base de som eletrônico, pipocam na cidade

Demorou, mas aconteceu. O fenômeno das raves — eventos alternativos, geralmente realizados ao ar livre e que há mais de uma década têm revolucionado o conceito de festa e influenciado o comportamento de pessoas em todo o mundo — finalmente chegou ao Rio. O sucesso da Bunker Rave, que rolou há alguns meses num sítio em Vargem Grande, e da recente Rave Brasil, realizada há duas semanas na Terra Encantada, provaram que há público e clima na cidade para isso. Ao mesmo tempo, o fracasso de eventos aparentemente semelhantes, só que desorganizados da cabeça aos pés, mostra que ainda há muitos furos nesse barco, o suficiente para que todos — os bem-intencionados e os aproveitadores — afundem juntos.

As raves, vale sempre lembrar surgiram na Inglaterra a partir da segunda metade dos anos 80, seguindo uma premissa básica: se os clubes não tocam a música que está no underground, então o underground vai fazer suas próprias festas, sem apoio algum, apenas na base do boca-a-boca.

Tendo como combustível a insatisfação geral com o governo conservador de Margaret Thatcher — que atingiu, em particular, a juventude local — as raves acabaram se tornando uma forma de protesto não declarado e também uma zona neutra, um oásis onde, à moda dos festivais dos anos 60, celebrava-se a vida através da dança e da música (eletrônica, no caso).

Da Inglaterra, as raves se alastraram por toda a Europa, Estados Unidos e logo alcançaram pontos inimagináveis como a Índia, o Egito e qualquer outro lugar onde se pudesse dançar livremente, em contato com a natureza e sem repressão alguma.

E agora, enfim, entra em cena o Rio Por aqui, o clima de paz e confraternização das raves, bem como seu caráter underground, ainda não foi totalmente absorvido. Pequenas raves já andaram acontecendo em praias e locais como Mauá. Mas, no geral, o que rola são grandes festas que usam o termo rave.

— Na essência, rave é uma coisa mágica, de dançar para mudar o mundo — diz Hector Garcia, produtor de diversas raves e um dos organizadores da bem-sucedida Rave Brasil. — Algumas festas não são raves ao pé da letra, mas mesmo assim podem manter um pouco do seu espírito original, respeitando os DJs e, acima de tudo, o público.

Só que eventos mal organizados, com som ruim, estrutura precária e até o não pagamento de pessoas envolvidas nas festas, perigam cortar um pouco dessa magia.

— É legal que as raves estejam chegando ao Rio — diz o DJ Maurício Lopes, um dos tops do techno no Rio. — Mas há oportunistas que querem ganhar dinheiro fácil pegando carona nessa onda.

Cabbet Araújo, produtor da Bunker Rave, concorda mas vê um lado bom nisso.

— O público acaba ficando mais atento, buscando saber se a festa vai ter uma organização boa e se os seus DJs preferidos vão mesmo tocar.

Com o verão chegando, e diversas raves já anunciadas, essa curiosa prática — a defesa do consumidor raver — periga virar norma. Afinal, reciclando os Beastie Boys, você deve lutar pelos seus direitos, inclusive o de se divertir.

Gente bonita

Refazendo a famosa frase, as feias que nos perdoem, mas parece que no Rio "emplayboyzado" a beleza agora é fundamental. Já repararam como tem gente vendendo seus eventos — seja através de e-mails, entrevistas na televisão, releases para a imprensa etc — dizendo que eles são para "gente bonita"? E aí toma de festa para "gente bonita", bar para "gente bonita", restaurante de "gente bonita" e até mesmo praia de "gente bonita". Nada contra a beleza alheia, claro, mas parece que, em tempos de musas siliconadas e parrudos pitboys, o que importa mesmo é a embalagem, não o conteúdo. E isso, convenhamos, é um saco.

Bom, nós aqui do RF, que somos feios pra burro, resolvemos ignorar isso e continuar falando de shows, festas, raves e festivais para gente fora desse esquisito padrão de beleza.

Alô, turma da barriguinha, alô galera de aparelho no dente, alô quem tem espinhas, alô gente da barba mal feita, do cabelo esquisito e das roupas fora do comum, alô gente "não bonita", mas que tem educação, recheio, estilo próprio, ouve as músicas certas, vê os filmes que importam, lê os livros legais, não vive arrumando brigas por aí, sabe se comportar em público e (no caso dos homens) não chama as mulheres de "mulherada" (argh!), parabéns. Os "bonitos" que nos perdoem, mas vocês, sim, são fundamentais. Beautiful people! (C.A.)

Cronologia

1999

Em março, um apagão deixa grande parte do país no escuro

O estudante de medicina Mateus da Costa Meira invade um cinema em São Paulo e atira a esmo nas pessoas. O resultado: três mortos e quatro feridos

O chamado bug do milênio causa alvoroço na rede e na cabeça das pessoas

Michael Jordan abandona o basquete e a NBA

Fernanda Montenegro é indicada ao Oscar por *Central do Brasil*.

O filme *O sexto sentido* é um dos maiores sucessos do ano

Os Chemical Brothers e o grupo Orbital tocam no Brasil

Gisele Bündchen desponta nas passarelas internacionais

Os Teletubbies viram febre na TV

Morrem Stanley Kubrick, Dias Gomes, Consuelo Leandro, John Kennedy Jr., Zezé Macedo, João do Pulo...

2000

O bug do milênio não acontece

AOL e TimeWarner anunciam fusão

Um avião Concorde cai logo após decolar, no Aeroporto Charles de Gaulle, em Paris, matando 113 passageiros

Um vazamento em um navio da Petrobras espalha 1,3 milhão de litros de óleo na Baía de Guanabara

O despreparo da polícia faz com que o seqüestro de um ônibus da linha 174, no Jardim Botânico, termine com a morte de Geisa Firmino Gonçalves. O chocante episódio foi transmitido ao vivo pela TV

O genoma é decifrado

Pelé é coroado o melhor jogador de todos os tempos. Eleição promovida pela Fifa na Internet elege Maradona

Morrem Charles Schulz, Sandra Bréa, João Nogueira, Moreira da Silva, Baden Powell...

Peter Kruder, aberração VIP, Underground Resistence, Naked Music, Orbital sem ferrugem, a queimação de Cheech & Chong, Jason na Europa, Quase famosos, Rolling Stone brasileira, Matanza para brigar, Hermanos digitais, Textículos de Mary, o homem posto nove, Thee Butcher's Orchestra, System of a Down, Kyuss, malhação punk...

01/02
TOCANDO AIR GUITAR

②⓪⑨

Kruder in Rio

O produtor e DJ austríaco, da dupla Kruder & Dorfmeister, passou as férias na cidade

Entre tantas estrelas que passaram pelo Rio nas últimas três semanas — algumas de verdade, outras puro suco de marketing — uma figura premiada circulou pela cidade quase despercebida: o produtor e DJ austríaco Peter Kruder, uma das cabeças mais criativas da música atual e uma das metades da cultuadíssima dupla Kruder & Dorfmeister. Para quem ainda não teve o prazer de ouvi-los, K&D fazem o som mais elegante, suave e chapado que há, misturando dub, bossa nova, jazz, soul e o que mais couber no seu caldeirão downtempo.

Deixando seu parceiro musical no frio inverno europeu, Kruder veio passar o final de ano no Brasil e acabou ficando quase um mês por aqui. Nesse tempo, esteve em Búzios, saiu pela noite do Rio, foi à praia, conversou com cabeças eletrônicas locais e descobriu que a conexão Viena—Rio é mais forte do que imaginava.

— Sempre quis conhecer o Rio e passar um tempo por aqui. É um lugar de sonhos — dizia ele, largadão nas areias do Posto 9, em Ipanema, terça-feira passada, algumas horas antes de embarcar de volta para Viena.

Hospedado na casa de amigos em Ipanema, Kruder viu o Rock in Rio só pela televisão.

— Deve ter sido legal ir lá para tocar. Mas para ver os shows, preferi a televisão. Estava muito cheio e eu não estava no clima.

Exatamente por causa desse ar de férias tropicais, ele não trouxe seus discos e não deu uma canja sequer por aqui.

— Além do tempo em estúdio, toco o ano inteiro, viajando sempre, e estava muito cansado antes de vir para cá — contou ele.

Sem ter o que tocar, ele teve muito o que ouvir. Além de circular pelo centro da cidade, Kruder esteve também no Caroline Café, no Les Artistes e em algumas festas. O DJ Dudu Dub o conheceu numa dessas ocasiões.

— Encontrei o Kruder numa festa em São Conrado. O lugar era lindo, o maior visual. Já estava amanhecendo quando eu comecei a tocar umas coisas de bossa nova, Mílton Banana etc. Ele reconheceu "Wave" e veio falar comigo sobre o Tom Jobim.

Rio Fanzine

Outro DJ, Markinhos Mesquita teve mais sorte e tomou algumas cervejas com ele.

— Ele é muito cool, bem na dele. Só tive que me conter para não deixar sair meu lado de fã. Acho o som dele o máximo.

Não é o único. Na Áustria, Kruder ganhou o prêmio Amadeus como "produtor do ano 2000".

— Foi legal e também engraçado ganhar esse prêmio após quase duas décadas de trabalho. Foi bom para tirar o mofo da premiação, que geralmente é conservadora. Só espero que o Richard (Dorfmeister) ganhe o prêmio no ano que vem.

Sobre a dupla, enquanto o seu esperadíssimo primeiro disco não sai (K&D têm apenas um EP, além de diversos remixes), cada um vai tocando seus projetos paralelos: Dorfmeister com seu espetacular Tosca e Kruder com sua igualmente bacana Peace Orchestra.

— Tenho planos de um show com a Peace Orchestra, algo bem psicodélico e viajante — disse.

Um dos donos da gravadora G-Stone (que faz no nome uma alusão ao estado enfumaçado em que vive boa parte do tempo), ele teve uma boa impressão sobre a cena eletrônica do Rio.

— Há muito entusiasmo e dedicação. A cena me lembra Viena há oito anos.

Ele garante que vai voltar ao Brasil em breve, com Dorfmeister e para um set como DJ.

— Usamos projeções e temos um MC também, o Sugar B, que me acompanhou nessa viagem ao Rio. Quem sabe não tocamos no próximo Rock in Rio?

Por um Rio melhor, podia ser um pouco antes? (C.A.)

Alguns convidados nada especiais

Como o vício de entrar de graça afeta a cena alternativa da cidade

Ruídos e distorções no jeitinho carioca de ser. E eles não estão vindo de cima do palco ou da cabine do DJ. Numa cidade de gente fina, elegante e sincera (alô, Lulu!) mas que muitas vezes lembra Los Angeles, onde até os garçons parecem astros de cinema, o mundo alternativo está assistindo a uma cena que parece se repetir a cada show ou festa. E a estrela é uma aberração chamada VIP underground.

O que acontece: o sujeito chega ao evento, ignora a bilheteria e se dirige imediatamente ao local onde está a lista de convidados. Se o seu nome não estiver ali, ele reclama, esperneia, dá ataque e faz bico até conseguir entrar. Lá dentro, gasta seu dinheiro em bebidas e o que mais der na telha.

No final das contas (a expressão pode ser usada de forma literal), o saldo de quem faz o evento é casa cheia, mas bilheteria vazia. E aí, como é que fica?

Lugares destinados a um público abastado podem se dar ao luxo — ou o vazio — de viver da presença das ditas celebridades (gente de TV, modelos, jogadores de futebol e personalidades em geral). Mas o que dizer de eventos alternativos, produzidos à base de amor, suor e dificuldades? Como torná-los viáveis se um bocado de gente, justo os integrantes dessa cena, só querem saber de entrar de graça e posar de "very important people"?

— Infelizmente o Rio tem essa coisa do "me dei bem, não paguei" — diz Elza Cohen, produtora da festa Zoeira e de eventos como o SuperDemo. — Parte do público parece não entender que para uma festa existir, as pessoas têm que contribuir. Algumas pessoas acham que devem ser convidadas sempre, fazem questão disso. Acho que a maioria dos eventos não vai para frente por causa desse vício. É uma vaidade muito boba.

É claro que ninguém imagina um evento — seja ele alternativo ou não — sem uma lista de convidados, sempre uma forma simpática e tradicional de botar para dentro alguns amigos, principalmente os mais duros, e gente que, de uma forma ou outra, tenha a ver com o que está acontecendo. O problema é quando a pessoa começa a achar que isso tem que rolar sempre, em qualquer festa ou show. Cabbet Araújo, produtor da Bunker, sabe muito bem o que é isso. Ele tentou implantar na casa um sistema que é comum no exterior: o convidado existe, sim, mas ele paga o seu ingresso, ainda que num valor menor.

— Nós já tentamos fazer uma lista de convidados pagando metade do ingresso — conta ele. — Mas as pessoas dão ataque e se recusam a pagar qualquer coisa.

Pior é quando está em jogo um show de uma banda como o Superchunk, alternativa, yes, mas gringa e com cachê em dólares, uma moeda nada underground. Com a palavra Rodrigo Lariú, que além do heróico trabalho à frente da gravadora midsummer madness também produz shows, como o do Yo La Tengo.

— Eu desisti de trazer o Superchunk para o Rio porque antes mesmo de confirmar o show já tinha um bocado de gente me ligando para entrar de graça — diz ele. — Eu não sou um milionário excêntrico. No show do Stereolab, eu evitava ir na porta porque iam me chamar para entrar de graça. É um paradoxo: as pessoas gostam das bandas, sabem que o show foi feito para elas,

mas não querem meter a mão no bolso para pagar.

Bruno Levinson, produtor do festival Humaitá Pra Peixe, concorda.

— Quem produz cultura alternativa precisa de qualquer graninha para viabilizar as coisas. Só que as pessoas não têm noção do coletivo. Só pensam em se dar bem. E isso é besteira. A Marina Lima esteve no Humaitá Pra Peixe e fez questão de pagar o ingresso. (C.A.)

A resistência eletrônica do underground

DJ Rolando, do Underground Resistance, de Detroit, toca no Skol Beats de Rio e SP

Há dois anos, um instrumental eletrônico, totalmente diferente de tudo o que se estava tocando na época, começou a rolar. Com um detalhe: não apenas DJs de techno e house, como também de trance, usavam o tal tema em suas apresentações. A música era "Knights of the Jaguar", do DJ Rolando (sob o codinome Aztec Mystic), do selo Underground Resistance, de Detroit. Aconteceu que a Sony, via BMG alemã, lançou uma versão dance farofa de *Jaguar* sem autorização do UR ou crédito para Rolando. Começou então uma guerra, que ainda está longe de terminar.

Para saber dos últimos rounds dessa batalha e do próprio conceito do Underground Resistance, nós ligamos pro Rolando, que estava em Londres e nos contou as últimas.

— A batalha ainda está longe de acabar, mas já estamos vendo uma luz a nosso favor — disse Rolando, se referindo ao caso. — Na parte de direitos autorais ela está indo bem, mas ainda esta sem data para acabar. É uma briga entre uma grande gravadora, cheia de advogados e muita grana, contra um pequeno selo independente. Mas estou otimista.

Pior do que lançar a versão pirata da música, foi o que fizeram com a capa.

— O mais irritante é que a capa do single tinha um tablete de ecstasy em cima do logo do UR, o que não tem nada a ver. Felizmente foram poucas cópias.

Enquanto isso, a resistência do underground vai lançando remixes de *Jaguar*.

— Além da original, recentemente saíram remixes de Jeff Mills, Mad Mike e Derrick May.

Rolando diz que, apesar de estar brigando por seus direitos, não se incomoda de ver sua música ser copiada e divulgada via Napster.

— Isso não nos afeta, acho mais saudável do que ser pirateado pela Sony. Mas sei que os fãs do UR, em sua maioria, preferem comprar os discos porque sabem que estão contribuindo para o selo.

No geral, o Underground Resistance é mais um movimento ou um selo musical?

— É mais uma atitude. A idéia original do UR foi de Mad Mike e Jeff Mills.

Eles queriam criar músicas livres de amarras, sem envolvimento com grandes gravadoras, direto para o público.

A galera do UR costuma posar uniformizada ao estilo do Public Enemy.

— Tem muita gente que nos chama de Public Enemy do techno (ri). Em geral, não damos entrevistas, nem posamos para fotos e alguns chegam a usar máscaras.

Menos Rolando.

— Nunca usei máscara, quem faz isso é o Mad Mike.

Pra fazer parte do UR é preciso seguir algumas regras?

— É uma coisa disciplinada, sim. Mas não militarizada. O que importa é fazer a música.

Nesse ponto, a galera do UR tem muito em comum com a turma do B.U.M., aqui do Rio, que segue certas posturas.

— Gostaria de conhecê-los, com certeza — diz.

Os sets de Rolando não privilegiam apenas o som reto do techno.

— Prefiro fazer uma mistura de tudo, velho e novo techno, e às vezes até um pouco de house e electro. Tudo depende muito do clima.

Os novos projetos do UR e de Rolando:

— O UR está em pausa porque estamos construindo um prédio que será nosso QG. Depois do Rio, voltarei para casa para terminar um EP. (T. L.)

Uma gravadora shagadélica

Naked Music faz sexy mistura de house com soul e põe mulheres nuas nas capas dos discos, baby

O Dee-Lite dizia: o groove está no coração. A Naked Music completa: o groove está nu. Em tempos de popozudas, preparadas e cachorras, de musas sem recheio e misses siliconadas, essa jovem gravadora de São Francisco, Califórnia, faz lembrar do que se convencionou chamar de "nu artístico".

Fazendo jus ao seu nome, todos os lançamentos da NM (que não tem distribuição no Brasil) trazem em suas capas desenhos de mulheres nuas, com traços que remetem aos anos 60 e às telas do pintor brasileiro Albery, tão classudos quanto a música que embalam: uma (deep) house cheia de soul, cheia de vida e sensualidade. Pode ter certeza: se as gravadoras tivessem sexo, a Naked Music seria feminina. Ou, como diria o agente secreto Austin Powers, seria shagadélica, baby!

— Stuart Patterson é quem faz a arte de nossas capas — entrega Bruno Ybarra, um dos fundadores da Naked Music, em entrevista ao RF. — Ele fazia filipetas para diversas festas em São Francisco e é um fã do design dos anos 60 e 70. Ele também tem

Rio Fanzine

paixão pelo visual das revistas *Playboy* daquela época.

Para quem ainda não atualizou o calendário, a Naked Music é mais um exemplo, entre tantos, de como uma pequena gravadora — em tempos de Internet, Napster e estúdios caseiros — pode se impor no mercado sem precisar dar o braço (ou a alma) a uma major.

A NM surgiu em 1996 em Nova York, a partir de uma parceria entre os amigos Dave Boonshoft, Jay Denes, que tinham um pequeno estúdio, e o próprio Bruno.

— O começo é sempre difícil. Você tem que conhecer distribuidores, lojistas etc. É uma luta constante para vender a música que você faz, ainda mais num mercado tão transitório quanto o da dance music — conta Bruno. — Eu jamais recomendaria a alguém entrar nessa só para ganhar dinheiro. Se você não faz isso por prazer e amor à música, a decepção vai ser certa.

Como prazer, amor e música são a base da Naked Music, a gravadora cresceu, se mudou para São Francisco e foi aparecendo. Primeiro foram singles de nomes como Aquanote, Pedalpusher, Blue Six e Lisa Shaw. Depois, uma série de discos (*Carte Blanche*, *Midnight Snack*, *Bare Essentials* e *Nude Dimensions*), divididos em temas e que serviram como demonstrações do som da Naked Music: balanços house, sim, mas com influências latinas, soul e até mesmo de jazz. Coisa fina. E sexy. Música para dançar. Música para namorar.

No inverno então...

— As compilações servem como um cartão de visitas da Naked Music. É uma arte de colagem,

de botar os nomes certos para ouvir na hora certa — diz Bruno, ele mesmo um DJ de house. — *Nude Dimensions* é para as pistas. *Carte Blanche* é para cima, mas com alguns toques experimentais, entre o jazz e o soul. *Bare Essentials* é um best of dos nossos hits e remixes. E *Midnight Snack* é indicado para o final da noite, para um relax/boquinha à base de deep house e downtempo.

Os próximos passos (de dança?) são lançamentos completos de alguns dos contratados pela Naked Music.

— Desenvolver a carreira desses artistas vai ser um novo desafio — diz ele.

Enquanto a hora não chega, o som da Naked Music vai correndo o mundo. Além das noites mensais, Scuba, que rolam em SF, DJs da NM estão atualmente excursionando pela Europa. Por aqui, discos da Naked podem ser ouvidos em festas no Caroline Café, no Les Artistes etc., e têm feito a cabeça até de veteranos do soul nacional, como o mestre charmeiro DJ Corello.

— Esse som é bicicleta ergométrica para o cérebro, um exercício de bom gosto que excita e acalma ao mesmo tempo, e nos dá a sensação de que nem tudo está perdido — diz ele, que toca às quintas na clássica happy hour do Bola Preta — Se existe melhor combinação de house com soul, não mostraram para ninguém.

Ainda fora de órbita

Dupla inglesa Orbital chega ao novo século sem mostrar ferrugem

Quando formaram o Orbital, no final da década de 80, os irmãos Phil e Paul Hartnol queriam dar a sua contribuição para a então efervescente cena rave inglesa. Tanto que o nome do grupo é uma homenagem à auto-estrada que levava para todas as festas na época. Mas o que era uma curtição para os ex-punks amantes de electro virou caso sério quando o primeiro single da banda, "Chime", os levou ao programa de TV *Top of the Pops*.

O que veio depois: a travessia de uma década, os anos 90, no qual a eletrônica saiu do underground para o mainstream. Mas Orbital permaneceu fiel ao seu som, flertando com o sucesso outras vezes, mas nunca abrindo mão de seu estilo ora intricado/sofisticado, ora puramente viajante. Junto com Leftfield e Orb, é um dos raros sobreviventes daquela geração que ainda tem o que mostrar de novo.

Lançando novo disco, *The Altogether*, saindo aqui, uma das cabeças da dupla irmã, Phil Hartnol (um cara super gente boa que quando esteve aqui para o Free Jazz de 99 se enturmou logo com a galera, longe daquele troço chato de superstar)

Rio Fanzine

recebeu a ligação do RF para o papo a seguir. E se lembrou do felino.

— E aí, man, como vai? — perguntou Phil com aquele sotaque carregado.

Esse disco tá mais minimal, mais curto do que os anteriores.

— Sim, ele é assim mesmo. Mas tem um motivo: desta vez tínhamos muito mais composições e colaborações do que espaço no disco. Então, pra fazer caber, tivemos que ser mais econômicos e reduzir a duração das músicas.

Há também um clima mais rock.

— Sim. Nós sempre tivemos uma porta aberta para o rock e sempre fomos considerados e respeitados como uma banda, não um projeto eletrônico. Já fizemos remix até para o Metallica. Ao mesmo tempo, essa mistura dá um diferencial sonoro.

A banda já usou vocais no passado. Mas, desta vez, há uma canção formatada para o padrão pop/rock cantada por um certo David Gray.

— Ele é meu cunhado. Ele está muito bem falado em Londres. Tem uma carreira que já dura sete anos e agora está sendo reconhecido. Nós tínhamos essa musica, instrumental, e um dia, Dave foi ao estúdio e resolveu cantar em cima. Funcionou.

Uma música clássica nos shows do Orbital é o tema da série de TV *Doctor Who*, que só agora sai em disco.

— Tem certas músicas que preferimos só tocar ao vivo, que funcionam bem como vinhetas, caso de "Doctor Who". Só lançamos agora porque ela tem a ver com o disco.

Uma faixa em particular, "Waving Not Drowning", lembra muito um ritmo nordestino brasileiro. Phil

disse que não é influência da passagem deles por aqui.

— Na verdade, não. E fico muito surpreso em saber isso. Só se foi uma coisa subconsciente (riso e pausa).... é mesmo? (espantado). Na verdade, a inspiração da faixa vem de um filme que vi, um curta de arte, que tinha essa estranha música no fundo. O mais curioso é que o filme era todo feito por ingleses, então não vejo onde está a conexão.

Orbital acabou de tocar no mega festival Homelands ao lado de Pulp e Orb. Como Phil vê hoje a cena rave, os festivais.

Ainda existe o vibe?

— Não dá para comparar com o passado, são dois momentos diferentes. Mas o vibe ainda existe. (T. L.)

Uma dupla que queima o filme

O cultuado humor enfumaçado de Cheech & Chong inspira músicas e vira mostra

Onde há fumaça, pode ter certeza, há um filme de Cheech & Chong, a dupla mais chapada da história do cinema. Graças ao seu humor escrachado e à sua paixão por uma erva proibida, os dois viraram objeto de culto entre grupos de rock, hip-hop, DJs e sabe-se lá quem mais.

Para saber o motivo desse riso incontrolável, dessa fome inesperada e desses olhos mais vermelhos do que os do Conde Drácula, vale conferir os vídeos dos caras, sendo que apenas um, *Os irmãos corsos*, baseado (perdão!) no romance do francês Alexandre Dumas, foi lançado no Brasil. Os demais, produzidos entre o final dos anos 70 e o começo dos 80, são inéditos por aqui.

Detalhe: *Up in Smoke*, de 1978, seu primeiro e melhor filme, foi exibido algumas vezes na televisão aberta, com o título... *Queimando tudo*.

Este é também o nome de uma música do Planet Hemp, cuja letra cita os dois comediantes e sua, digamos, influência no som do grupo.

Rio Fanzine

Com a palavra, Marcelo D2, falando diretamente de Los Angeles, cidade onde nasceu Cheech Marin e onde o rapper passou a semana mixando o disco novo do Planet, ao lado do produtor Mario Caldato Jr.

—Vi *Queimando tudo* quando passou na Globo de madrugada há alguns anos. É um clássico — diz ele. — E o legal é que ele tinha uma dublagem ótima. Acabamos sampleando uma fala do filme para usar na nossa música.

Cheech, filho de um policial de LA, e Tommy Chong se conheceram no Canadá (para onde o primeiro foi, fugindo do alistamento militar) no início dos anos 70 e logo começaram a trabalhar juntos. O sucesso dos seus primeiros discos, na linha hippie-doidão, foi tanto (chegaram a ganhar um Grammy em 1974) que o convite para o cinema acabou sendo inevitável.

Começaram bem com *Up in Smoke* e, entre altos e baixos, ficaram juntos até a segunda metade dos anos 80, quando o slogan "Diga não", do governo Reagan, cortou a onda de sua ingênua pregação enfumaçada e tirou um pouco da sua graça.

Mas quem disse que eles foram esquecidos?

— A gente passou *Queimando tudo* na Loud! e muita gente chegou cedo só pra ver — diz Daniel K, produtor da festa, que rola no cine Íris.

— Exibimos *Queimando tudo* na Bunker ano passado e foi o maior sucesso — conta Wilson Power, DJ e produtor da casa. — Cheech and Chong são muito legais, com sua mistura de Freak Brothers e comédia pastelão.

Fã da dupla, o DJ Marcelinho da Lua tem uma cópia rara da trilha sonora de *Queimando tudo* em vinil, comprado num sebo em Nova York, que usa para tocar em suas festas, mixando os diálogos com bases eletrônicas de hip-hop ou drum'r'bass.

— Me identifico com o jeito do Cheech, que é latino e baixinho — diz ele.

O rapper Bê Negão, do Funk Fuckers e Planet Hemp, também faz coro quando o assunto é Cheech & Chong. Ele chegou a participar de "Primo morango", uma música do grupo gaúcho Comunidade Ninjitsu, que homenageia um personagem de *Queimando tudo*.

— Na letra, a gente cita partes do filme — diz ele. — Também usamos uma fala numa fita demo do Funk Fuckers, na música "Duas berletas". Aliás, quem tiver a cópia dublada de *Queimando tudo*, que entre em contato porque eu quero comprar uma.

Foi esse "suporte" que levou Carlos Vinícius, dono da locadora Cavídeo, que fica ao lado do Espírito das Artes, a fazer a mostra "Queimando Tudo".

— Passamos a semana panfletando pela cidade e ficamos surpresos com a recepção das pessoas — diz ele. — Todo mundo gosta de Cheech e Chong, mas quase ninguém viu os filmes. (C.A.)

Um tricô eletrônico

Myra Rebuá Rezende, 50 e tantos anos, faz curso de DJ e troca o chá com biscoitos por Air, Moby e Orbital

O amigo, boa gente, passou lá em casa, escutou algumas músicas de *Exciter*, o disco novo do Depeche Mode e, meio brincando, meio falando sério, mandou aquele comentário trágico: "Não consigo gostar de banda de boiola". Já um outro camarada disse, no meio de um papo telefônico, que achava que música "de verdade" era a acústica, o resto era "palhaçada". Opiniões à parte, o fato é que os dois bacanas têm 20 e poucos anos. Mas às vezes parecem ter bem mais...

Invertendo os papéis, Myra Rebuá Rezende, aposentada, mãe de três filhos adultos, tem 50 e muitos anos, mas parece ter 20 e poucos. Quer ver?

— Eu adoro Depeche Mode — diz ela. — Adoro eles. Sou louca por "Strange Love". É uma das minhas músicas favoritas.

Dona Myra (vamos tomar a liberdade de chamá-la assim daqui em diante) foi "descoberta" pelo Rio Fanzine um dia desses na World Music, uma loja especializada em equipamentos de som e material para DJs, que fica numa galeria em Copacabana.

Ela chamou a atenção porque conversava animadamente com o staff da loja sobre Laurent Garnier. Convenhamos: não é todo dia que você encontra uma senhora batendo papo sobre um dos maiores DJs e produtores de techno do planeta. Acabamos descobrindo que Dona Myra tem a manha: ela é fã de música eletrônica (e rock também) e consome discos e revistas especializadas como pessoas de sua idade consomem chás e biscoitos.

Para completar: ela recentemente fez um curso. De tricô? Não. De DJ!!!

— Ela é uma das melhores fregueses da loja — conta Fernando Braga, vendedor da World Music. — Vem aqui pelo menos uma vez por semana e só leva coisas legais. E agora está comprando discos de vinil também.

Uma simpática figura e um exemplo de tolerância musical, Dona Myra, ex-funcionária da Caixa Econômica Federal, não tem mistérios.

— Quando eu me aposentei, resolvi procurar o que fazer — conta. — Eu sempre gostei de música moderna. Uma dia, entrei numa loja e descobri esse som novo. Fiquei impressionada com músicas que, mixadas pelos DJs, se misturavam umas nas outras. Me apaixonei e não parei mais. Hoje em dia, gasto quase todo o dinheiro da minha aposentadoria em discos e revistas, como a *Mixmag* e a *Q*. E aí é aquela coisa, meu filho, volta e meia, eu estouro o limite do meu cartão de crédito (risos)...

Apesar do eventual rombo na conta, Dona Myra sabe que, no final do dia, o saldo é positivo. Foi lendo a *Q* que ela atualizou seus arquivos de rock.

Rio Fanzine

— Conheci bandas inglesas como Coldplay e Travis, que adoro. Aliás, prefiro o Blur do que os meninos do Oasis. Eles são muito metidos.

O passo seguinte foi fazer o curso de DJs:

— Minha turma só tinha garotada, mas foi divertido. Depois comprei um mixer e passei a fazer fitas mixadas para minhas amigas. Fico dançando enquanto gravo. É uma terapia. E quando elogiam as minhas fitas depois, nossa, eu fico toda sebosa (risos)...

Dona Myra esteve no Rock in Rio III, mas calma aí...

— Não fui por causa daquele garoto gordo, o Axl Rose — brinca. — Fui para a Tenda Eletro ver o Ferry Corsten. Adoro trance.

E raves, alguma chance?

— Adoraria ir, mas não tenho companhia. Mas esse negócio de ficar em festas até de manhã é para brotos. Eu gosto de acordar cedo e andar no Aterro ouvindo Orbital e Air no meu Mini Disc.

Mini Disc, sentiu?

Mas que ninguém imagine que Dona Myra, que odeia quando chamam música eletrônica de "bate-estacas", é uma moderna de última hora. Ela tem raízes.

— Adoro Elis Regina, Billie Holliday e Maria Callas.

Top ten da Dona Myra

1) "Unfinished Symphony" — **Massive Attack**
2) "Godspeed" — **BT**
3) "For an Angel" — **Paul Van Dyk**
4) "Subterranean Homesick Aliens" — **Radiohead**
5) "Porcelain" — **Moby**
6) "Angel Falls" — **Ayla**
7) "Cups" — **Underworld**
8) "Strong in Love" — **Chicane**
9) "Musak" — **Trisco**
10) "Silence" — **Dellirium**

Jason ataca na Europa

Com pouca grana e muita disposição, o grupo de punk rock faz turnê de 82 dias pelo Velho Continente

Hotéis cinco estrelas. Passagens aéreas na primeira classe. Um ônibus especial para o transporte por terra, com frigobar, ar-refrigerado e videocassete. Camarim com todas as mordomias: cerveja, uísque, vinho, champanhe, água mineral francesa, frutas variadas, frios, rangos quentes e, claro, muitas toalhas brancas. Tem mais: tapete persa para o guitarrista. Um gongo monstruoso para o baterista. Iluminação especial para o baixista. Telão com imagens de alta definição ao fundo. Groupies alucinadas para todos. Produtores, assessores e roadies 24 horas à disposição em cada cidade. Entrevistas para a MTV, VH-1 e demais emissoras especializadas. E um cachê bem legal no final da história.

Legal, né? Só que a turnê européia do Jason não teve nada disso.

O grupo carioca de punk/hardcore — Heron (voz), Panço (guitarra), Flock (baixo) e Pedro Tererê (bateria) — viajou em março deste ano para o Velho Continente com a mesma cara e a mesma coragem com que toca sua vida por aqui: ou seja, com muita disposição e quase nenhum dinheiro no bolso. Foram 62 apresentações em 12 países em 82 dias. Uma maratona que justificaria uma medalha de ouro para essa galera, que reclama pouco e faz muito. Ou seja, dá exemplo.

— A experiência para nós quatro foi fantástica — diz Leonardo Panço, que além de tocar no Jason, também "toca" a gravadora Tamborete e faz fanzines.

— Nenhum de nós tinha viajado para a Europa, só eu falava inglês e ninguém na banda tinha um cartão de crédito sequer. O Heron, nosso vocalista, viajou com um dólar no bolso.

Mesmo assim, os caras conseguiram um suporte local que fez, literalmente, a turnê andar.

— Tínhamos alguns amigos brasileiros lá que tinham uma van e ficaram com a gente o tempo todo — conta Panço. — Além disso, por conta de algumas músicas nossas que entraram em coletâneas na Espanha e na Alemanha, conseguimos alguns bons contatos. Em todas as cidades por onde passamos, tinha alguém para ajudar.

E lá foram eles para os shows. No lugar de teatros, clubes ou arenas, tocaram em squats (prédios abandonados, ocupados por qualquer pessoa que se disponha a viver ali), youth clubs (uma espécie de albergue) e até mesmo na rua.

— De cara assim é meio estranho tocar num squat. Mas depois você acostuma.

Tocamos em escolas e fábricas abandonadas. Mas quase todos tinham um palco e um bar. Já os youth clubs eram melhores, alguns tinham até camarins improvisados.

Na Áustria e na Dinamarca, o grupo teve duas experiências inusitadas.

— Tocamos no meio da rua em Graz, na Áustria, junto com cinco bandas locais.

Em Roskilde, na Dinamarca, onde teve aquela tragédia com o Pearl Jam (oito fãs do grupo morreram pisoteados durante um show ano passado), nós tocamos num churrasco punk. Só que a maior parte dos punks na Europa é vegetariana. Então, teve tomate assado, coisas assim.

Comida, aliás, foi uma palavra pouco mencionada durante a turnê.

— Cara, todo mundo emagreceu. Mas deu para levar na boa. A maior parte dos lugares nos dava rango à noite e café da manhã. Quando não tinha show, a gente invadia o supermercado.

Dos lugares visitados, em termos de estrutura, a Alemanha foi o ponto alto e a Polônia, o ponto baixo.

— A Alemanha foi o lugar que mostrou mais estrutura, mesmo sendo para eventos alternativos. Na Dinamarca, o governo chega a oferecer transporte para uma banda punk excursionar e divulgar o país. Mas na Polônia a situação é bem precária. Até camelôs vimos nas ruas.

Ironicamente, o grupo, que é carioca, só passou por um momento difícil quando um dos seus integrantes resolveu colocar o pé na água.

— O Heron resolveu mergulhar num rio na Eslovênia. Só que ele não sabia que era um rio cheio de correnteza, onde até campeonato de canoa-

gem rola — lembra Panço. — Assim que caiu na água, ele foi puxado e sumiu por alguns segundos. Todo mundo ficou apavorado. A sorte é que ele conseguiu se segurar numa pedra uns 300 metros à frente e saiu da água.

O baterista do grupo desertou e ficou na Suíça

Na volta ao Rio, um leve choque cultural, que banda punk não tem tempo para perder com essas coisas, e muitos planos legais.

— Vamos relançar os nossos dois primeiros discos e talvez role um ao vivo. É que, num dos shows na Alemanha, gravamos um MD que ficou legal.

Faltou dizer que, ao desembarcar por aqui, na recontagem dos integrantes, ficou faltando um.

— O Pedro resolveu ficar por lá. Ele tava desempregado, sem muitas perspectivas por aqui e ficou — conta Panço. — Ele tá morando num squat na Suíça. Outro dia, ele me mandou um e-mail dizendo que tá se virando fazendo faxinas e que tocou com uma banda cover do Sex Pistols. Ah, e disse que já descolou uma bicicleta.

Os números da viagem:

1 continente	62 shows
4 músicos	12 países
1 dólar (quantidade de dinheiro levada por Heron, o vocalista)	82 dias
	61 cidades
	1 desertor
1 van	

Quase famosos em 1972

As histórias de quem fazia a *Rolling Stone* brasileira

No nosso mundo tão globalizado (ave, Carlo), as pedras rolam da seguinte forma: o filme é exibido no cinema, sai de cartaz (rapidinho) e alguns meses depois ressuscita como vídeo nas locadoras. Chato assim. No caso de *Quase famosos*, o problema é agüentar essa espera, essa "transcodificação".

Afinal, o filme dirigido por Cameron Crowe tocou fundo na alma de todo mundo que, em algum momento, se apaixonou por rock, seus derivados e, acima de tudo, sua atitude.

A história, vale sempre lembrar, gira em torno do alter ego de Crowe (um ex-jornalista musical), o jovem William Miller (Patrick Fugit, palmas, palmas), um moleque de 15 anos que, no início dos anos 70, tenta começar a carreira seguindo a (fictícia) banda Stillwater na estrada para escrever um artigo para a revista *Rolling Stone* (que, na época, representava um pouco da contracultura e, hoje, vergonha, nada mais é do que uma publicação caretona, que bota os Backstreet Boys na capa)

No caminho, guiado pelo seu guru, o (real) crítico Lester Bangs (Phillip Seymour-Hoffman), ele conhece (e nós lembramos) um período de ingenuidade, amadorismo e romantismo do rock, hoje fora do ar por circunstâncias que não vale (e nem cabe) discutir aqui.

Só que há um lado dessa história que nos pertence. É que, na mesma época em que se passa o filme, uma galera aqui no Rio vivia seu momento *Quase famosos*, escrevendo, em plena ditadura militar (censura), sobre a cena rock local para a *Rolling Stone* brasileira, que foi publicada entre 1971 e 1972 (no início, licenciada; depois, totalmente pirata).

Vale lembrar esses tempos heróicos, pré-internet, pré-blogs, nos quais lendas do jornalismo musical verde-e-amarelo (como Ezequiel Neves, Luís Carlos Maciel e Ana Maria Bahiana) e tops como José Emílio Rondeau e Jamari França falavam sobre Led Zeppelin, Timothy Leary, as dunas da Gal e jovens revelações da guitarra, como um jovem Luís Maurício (hoje mais conhecido como Lulu Santos).

— A *Rolling Stone* brasileira foi o primeiro grande veículo alternativo que tratava de música e comportamento no Brasil — conta o produtor Carlos Sion, ex-colaborador da revista. — Isso numa época em que a imprensa tinha grandes problemas para emitir opiniões por causa da censura.

Jamari França, que escreveu ali suas primeiras críticas (e que hoje está no globonews.com), lembra daqueles tempos em que windows era apenas janelas em inglês.

— Não apenas as reportagens traziam informações que não se podia conseguir de outra fonte, como os textos do Maciel nos guiavam para as teorias de geniais loucos como Timothy Leary e Alan Watts — diz ele. — E na *Rolling Stone* escrevia Ezequiel Neves, o maior jornalista de rock que o Brasil já teve.

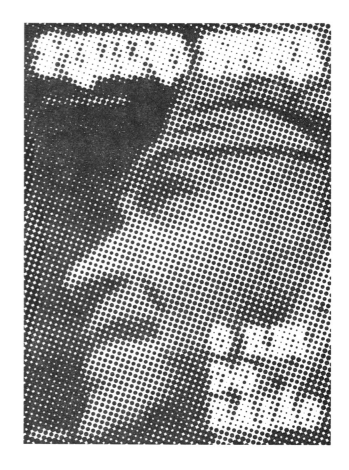

Rio Fanzine

Dica: O sebo Gracilianos do Ramo (N.S. de Copabacana 1.103, Loja B) tinha vários exemplares (obviamente amarelados) da *Rolling Stone* brasileira. O último a chegar é mulher do Backstreet Boy.

Aulas de jornalismo rock

Ficava no segundo andar de um sobrado cor-de-rosa na esquina de Visconde de Caravelas com Capitão Salomão. Das janelas da redação, via-se o Corcovado e tudo parava no final da tarde para um sorvete e outras guloseimas menos legais. O chão era de tábuas corridas e rangia. O banheiro tinha um pequeno nicho a São Jorge, Iemanjá, Buda e Shiva. Num extremo do sobrado, ficava o santo dos santos: o escritório dos donos, um inglês e um americano muito festeiros.

Só os chefes — Luís Carlos Maciel, editor, e Lapi, diretor gráfico — tinham acesso a ele. Fui lá uma vez: assinaram minha carteira de trabalho estalando de nova, a primeira anotação da minha vida.

No outro extremo, ficava a redação. A primeira sala era de Lapi. Parte do meu trabalho era manter Lapi feliz e sossegado, o que nem sempre era fácil considerando a noção vaga de "tempo", "prazo" e "pauta" que reinava na outra sala, um cômodo de janelas enormes, eternamente fechadas.

Este era o império de Ezequiel Neves, que às vezes respondia por Zeca Jagger e era, na verdade, o coração, a força motriz e o verdadeiro Shiva dançante de todo o sobrado. Zeca tinha uma juba encaracolada, um perpétuo bronzeado e uma lampadinha no pescoço. Várias vezes ao dia eu era chamada aos berros de "garotiiiiiinhaaaaa!" ou "Aniiiiiiiinhaaaaa!". Em geral, o que me aguardava era uma aula prática de jornalismo rock.

A crueldade que Zeca reservava aos grandes era comparável apenas à ternura que ele guardava para os pequenos. Nenhuma banda local era obscura demais, nenhum guitarrista principiante demais para não merecer sua mais devotada atenção.

Seus acólitos nesse ofício eram Okky de Souza, com cachinhos de querubim barroco; o repórter volante Dropê, sempre com um relato detalhado dos últimos acontecimentos; e o eternamente on the road Joel Macedo.

Se Zeca era a pilha, Maciel era o córtex cerebral do sobrado, pairando com uma calma zen acima do festivo caos mal controlado que flutuava sobre as tábuas rangentes. Nenhuma crise — A polícia vai dar batida! A edição foi recolhida pela censura! Acabou o contrato com o Jan Wenner! — era suficiente para abalar o Maciel.

Fora isso, ele sorria, tentava discutir com Zeca (impossível) e me ensinava o que eu pedia para aprender. Minhas tarefas consistiam inicialmente em marcar as laudas de matéria para a gráfica, recolher o material de ilustração, manter Lapi feliz e responder às cartas dos leitores, o que era quase uma psicanálise.

Como eu sabia muito bem, os leitores se julgavam donos da revista, sócios, conspiradores. E eram. Dois escreviam quase toda semana: uns tais Jamari França e José Emílio Rondeau. Eu reclamava com Maciel: esses caras estão monopolizando as cartas!

Durou um ano, exatamente: o ano de 1972. O último disco que recebemos foi *Acabou chorare*, dos Novos Baianos. Lembro dos janelões finalmente abertos, um poente lindo de começo de verão entrando por cima das copas das amendoeiras, o disco rodando na vitrola do Zeca. Todo mundo ouvindo os Novos Baianos dizerem que tudo ia ficar lindo, a gente sabendo que a revista estava condenada e Zeca dizendo: "Mas garotinhos, vai ser um verão demais!"

Durou um ano exato. Foi mais que o primeiro ano do resto da minha vida. Foi o primeiro ano completamente feliz da minha vida. (A. M. B.)

Xerife, o Matanza está na cidade!

O grupo fora-da-lei lança explosivo disco unindo country e hardcore

Ei, caubói, tá querendo uma trilha sonora para aqueles dias em que o Rio parece uma cidade do Velho Oeste, com xerifes malvados, tiroteios nas ruas e pistoleiros (e, principalmente, pistoleiras) por toda a parte? Pegue o seu cavalo (motor) e rume para a loja de discos mais próxima. Lá chegando, ajeite o chapéu e o cinto, olhe fundo nos olhos do vendedor e, rápido no gatilho, peça:

"Quiero el disco del grupo Matanza. E quiero ahora". Depois, vá beber uma cerveja ou uma tequila no saloon mais próximo. Mas tome cuidado: dizem que aquela atendente gostosona é uma vampira.

É nesse clima — calorento, empoeirado, sujo e sensual — que rola *Santa Madre Cassino*, o primeiro trabalho do Matanza, um dos grupos mais legais do Rio (Grande?). Em suas 14 faixas, o coquetel de country e hardcore feito por Jimmy (voz), Donida (guitarra e banjo), China (baixo) e Nervoso (bateria e tatuagens) desce queimando, como uísque barato. Salva de tiros também para a produção de Rafael Ramos, que reforçou tudo de bom que o Matanza já mostrava em sua fita demo.

Pense em Clint Eastwood, Lee Van Cleef e a dupla Tarantino/Clooney no filme *Um drinque no inferno*. Pronto. Você está na terra de Matanza, onde a bebida marca um relacionamento ("Eu não bebo mais"), ex-presidiários sofrem por amores proibidos ("Mesa de saloon"), a vingança é um prato servido "caliente" ("E tudo vai ficar pior") e diabólicas criaturas surgem ao anoitecer ("Santanico").

Um dos melhores e mais divertidos discos do ano. E se você não concordar, bem, caubói, um de nós vai ter que deixar a cidade.

Rio Fanzine

Los hermanos na era digital

O Nortec Collective, formado por músicos, DJs e produtores, renova a tradicional música mexicana

A globalização como nós a conhecíamos pode ter explodido junto com as torres do World Trade Center naquela triste manhã de 11 de setembro, mas o mundo segue se comunicando, trocando informações e gerando as mais inesperadas conexões. Uma das mais legais vem do México, mais precisamente da cidade de Tijuana, na fronteira com os Estados Unidos: é o Nortec Collective. Mas, antes, um pouco de "turismo".

Tijuana é normalmente conhecida como o local onde os americanos enchem a cara, tomam substâncias que passarinho não bica, fazem um sexo a preço de custo e depois voltam para casa limpinhos. O hermano Carlos Santana veio de lá. Sobre a cidade, Manu Chao cantou "Welcome to Tijuana, tequila, sexo e marijuana". É por aí.

Pois bem. Justo nesse lugar "caliente" nasceu o Nortec Collective (ou Coletivo Nortec), um grupo de DJs, músicos e produtores que está injetando sangue digital nas veias abertas da música mexicana, colando violões com baterias eletrônicas e vozes dramáticas com samplers espertos. Seu disco de estréia, *The Tijuana Sessions — vol. 1* acaba de sair lá fora pela Palm Records (e deve ser lançado aqui, via Trama, ainda este ano).

Um dos principais representantes desse movimento — cujo mix já começa no nome: northern + technology nortec — é o grupo Fussible, de Pepe Mogt e Melo Ruiz.

— Tudo isso começou há dois anos, quando começamos a fundir sons tradicionais do México com eletrônica — diz Pepe, em entrevista ao Rio Fanzine. — Logo descobrimos que existiam outras pessoas que também estavam interessadas nessa mistura. Foi quando nasceu o Nortec.

Aos poucos, a essa turma juntaram-se desenhistas (responsáveis pelas capas dos discos e pelas filipetas), jornalistas, gente de moda, artistas plásticos e produtores de clipes, todos interessados em acrescentar algo ao movimento.

— Isso tem sido legal porque, a cada evento que fazemos, surge alguém com uma coisa nova — conta Pepe. — Pode ser uma instalação, um vídeo, uma roupa, qualquer coisa que mostre a cultura mexicana sendo reciclada e recriada. Há um sentimento realmente coletivo.

Como se vê, qualquer semelhança com o mangue beat, de Chico Science e cia., não é mera coincidência. O Nortec é um bando de cabeças globais agindo localmente. E Tijuana, hermanos fanzineiros, é a Recife deles.

— Tijuana tem tudo de bom e de ruim que uma cidade de fronteira pode ter — diz ele. — E nossa música de certa forma reflete isso. Temos os bares de strip-tease, o tráfico de drogas, a polícia violenta, a pobreza, mas também bares, teatros e clubes legais, temos gente produzindo cultura. Embora a eletrônica não tenha letras como o pop, você pode achar músicas do Nortec com samples tirados das ruas ou com notícias do rádio. É a nossa forma de traduzir essa atmosfera.

Para quem imagina que o som do Nortec é uma bizarra colagem de sons tradicionais com beats eletrônicos, a surpresa vem já na primeira música do disco, "Polaris", do grupo Bostich, na qual uma tuba sampleada se cruza com elementos de percussão em perfeita sincronia e sem forçar a barra. Uma jóia muito apropriadamente escolhida para abrir o disco. "Elemento N", do Plankton Man, estende as misturas até as fronteiras do jazz. E a doce e atmosférica "Cantamar 72", do Clorofila (um projeto musical dos desenhistas Fritz Torres e Jorge Verdin), faz sonhar com uma viagem de carro pelas praias de Baja.

Pepe sabe que dificilmente vai conseguir ouvir alguma dessas músicas nas rádios de Tijuana e arredores. Seus problemas, nossos problemas.

— As estações de Tijuana só tocam baladas, músicas tipo Britney Spears e, no máximo, alguma coisa de rock latino. Mas existem os clubes, onde os DJs tocam house, techno, drum'n'bass e downtempo. Em outros lugares, como a Cidade do México e Guadalajara, as rádios tocam alguma coisa de trance e techno, mas sempre material comercial, sem qualidade. E com isso as pessoas não conseguem diferenciar o que é bom do que é ruim. Isso só atrapalha.

Os integrantes do Nortec estiveram tocando na Europa e na América nos últimos meses, participando inclusive do festival Sónar, na Espanha. O disco *Tijuana Sessions* tem recebido merecidos elogios da imprensa. O *Village Voice* comparou o Nortec com o nosso tropicalismo e disse que aquela era a primeira manifestação pós-moderna da cultura de fronteira. O *NY Times* foi todo elogios. A revista inglesa *Jockey Slut* também. Mas em casa, no começo...

— Todos riam de nós — diz Pepe. — Mas isso foi só até ouvirem a primeira música.

Deuses da guitarra imaginária

A febre da "air guitar" se espalha pelo mundo e ameaça o reinado de Eric Clapton

Amanhã o espelho ficará a ver navios. À noite, no palco da Praça da Apoteose, Eric Clapton mostrará por que um dia foi considerado o deus da guitarra, tocando, como sempre, com simplicidade e emoção divinas.

Ao seu lado, fazendo a base e um solinho aqui e outro ali, estará o veterano guitarrista Andy Fairweather-Low.

Mas eles não estarão sozinhos.

— Na platéia, Clapton será acompanhado por dezenas — ou centenas? — de "músicos" tocando o mais famoso instrumento do mundo dos sonhos: a "air guitar".

Traduzindo livremente, "air guitar" é aquela guitarra que quase todo mundo já "tocou" um dia, encarnando um superstar do rock em frente ao espelho, solando, fazendo base, participando de duelos e enlouquecendo os fãs. Na boa, vai dizer que você nunca fez isso?

Joe Cocker fez. Salvo provas em contrário, sua performance na música "With a Little Help from my Friends", durante o festival de Woodstock (o original), marcou o ano zero da "air guitar".

Por causa do imortal filme sobre o evento, as imagens do cantor cambaleando pelo palco, os olhos fechados e os braços segurando uma guitarra imaginária, correram o mundo e influenciaram gerações de "air guitar players".

Deu no que deu. O "instrumento" ficou consagrado e tornou irreal o sonho de milhões de pessoas que nunca tiveram a chance de aprender a tocar guitarra de verdade, gente que nunca estudou em Berkley, jamais trocou figurinhas com um velho bluesman e não se chama Jeff Beck ou Edward Van Halen. E o mundo, claro, nunca mais foi o mesmo.

— No começo, eu imitava Jimi Hendrix e Jimmy Page — diz o DJ e músico Edinho. — Depois, na minha adolescência, só deu Ramones e punk rock, uma coisa mais visceral. E não ficava só em frente ao espelho. Fazia "air guitar" em qualquer lugar onde tocassem essas músicas. Era como se as minhas mãos ganhassem vida própria (risos).

Como os astros reais, algumas pessoas tinham suas próprias excentricidades na hora de pegar o "instrumento". Como o famosão DJ Maurício Valadares (que, pouca gente sabe, toca um baixo real de primeira).

— Eu tocava "air bass" ao som de "Voodoo Child", do Hendrix — lembra ele, que comanda hoje, no Cine Ideal, mais uma edição da festa Ronca Ronca. — Mas eu não tocava em frente ao espelho. Eu ficava de costas para a platéia.

Rodrigo Quik, dos grupos Perdidos na Selva e Narjara, praticava uma outra variação do tema.

— Fazia "air vocais", imitando o Mike Patton na época do Mr. Bungle, que eu adorava — lembra ele. — E o pior é que não fazia isso sozinho em casa. Fazia em festas, com coreografia, na frente de todo mundo. Mas agora eu sou normal.

Hoje em dia, a coisa atingiu níveis estratosféricos. Os jovens americanos Beavis & Butt-head jamais dispensam uma "air guitar" em suas aparições. A poderosa empresa japonesa de jogos Konami — responsável pela fantástica série de futebol *Wining Eleven* — lançou ano passado *Guitar Freaks*, uma espécie de prévia do que vem por aí (para Playstation 2): o jogo *Air Guitar Freaks*, que promete fazer de você um Pete Towshend ou um, vá lá, Slash.

Mas é na internet — onde mais? — que o "instrumento" vira uma hilária mania. No site Mirrorimage (http://mirrorimage.com/air/index.html) o "renomado" R. "Bud" Philson, inventor das renomadas guitarras imaginárias Philson Stratoblaster (uma brincadeira com a real Fender Stratocaster), ensina como tocar "air guitar". De preferência usando uma Philson legítima.

— Eu não faço "air guitar" em frente ao espelho porque vou ficar deprimido com minha imagem

— diz Rodrigo Lariú, do selo midsummer madness, que até o final do ano vai lançar discos dos grupos Cassino (ex-4 Track Valsa) e Fellini. — Mas já "toquei" várias vezes junto com o My Bloody Valentine durante o banho.

Mas atenção, Rodrigo: ninguém se torna um "air guitar hero" da noite para o dia. Segundo R. "Bud" Philson, é necessário treinar durante horas, dias até, para se tornar um mestre. "Você precisa ter presença de palco, carisma e atitude", explica ele no site.

E os melhores entre os melhores se reúnem anualmente na cidade de Oulu, na Finlândia, onde rola, há seis anos, o Campeonato Mundial de Air Guitar. É sério! Cada candidato tem um minuto para mostrar sua técnica e seu estilo.

Este ano, o vencedor foi o inglês Zac "Mr. Magnet" Monro, graças a uma espetacular performance (confira o vídeo no site http://www.omvf.net/english.html) na qual ele chegou a pedir mais retorno para a sua "air guitar".

Então se amanhã à noite, quando Eric Clapton, o deus da guitarra real, soltar os primeiros acordes de "She Don't Lie", você sentir aquela irresistível vontade de acompanhá-lo, não fique com vergonha. Tocar "air guitar" é divertido e não dá choque. Principalmente se você estiver usando uma autêntica Philson Stratoblaster.

Não aceite imitações!

OS ESTILOS

PETE TOWSHEND: Você tem que rodar um dos braços furiosamente. E pular também.

HENDRIX: Exige técnica avançada. A guitarra é tocada com os dentes e atrás da cabeça.

AC/DC: O estilo Angus Young exige chapéu, terno e short. E muita resistência física, pois você tem que ficar dançando o tempo todo.

JEFF HEALEY: Boa para descansar o corpo e a visão. A "air guitar" fica no seu colo e é tocada como se fosse um piano. Uma variação é o estilo Stanley Jordan, mas para esse você tem que deixar crescer um bigodinho infame.

EDDIE VAN HALEN: Da escola holandesa de fazer misérias com o braço da "air guitar". É de bom tom sorrir e fazer tudo parecer fácil.

ROBERT FRIPP: O mais cerebral e difícil de todos os estilos. Você toca o "instrumento" sentado, impassível, tão concentrado que nem repara na aproximação dos enfermeiros com a camisa-de-força.

MÚSICAS QUE PEDEM UMA "AIR"

"Smoke on the Water": Deep Purple
"Back in Black": AC/DC
"Black Dog" e "Kashmir": Led Zeppelin
"Start me Up": Rolling Stones
"Sultans of Swing": Dire Straits
"Purple Haze": Jimi Hendrix
"The Trooper": Iron Maiden
"Breaking the Law": Judas Priest
"Blitzkrieg Bop": Ramones
"Owner of a Lonely Heart": Yes
"Won't Get Fooled Again": The Who
"Welcome to the Jungle": G'NR
"Should I Stay or Should I Go": The Clash
"Iron Man": Black Sabbath

Rio Fanzine

"Day Tripper": The Beatles
"Free Bird": Lynyrd Skynyrd
"Sunshine of Your Love": Cream
"Soul Sacrifice": Santana

Elas têm aquilo rosa

Meninas finas, rapazes educados, por favor, afastem-se daqui. Pitboys que se divertem agredindo homossexuais, xô.

Agora sim.

Sabe o escracho do filme *Rocky Horror Show*? Sabe a maquiagem do Kiss? Sabe a androginia do Secos & Molhados? Sabe o tal "wild side" imortalizado por Lou Reed? Sabe Recife?

Pois então você, de cara lavada, já sabe bastante sobre o grupo que, de cara pintada, vai tirar o sono dos mocinhos de plantão, vai incomodar mesmo as cabeças mais arejadas e vai provocar alguma coisa em você, nobre fanzineiro, nem que seja um corinho de "biiiiiiichaaaaaaaa".

O país que teve um presidente que tinha aquilo roxo deve se preparar para o pior. Vem aí o grupo que tem aquilo colorido como um arco-íris: o Textículos de Mary (e a Banda das Cachorras). Chocou?

Normal. É isso o que a banda pernambucana (de Recife) tem feito desde que saiu do armário, em 1998. Qual é a dos caras? São três sujeitos — de codinome Chupeta, Lollypop e Siler e Lapadinha — que se apresentam travestidos e armados com apetrechos hardcore. Seu som já foi definido como punk metal gay. E suas letras falam sobre os habitantes do lado escuro das grandes cidades — prostitutas, gigolôs, traficantes, michês, viciados e meninos de rua.

— Somos uma sessão espírita do rock — diz Chupeta, que nas horas vagas se chama Fábio, um estudante de arqueologia prestes a se formar.

Há algumas semanas, o grupo — de passagem pelo Rio para gravar seu primeiro disco, pela Deck — se apresentou no Ballroom, inserido de última hora num show que tinha o Biquíni Cavadão como atração. E deu no que tinha que dar.

Após uma sessão de hits óbvios saindo das caixas, cortesia de uma rádio rock comportada que bancava o show, os caras subiram ao palco, frente a uma platéia rock comportada, e sujaram legal.

Em 30 minutos de show, cantaram músicas como "A vingança de Geysa Kelly", "Marilyn Manson Is Dead" e "Porque eu sou bicha" (versão de "She-ra", de Xuxa). E também gritaram, gemeram, simularam um ato sexual e imploraram para que a platéia os xingasse. Ao fim do show, as pessoas que sobraram na frente do palco não sabiam se aplaudiam ou vaiavam.

O Textículos de Mary surgiu... bem, é melhor acompanhar a fantástica versão da própria banda.

— Tudo começou quando um travesti chamado Mary foi espancado por quatro sujeitos e abandonado no banheiro imundo de uma boate —

conta Chupeta. — Deprimido, ele pegou uma gilete e cortou fora suas partes íntimas. Elas ficaram ali, misturadas com urina, esperma e bactérias. Aconteceu uma reação química e surgiram três travestis mutantes: nós. Depois, contaminamos uma banda de forró, que virou a Banda das Cachorras, que nos acompanha.

Na real, o TM surgiu a partir de uma brincadeira de três amigos (sim, Telma, eles são gays mesmo) que fizeram um show "montados" e não pararam mais.

Curiosamente, para quem vem de Recife, eles não têm nada a ver com a estética mangue e suas antenas ligadas no futuro.

— Adoramos o que Chico Science e o mangue beat fizeram pela música do Recife, mas nossa história é outra — conta Chupeta. — Representamos a escória sexual que a classe média finge não ver.

Musicalmente, as influências do Textículos passam por nomes dos anos 60/70.

— Adoramos Santa David Bowie e também o Velvet Underground — fala Chupeta.

Mais inesperado ainda é o público que o grupo conquistou em Recife e arredores.

— Os gays odeiam a gente. O público que mais nos apóia são os skatistas. Talvez porque nós dizemos o que somos mesmo, sem firulas.

Produzido por Rafael Ramos, o disco de estréia dos TM deve ser lançado em abril ou maio. A tarefa mais difícil foi levar para o estúdio o clima "descontrol" dos shows.

— O Rafael conseguiu dar um peso ao nosso som e ficou bem parecido com o show. Assim, podemos ficar mais frangos na hora de cantar.

E o futuro do TM? Será que os "frangos" vão tocar "Porque eu sou bicha" na TV?

— Tudo é possível, mas não queremos ser confundidos com uma banda engraçadinha — diz Chupeta. — Só queremos conquistar o mundo (risos, digo, risinhos).

O Homem-Posto Nove

Antes de qualquer coisa, esta reportagem não pretende fazer apologia a coisa alguma. Talvez, apenas, da liberdade de você ir até a loja mais próxima e comprar um bom livro.

No caso, o recém-lançado *Paraíso na fumaça* (Conrad), do americano Chris Simunek, um ex-professor que se tornou jornalista da revista *High Times*, uma publicação surreal, dedicada quase que exclusivamente a temas relacionados com aquela erva dita maldita e que pode ser comprada (legalmente) em qualquer banca do planeta, inclusive no Brasil.

No livro, ele reúne algumas das suas reportagens para a *High Times*, fugindo de pautas "normais" como o diabo da cruz e ricocheteando no jornalismo "gonzo" de Hunter S. Thompson. Assim, *Paraíso na fumaça* nos faz acompanhar Simunek num encontro de motoqueiros no interior dos Estados Unidos, num passeio pelos becos de Trench Town, a favela jamaicana onde Bob Marley cresceu, e num papo sobre metal

Rio Fanzine

com Lemmy, do Motorhead. É o reality-jornalismo enfumaçado.

Aproveitando a deixa, mandamos um e-mail para a redação da *High Times* em Nova York e batemos um papo com o autor doidão, que detona o ex-prefeito Rudolph Giuliani ("É um necrófilo, que usou a trágica morte de três mil pessoas no ataque ao World Trade Center para renascer politicamente"), garante que a contracultura está morrendo lentamente na América e diz ter um estranho desejo.

— Infelizmente, hoje qualquer movimento original jovem nascido no underground é engolido por grandes corporações assim que mostra possibilidade de dar lucros — diz ele. — Na seqüência, após ser sugado em sua essência, ele é descartado. Por isso, ando desiludido com a cultura americana em geral. Quero ir para o Brasil, pegar uma praia e circular com o Supla o dia inteiro.

— **Como surgiu a idéia de fazer o livro?**

— É que, em geral, não há longevidade em artigos de revistas. Você lê, derrama café em cima e depois joga no lixo. Como acho que meu trabalho não é lixo, pensei em juntar tudo num livro.

— **Como é falar de substâncias ilegais num país que manda uma mensagem tão forte — "Não às drogas" — para o mundo?**

— A guerra americana contra as drogas serve apenas como desculpa para o Tio Sam despejar soldados em qualquer país, a qualquer momento. A investida no Panamá, por exemplo, não era contra a cocaína. Era sobre os canais. E o que estamos fazendo na Colômbia? Lutando contra a cocaína ou contra um inimigo marxista?

Essa guerra apenas alimenta o crime e sua indústria.

— **Quando você está na estrada e diz que é da *High Times*, isso abre ou fecha portas?**

SIMUNEK: Abre portas. Mesmo pessoas que não fumam, como os políticos que encontrei recentemente na convenção do Partido Republicano, ficam curiosas ao saber que sou de uma revista que fala sobre maconha. Isso é um enigma para elas.

— **O chamado jornalismo "gonzo" o influenciou de alguma forma?**

— Sim, bastante. Adoro Hunter Thompson. Mas gosto também de gente de outras áreas, como Lenny Bruce, Jack Kerouac, Charles Bukowski... A lista não tem fim.

— **Não quero parecer esotérico, mas no livro, durante suas viagens, você diz estar em busca de respostas. Mas qual é a pergunta?**

— Como americano, fui treinado para pensar que a felicidade está em entrar numa loja e comprar um produto novo. Mas quando faço isso e não fico com o mesmo sorriso que a moça no comercial, algo está errado.

— **Você acha que a maconha deve ser descriminada?**

— Claro. É uma planta que nasce na terra. Em cada nota de dólar, está escrito: "Confiamos em Deus." Ora, se os políticos confiam Nele, por que proibir uma de Suas criações?

— **E o argumento de que ela é um degrau para drogas mais fortes?**

— Para a maioria das pessoas, o álcool e cigarros são o primeiro degrau. Todas as coisas estúpidas que fiz na vida foram por causa do álcool. A maconha é a primeira droga ilegal, e isso leva

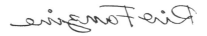

a uma confusão do tipo: "Fumei maconha e não aconteceu nada; então, vou experimentar cocaína." O problema é que maconha não é cocaína nem heroína e jamais deveria ser classificada como elas.

— **Como você lembra dos casos contados no livro se estava chapado o tempo todo?**

— Sou uma pessoa obsessiva. Coisas que me marcam tendem a ficar muito tempo na minha cabeça.

— **Você gosta de Cheech & Chong?**

— Cara, eu amo esses dois, tanto seus filmes como seus discos. De vez em quando, Chong aparece aqui na redação e aí já viu, né?

— **O que você tem ouvido?**

— Pink Floyd, Who, The Germs, Black Flag, David Bowie, PIL e John Coltrane. Nada de muito novo.

— **E se *Paraíso na fumaça* virasse um filme, como *Medo e delírio em Las Vegas*, quem você indicaria como diretor? E quem interpretaria você?**

— O diretor teria que ser o Pernalonga. E eu seria Lassie.

Carne de primeira

O suculento grupo Thee Butchers' Orchestra leva seu rock sem gorduras ao Cine Íris

Se você é um vegetariano musical, do tipo que só se alimenta de sons leves e facilmente digeríveis, meu chapa, fique longe do cine Íris neste sábado.

Periga respingar um pouco de sangue em você. É que no palco do local, impregnado de pornografia, vai rolar uma carnificina comandada pelo grupo paulista Thee Butchers' Orchestra, uma das melhores invenções do homem (brasileiro) desde o rodízio de carnes e a picanha com farofa.

Segredo já nem tão bem guardado assim do underground nacional, a Orquestra dos Açougueiros — que vai dividir o show com o Wry — há algum tempo vem sendo saudada como uma luz no fim da churrascaria, um prato perfeito para quem anda de estômago embrulhado com tanta carne de segunda por aí.

Como prova o suculento *In Glorious Rock'n'roll*, o mais recente trabalho dos "brothers" Marco Butcher (voz e guitarra), Adriano Butcher (guitarra e voz) e Rodrigo Butcher (bateria), é uma daquelas pérolas que de vez em quando aparecem para nos lembrar porque um dia vendemos nossa alma ao rock'n'roll: em suas 17 faixas, o dito-cujo é triturado, dilacerado e servido em pedacinhos, com um sabor que vai do MC5 ao Jon Spencer Blues Explosion, sem nunca perder a originalidade.

In glorious..., bem como o anterior, o igualmente explosivo *Golden Hits By*, foi lançado pelo selo/gravadora Ordinary Recordings. Sabe de quem?

— A Ordinary é minha e da minha mulher — diz Marco Butcher. — Mais caseiro, impossível. Gravamos tudo aqui em casa, no estúdio que temos na garagem. Depois é só levar para masterizar. Um esquema desses seria improvável numa grande gravadora.

Detalhe: na contracapa de ambos tem a foto de um carro. E não é coincidência.

— É uma forma de remeter ao nosso som — explica Marco. — Embora tenhamos todos os elementos de um rock de garagem, na verdade gosto de pensar que fazemos o som de uma corrida de dragsters (nota do RF: pick-ups envenenadas, que chegam a 120km/h em três segundos).

Tem sido essa correria desde 1996, quando o Thee Butchers' Orchestra começou a andar pelo mundo e lançou sua primeira fitinha, *Out of the Jazz, Into the Stress*. De lá para cá, tem sido aquela saudável rotina de shows, ensaios, gravações e também tabelinhas com gente como Dan Kroha, do grupo Demolition Doll Rods, que excursionou com o TBO pelo Brasil e acabou produzindo *In Glorious Rock'n'roll*.

— Foi ótimo trabalhar com ele, que nasceu em Detroit, ali entre a Motown e o MC5 — conta Marco. — É um cara que constrói seus pedais, faz seus amps e sabe trabalhar com bandas como a nossa, que não usam baixo.

Marco garante que o fato de o grupo cantar em inglês não facilitou essa aproximação

— Noventa por cento do que eu ouço e gosto eu não entendo o que estão dizendo — explica. — Eu não sou poeta, não tenho pretensão de ser um Bob Dylan. Não quero que as pessoas voltem dos nossos shows e escrevam as letras nos cadernos. Quero é que elas mexam com os quadris e tenham uma noite legal.

Sobre o fato de o grupo volta e meia se apresentar apenas de sunga, Marcos explica:

— A gente não quer fazer disso um marketing. É uma questão de conforto.

Nosso show é agitado e não faz sentido usar roupas de couro. Mas, claro, gostamos de um pouco de teatro, na linha de Iggy Pop e Alice Cooper. O cara que paga por um show nosso ganha um show mesmo.

O mundo todo num só "case"

Toda quarta-feira, à meia-noite GMT (aqui, 20h), logo após as doideiras do John Peel, o clima muda geral nas ondas da Rádio 1 da BBC de Londres. Como uma névoa chegando lentamente, uma voz suave anuncia: "Worldwide". Um som aconchegante, vindo de qualquer parte do planeta, sempre downtempo, toma conta do ar. E assim começa um dos programas de rádio mais bacanas do mundo.

Que pode chegar aqui em breve, caso Gilles Peterson, o DJ-produtor do *Worldwide*, feche com uma emissora paulista. Foi para isso, e também para tocar uma noite, que o suíço residente na Inglaterra Gilles (pode pronunciar à francesa ou à inglesa, no prob) esteve em São Paulo na semana passada.

— Gostaria muito de ter o *Worldwide* transmitido no Brasil — diz Gilles, por telefone. — Estou em negociações com a Energia FM e pode ser que aconteça. O programa já é transmitido para 20 estações ao redor do mundo, sem contar a internet. Seria ótimo.

Gilles, que já esteve no Brasil há cinco anos (no Rio e em Salvador, a passeio), vive viajando. Porque, além de ser DJ de clubes e de rádio, também é o diretor artístico (a&r) da gravadora Talkin' Loud. Como ele concilia tudo?

— De certa forma, tudo está conectado. Como a&r da Talkin' Loud, tenho que descobrir músicas para lançar. Então eu escuto, toco. Mas tenho família, filho e ainda jogo futebol com amigos. É um misto de trabalho e lazer.

Também não deixa de dar a sua garimpada nas lojas de discos por onde passa.

Aliás, ele tem mais de cinco mil; só de brasileiros, são uns mil vinis!

— Comecei ouvindo MPB com Sérgio Mendes, Gil e Jorge Ben. Não parei mais. Em média, compro uns 50 discos por semana, sem contar os que recebo, muitos.

Gilles tem tantos discos que teve de mudar-se do apartamento em que morava porque não cabia mais nada lá.

— E o mais incrível é que eu não consigo achar os discos que preciso tocar no programa e nas festas. É sempre um desespero — diz, rindo.

Sua familiaridade com os sons brasileiros foi o motivo para ele não hesitar em lançar uma versão do Drumagick para "Take it Easy, My Brother Charles", de Jorge Ben, que virou "Easy Boom" e já está pegando nos clubes londrinos.

A faixa sairá aqui numa coletânea da Trama/SambaLoco, *Drum'n'Bass Classic*.

— Gosto da música há tempos, mas a idéia de recriá-la foi do Drumagick.

Seria o drum'n'bass o novo jazz?

— Não sei. D&b tem algo de jazz às vezes. Mas, pra mim, jazz é tudo, está em tudo, de certa forma. Vejo jazz no som do Radiohead, por exemplo.

Gilles é o cara que veio pra acabar com rótulos bestas como world music e acid jazz. Para ele, antes de tudo a música precisa ter alma/soul.

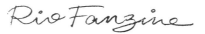

— Em meu case eu tenho techno, disco, drum'n'bass, blues, jazz, soul. Para mim, é tudo uma coisa só. Antes de tudo, música precisa ter alma. (T. L.)

Metal fora do sistema

Cena: pista da Alien Nation na Bunker. Fim de noite. Muita gente de preto namorando ou jogada pelo chão, cansada. De repente, começa a tocar "Chop Suey", do System of a Down (aquela mesma que a Rádio Cidade, que é "rock", toca editada, para tirar as guitarras!). Subitamente, a galera pega a última reserva de energia e sai correndo pra pista. Todos gritam, cantam, pulam, gesticulam, chegam perto de uma catarse.

Por quê? Como? Só quem ouve o som do Soad pode explicar. Talvez seja pelo jeito dramático de Serj Tankian cantar (ele que, num *NME* recente, disse que sua inspiração é Dave Gahan, o atormentado vocalista do Depeche Mode, tudo a ver). Ou pela alternância de melodia e fúria (como uma vez o Metallica soube fazer muito bem) a cargo do dínamo criado por Daron Malakian (guitarra e voz), Shavo Odadjian (baixo) e John Dolmaya (bateria). Ou, ainda, pelas letras estilo soco-na-cara de Malakian.

Não há uma explicação, como nunca há. Mas o fato é que *Toxicity*, o segundo disco do Soad, é daqueles que te pegam de jeito e vão melhorando a cada audição. Tanto que, muitos meses depois de lançado, está no ápice do sucesso. Talvez por o System soar bem diferente das bandas de new metal, a maioria meros Backstreet Boys disfarçados com guitarras.

E também é uma banda do tipo ame ou odeie. Quem gosta, gosta muito. Será a mistura da formação? Serj, de 30 anos, nasceu no Líbano e foi pequeno pra Los Angeles. Antes do Soad, ele tocava teclados e teve uma banda, Soil.

John, de 25, também nasceu no Líbano e depois foi pra Toronto até chegar a L.A. Shavo, de 23, veio da Armênia. E Daron, de 22, único americano, nasceu em Glendale, Califórnia. E a banda formou-se sob os letreiros de Hollywood, do casual encontro entre Serj e Daron.

— Foi simples assim, um dia nos encontramos e resolvemos formar a banda — diz Daron, por telefone, numa pausa da turnê atual que, quem sabe, pode chegar ao Brasil em breve. — Eu não sei dizer exatamente quando iremos tocar na América do Sul, só sei que está em nossos planos.

O guitarrista, também principal letrista da banda, disse que o maior desafio da nova turnê foi encabeçar o Ozzfest, quando Ozzy Osbourne deixou a turnê por algumas semanas para ficar ao lado da esposa, Sharon, que está se tratando de um câncer:

— Foi uma grande responsabilidade segurar a Ozzfest como headliners.

Realmente ficamos nervosos.

A banda trilha a senda do metal, mas faz um híbrido sonoro que lembra o thrash underground dos 80 com um mood dark, por causa das letras e do modo dramático de cantar de Serj Tankian. É isso?

— A gente não pensa em nada desses rótulos ao compor, tudo flui naturalmente. Escrevo músicas de que gosto, não importa se é black metal ou seja qual for o nome que tenham.

Mas de onde vêm as influências?

— Todos temos influências bem diferentes. Eu era mais ligado ao metal, John era mais hard rock anos 70, Serj ouvia mais Depeche Mode. A soma de todos esses gostos diferentes ajuda no resultado final do nosso som.

Já pensando no futuro, Malakian considera *Toxicity* passado.

— Já não penso mais nele, é passado. Nossas melhores canções ainda não foram escritas. Já tenho o novo disco todo pronto em minha mente.

Mesmo com tantos shows, o vocalista Serj está gravando dois discos solo ao mesmo tempo, por um selo indie; Daron, por sua vez, está produzindo novas bandas alternativas.

— Estou produzindo duas novas bandas, Bad Acid Trip e Ambulance. Gosto mais de produzir e escrever músicas do que de gravar um disco solo. (T. L.)

Distorções no deserto

Ouvir o Kyuss é como pegar no sono vendo um documentário da *National Geographic* sobre o deserto (fácil, não?). É como ter um sonho lisérgico com guitarras distorcidas ecoando por entre cáctus e lagartos. Ao fundo, um céu azul, arrebatador, iluminado por uma bola de fogo que faz queimar sua pele.

O peso da música é tanto que parece te prender ao chão, colando suas costas à areia quente. E quando um escorpião dourado começar a falar algumas coisas ininteligíveis com você é melhor acordar rapidinho e ir lavar o rosto, gente boa. (Seria legal também pedir um antidoping para quem escreveu isso.)

Maior viagem, né? Pois é. E ela continua. Mesmo tendo desligado os amplificadores valvulados em 1995, o som do grupo americano (de Palm Springs, Califórnia) — que tinha o deserto como fonte de inspiração — continua gerando distorções por aí.

Além de ter fertilizado o Queens of the Stone Age, formado por dois dos seus integrantes (Nick Olivieri, o baixista peladão do RIR 3, e o guitarrista Josh Homme), o Kyuss é o ponto de partida de um ainda obscuro subestilo, uma espécie de grunge ensolarado e psicodélico: o stoner rock (ou desert rock).

Amado e odiado por seus "praticantes" (como quase todo rótulo musical), o stoner rock é como um guarda-sol que abriga bandas underground

Rio Fanzine

do mundo inteiro cujo som é calcado em guitarras distorcidas e em psicodelia, mais hard rock do que heavy metal, mais Tony Iommi do que Joe Satriani.

Sua linha evolutiva vai dos seminais Blue Cheer, Iron Butterfly e Cream, passa pelo Black Sabbath (fase Ozzy, pf), esbarra no Alice in Chains e no Soundgarden e desemboca numa série de grupos como Fu Manchu (que tem em seus quadros o baterista Brant Bjork, ex-Kyuss), Monster Magnet e Unida (sim, John Garcia, ex-vocal do Kyuss, está na banda).

Por aqui, o SR já rendeu pelo menos um pit stop, o simpático site Planeta Stoner (www.planetastoner.hpg.ig.com.br).

— Criei uma lista de discussão e descobri vários fãs de stoner rock aqui e no exterior — diz José Antunes, um dos criadores do site. — Nossa idéia é formar uma cena independente por aqui.

Se o stoner rock tivesse uma bandeira, ela teria que fazer alguma alusão a cerveja, carros, estradas vazias, sujeitos cabeludos e... bem, stoner vem de "stoned" ("chapado"), o que deve dar noção do outro símbolo a ser associado.

Importante: stoner rock não tem nada a ver com o "rock" que a Britney Spears diz amar.

A pop art que veio do punk rock

Quando o movimento punk americano se consolidou, nos anos 80, trouxe junto com ele toda uma subcultura, que incluía pequenas gravadoras, fanzines e artistas gráficos. Um desses artistas, Frank Kozik, fez seu nome colando cartazes para shows e também como dono da extinta gravadora Man's Ruin. Com o passar dos anos, Kozik praticamente virou sinônimo de pôster de punk art.

E ganhou status de rock star, com fãs e tudo.

Hoje, entrando nos 40, este espanhol radicado nos Estados Unidos alcançou um estágio em que seu nome virou grife. A ponto de emprestar a marca Kozik para uma série de produtos fabricados no Japão (bonecos, roupas, acessórios etc.).

Ainda assim, continua vendendo sua arte para capas de discos de bandas.

Como o da brasileira Squadra. Que não faz punk rock, mas vai usar uma arte original de Kozik na capa de seu disco. Como eles chegaram até o cara?

— Eu já conhecia alguns trabalhos dele e comecei a comprar livros — diz a vocalista Carolina Lima. — Depois, conheci o Robert Williams em Nova York e através dele fizemos o contato.

E os critérios de Kozik?

— Tenho que gostar do som e da atitude — diz Kozik por telefone ao RF, de São Francisco. — No caso (do Squadra), foi a banda que me procurou. Eu achei interessante por ser do Brasil e por eles conhecerem o meu trabalho.

Aliás, após 20 anos de punk, Kozik diz que agora está ligado na e-music.

— Estou há 20 anos ouvindo punk rock e fazendo pôsteres para shows de bandas punk. Eu envelheci, o punk também. Então, procurei uma novidade em outro lugar. Achei na e-music, que é muito alternativa e estranha. Hoje em dia é a música com mais atitude punk fora do punk e abriga artistas muito interessantes como Aphex Twin, meu favorito.

Foi depois de ouvir *Come to Daddy*, do Aphex Twin, que Kozik mudou de direção musical. Mas ele não freqüenta raves e clubes, só curte o som.

— Não precisei ir a raves para conhecer, só comprei os discos. O que mais gosto é o Aphex Twin. E dos discos do (selo) Emperor Norton (que lança Ladytron, Señor Coconut etc.).

Kozik faz parte de uma geração que inclui nomes como Coop, Todd Schorr, Shaggy (todos de linha pop/psicodélica), que, se não formam um movimento em conjunto, são como a nova cara da pop art americana. Como Andy Warhol, Kozik também se apropria de elementos da cultura pop e os subverte.

— Sim, há toques de pop art, mas o lado punk é mais forte. Foi assim que tudo começou. Primeiro os cartazes de shows e capas de discos, daí vieram as pequenas galerias. Revistas como a *Juxtapoz* (editada pelo mestre da arte lisérgica Robert Williams) ajudaram muito, também. Mas ainda somos alternativos.

Durante alguns anos, Kozik gerenciou o selo Man's Ruin, que teve vida curta:

— Na verdade, o Man's Ruin foi à falência. Durou cinco anos, só que apenas três foram realmente bons. Começou como uma gravadora indie que acabou crescendo muito e nesse processo ficou chato de fazer, exigia maior distribuição, mais empregados etc. Eu trabalhava 18 horas por dia e não estava feliz.

Tanto que, encerrado esse ciclo, Kozik agora só trabalha em casa e vive relax.

— Agora que estou nos meus 40 anos prefiro fazer algo mais calmo, em casa.

Não sou empregado de ninguém e não me estresso. No fim das contas, ganho menos a curto prazo, mas a longo prazo estou mais tranqüilo — conta. (T. L.)

Malhação punk

O verão vem aí e você, lépido fanzineiro, quer ficar em forma para fugir dos arrastões. Você também quer ter bastante fôlego para quando rolar o boato de que os traficantes mandaram as pessoas pararem de respirar. Mas como queimar aquelas cervejas que desceram macias no meio da noite e aqueles salgadinhos que foram devorados na larica da madrugada?

Como, paizinho do céu, ficar saradão se você tem horrendos pesadelos imaginando-se no meio

Rio Fanzine

de uma aula de lambaeróbica, ao som do Chiclete com Banana, remexendo o popozão, com o dedinho indicador na boca e gritando "Aê, aê, aô, ô, ô, aê, uô, uô"?

Acalmai-vos, crianças alternativas. Nem tudo está perdido na terra de Little Rose e Little Boy. Esqueça o ABtronics. A salvação para o seu corpo existe! E seu nome é PRA.

A sigla significa punk rock aerobics, aeróbica punk, e é o último grito primal em matéria de preparação física. Como indica o nome, trata-se de uma aula de ginástica nada convencional, ministrada ao som de punk rock e que, no lugar de pesos, utiliza tijolos. Isso mesmo, tijolos.

A parada foi criada por duas maluquetes de Boston — Hilken Mancini e Maura Jasper — já se espalhou por Nova York e, se Deus e Joey Ramone quiserem, vai tomar conta do mundo.

— Tivemos a idéia após uma conversa de bar — conta Mancini ao RF. — Estávamos ouvindo Buzzcocks e pensando como seria legal se pudéssemos fazer ginástica ao som de punk rock. No dia seguinte, passada a ressaca, começamos a correr atrás disso.

E correram mesmo. O passado não as condenava. Mancini tem uma banda, a Fuzz, na qual canta e toca guitarra. Ela também estudou dança. Jasper é desenhista e fazia capas de disco. Mas, em determinado momento, viram-se desempregadas e, tal e qual os Sex Pistols, sem futuro, "no fuuuuuture". Daí para o PRA foi um passo. Ou melhor, vários passinhos.

Mancini levou a idéia ao Aerobics and Fitness Association of America e rapidamente conseguiu o certificado para dar aulas:

— Não disse que era aeróbica punk. E eles nem quiseram saber. Então, ficou tudo bem.

Feito isso, a dupla começou a juntar músicas — Ramones, Pistols e pioneiros do barulho como Who e Iggy Pop — para a trilha sonora. Movimentos foram copiados livremente, tanto da famosa rodada de braço de Pete Townshend como de áreas nem tão punks assim, como as danças de John Travolta em *Grease*.

— O que queríamos era criar uma aula em que as pessoas se divertissem e não levassem as coisas tão a sério — diz ela.

E assim foi. Depois dos primeiros testes, a aula inaugural, em abril do ano passado, atraiu cerca de dez alunos. Cada um pagou US$ 7 pela malhação punk.

— Cheguei a pensar em emoldurar meus primeiros dólares como professora de aeróbica punk — garante ela.

Daí em diante, a coisa pegou. Mais alunos começaram a aparecer nas aulas, todos atraídos pela estética punk dos exercícios, contados sempre a partir do "um, dois, três" e nada mais.

— Nossas aulas ficam cheias de pessoas que não gostam de academias tradicionais nem dos modelos de beleza divulgados por elas — diz Mancini. — Temos alunos gordos, magros e até com cabelo moicano (risos).

E quanto aos tijolos?

— Não tínhamos dinheiro para comprar equipamentos caros. Por isso, usamos os tijolos. Eles têm a mesma função dos pesos e são mais baratos — diz Mancini, que costuma sair para beber com os alunos após as aulas.

No verão (americano), a dupla também deu aulas em Nova York, em local mais do que apropriado, o lendário clube CBGB. Alguns astros do rock alternativo, como Jay Mascis (do Dinosaur Jr) e Evan Dando (do Lemonheads), já participaram das aulas, tocando ao vivo para animar as coreografias. Um luxo punk só.

E esqueça Jane Fonda. Os próximos planos de Mancini e Jasper incluem um vídeo com os ensinamentos da aeróbica punk. Preparem os tijolos. (C.A.)

Cronologia

2001

Em Angra dos Reis (RJ), Herbert Vianna sofre um acidente de ultraleve, que mata sua esposa, Lucy, e o deixa paralítico

O traficante Fernandinho Beira-Mar é preso na Colômbia

Nasce o primeiro animal clonado no Brasil: a bezerra Vitória

Depois de 35 anos foragido no Rio, o assaltante inglês Ronald Biggs volta a Londres, onde é preso

O tenista Gustavo Kuerten é tricampeão em Roland Garros

O DVD se torna o aparelho eletrônico doméstico mais vendido no mundo

Em um ataque comandado pelo terrorista Osama Bin Laden, dois aviões atingem o World Trade Center, em Nova York, e põem abaixo as torres gêmeas. O Pentágono, em Washington, também é atingido por um avião

Morrem Cássia Eller, Marcelo Fromer, Christian Barnard, George Harrison...

2002

Com dois gols de Ronaldo, o Brasil derrota a Alemanha e conquista a Copa do Mundo no Japão

O PT finalmente chega ao poder: Lula é eleito presidente

A dengue vira epidemia no Rio de Janeiro

Mick Jagger, dos Rolling Stones, se torna sir. Keith Richards acha graça

Winona Ryder é presa após roubar roupas em uma loja em Los Angeles

Dirigido por Sam Raimi, o filme do Homem-Aranha é sucesso de público e crítica

Michael Jackson balança o filho numa sacada de hotel na Alemanha

Morrem Chuck Jones, Sargentelli, Jonathan Harris, Billy Wilder, Layne Staley, Mário Lago, Joe Strummer...

Glamourama, Superágua, Fome zero do vinil, o novo progressivo, Big Boy, electroclash, Lambchop, a equação do Air, Ron Jeremy, Fischerspooner, N.E.R.D contra-ataca, futebol shaolin, TV on The Radio, Polyphonic Spree, Perdidos no DVD, Scissor Sisters...

03/04
MIXANDO O PRESENTE

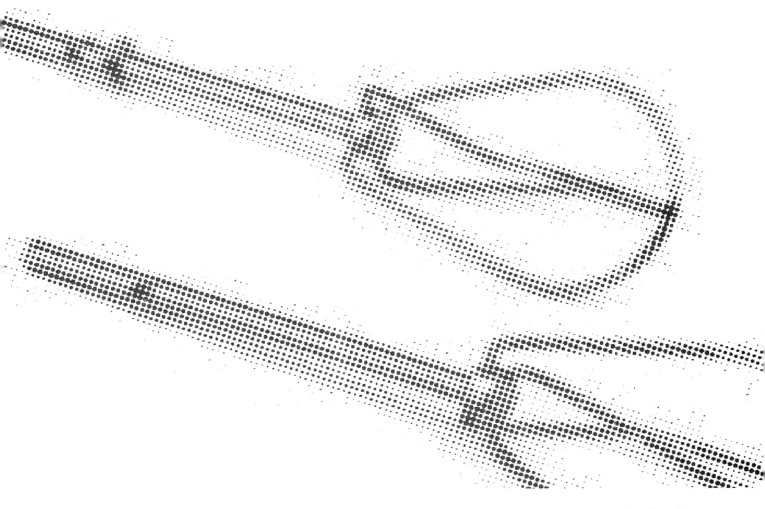

② ④ ⑤

Música do Kyuss tem o sol como testemunha

Imagine o Metallica sem as roupas pretas, debaixo de um sol escaldante, tocando mais pesado do que nunca, só que em rotação mais lenta, e suando psicodelismo por todos os poros.

Se você conseguiu imaginar isso, amigo fanzineiro, você chegou bem perto do que é o som do Kyuss, que, segundo a revista *Kerrang!*, "parece um dinossauro andando dentro da sua cabeça".

O grupo lançou recentemente *Sky Valley*, espécie de seqüência de *Blues for the Red Sun*. Pouca coisa mudou entre um disco e outro. A música do Kyuss continua sem igual, estrondosa, viajante, espaçosa, como o próprio deserto que a inspira. Na verdade, apenas uma coisa mudou.

— Eu entrei no lugar de Brant (Bjork). Estou com o grupo há oito meses. Toquei com Scott (Reeder, baixista) no colégio. Aqui em Palm Springs, todo mundo se conhece — diz o baterista Alfredo Hernandez.

— **Como é viver perto do deserto e a apenas duas horas de toda a agitação de Los Angeles?**

— É ótimo. Em L.A., as pessoas só falam de negócios. A música, inclusive, é tratada como um grande negócio. Por isso, é bom morar aqui. É um lugar pacífico, calmo e que nos deixa longe de todas essas pressões.

— **Afinal, qual a importância do deserto para a música do Kyuss?**

— É difícil dizer algo sem parecer tolo. O deserto te dá uma sensação de isolamento, de imensidão. É bom para meditar, sonhar acordado e, acima de tudo, fazer música. Nosso som reflete o ambiente que nos cerca. Temos influências punk, mas não somos hardcore. Gostamos de guitarras altas, mas não somos uma banda metal padrão. E há um elemento psicodélico envolvendo tudo isso, cortesia do deserto.

— **Por que vocês fizeram questão de botar o aviso "ouça sem interrupções", no encarte de *Sky Valley*?**

— Porque é exatamente o que queremos. Que as pessoas ouçam o disco de uma vez só, como num filme, como num transe.

Rio Fanzine

— É verdade que vocês costumam tocar ao ar livre, no meio do deserto?

— Isso mesmo. Porque acontece o seguinte. Nosso som é alto demais para os clubes daqui. Tocar em casa não dá porque a polícia logo aparece. Então, resolvemos juntar uma galera, algumas latas de cerveja, um gerador e ir para o meio do deserto. É o máximo, man. Quando você se vê, está tocando debaixo de um céu estrelado. Essas generator parties acontecem regularmente, menos no verão, quando fica quente demais para ir para o deserto. É uma experiência inesquecível. Se um dia você vier a Palm Springs, a gente faz questão de te levar a uma festa dessas. (C. A.)

African Head Charge

O grupo do percussionista Bonjo I faz música progressiva com suingue black

No lugar de solos de guitarra, linhas de baixo emprestadas do reggae e uma massa compacta de percussão. Em vez de castelos, dragões e temas de inspiração medieval, cantos tribais processados digitalmente, inseridos em longos e viajantes temas instrumentais. É fato: se o som progressivo tivesse nascido neguinho, ele soaria como o African Head Charge. Ou, se preferir o aumentativo...

— É o Pink Floyd de negão — diz Nélson Meirelles, fundador e ex-baixista do Rappa, além de produtor do Cidade Negra.

Se você nunca ouviu falar do African Head Charge, não fique preocupado, amigo fanzineiro. Apesar de já ter lançado sete discos, o grupo, liderado pelo percussionista jamaicano Bonjo I, ainda permanece sendo um dos segredos mais bem guardados da música pop. As causas são tão indefiníveis como o som do grupo. Há quem garanta que isso se dá por causa do jeitão recluso de Bonjo I, descrito como monossilábico e pouco dado a entrevistas. Mas não é o que parece ..

— Você é do Brasil? Mom, eu adoro o futebol brasileiro — diz ele, falando ao *Globo*, por telefone, de Zurique, na Suíça, durante uma excursão européia do grupo.

Viver para lá e para cá, misturando idiomas e cruzando fronteiras, isso não chega a ser grande novidade para Bonjo I, que nasceu e cresceu nas montanhas de Clarendon, no interior da Jamaica, se mudou para Londres no final dos anos 70, e se transferiu recentemente para Gana. Do caldeirão étnico-musical-religioso da ilha, ele diz que extraiu sua educação musical.

— Eu freqüentava cultos afro-religiosos quando era garoto — conta ele. — Na igreja rezávamos e tocávamos percussão.

Quando sua mãe se casou com um rasta, Bonjo I ganhou o que ele mesmo chama de "educação espiritual", aprendendo também a técnica dos tambores niyabinghi, uma das mais antigas tradições musicais da Jamaica.

Mais tarde, já morando na capital inglesa, ele botou tudo isso em prática e formou o African

Head Charge, que lançou, em 1981, o seu primeiro disco, *My Life in a Hole in the Ground*, pela On-U-Sound Records. É da época o começo da parceria com o produtor (e dono da On-U-Sound) Adrian Sherwood, só desfeita no começo deste ano, com a ida do AHC para a Acid Jazz Records.

Foi Sherwood, um mago de estúdios, quem ajudou a criar a atmosfera psicodélica dos discos do AHC, tornando possíveis todos os delírios de Bonjo I, que garante que a separação da dupla foi amigável.

— Não briguei com Sherwood — diz Bonjo. — Continuamos sendo amigos. Apenas senti a necessidade de mudar de ares, de ambiente. Mas, certamente voltaremos a trabalhar juntos.

Vale torcer por isso. Apesar de o novo disco não deixar a onda passar, o melhor trabalho do African Head Charge saiu há dois anos, com o épico "In Pursuit of Shashamane Land", produzido por Bonjo I, Sherwood e o guitarrista Skip McDonald (ex-Sugarhill Gang, Tackhead), um poderoso mix de rock, reggae, música africana e trance. Música progressiva com suingue black. Bonjo I (se) explica melhor.

— Nossas canções nascem a partir de uma linha de baixo de reggae — conta ele. — Depois, vamos acrescentando camadas de instrumentos, coros que gravamos em vários cantos do planeta, e efeitos sonoros. O resultado final é música para o espírito, para a alma.

E como é a vida em Gana, para onde se mudaram também craques como Stevie Wonder e Isaac Hayes?

— É maravilhosa — diz Bonjo I. — A vida é tranqüila, você pode deixar a porta de casa aberta, que nada vai acontecer. Além disso, estou dando aulas de percussão para crianças, e isso me faz ainda mais feliz.

Fã de Burning Spear, Culture e Linton Kwesi Johnson, Bonjo I garante que tem dois projetos na agenda, ambos, claro, atravessando fronteiras ao gravar o próximo disco do AHC na Jamaica e visitar (se possível, "a trabalho") o Brasil, e a Bahia em particular.

— É o toque de percussão que me falta conhecer. (C.A.)

A volta do estrelismo ao rock

O Glamourama se enche de base para conquistar o mundo

Ah, como é louca a vida desses astros do rock. Dia desses, o Glamourama estava tocando na Bunker. Casa lotada, som alto e o calor usual. Na platéia, mulheres enlouquecidas e namorados enciumados. Em determinado momento, o vocalista Marvel não contém o entusiasmo e vai para a frente do minúsculo palco em busca de um maior contato com os fãs. E consegue.

Rio Fanzine

— Cara, uma daquelas mulheres me deu uma patolada — conta ele, enquanto é maquiado para a sessão de fotos no estúdio do *Globo*. — Passaram também a mão nas minhas pernas e na minha bunda. Foi uma loucura.

Alguém da banda lembra a Marvel que havia alguns gays na platéia. Poderia ter sido um deles. O vocalista ri sem jeito. O guitarrista Jazzmo tenta aliviar a pressão:

— Os gays também adoram a gente. E isso é ótimo.

Sexo, maquiagem e rock and roll. Desde que juntaram os instrumentos e os estojos de beleza, em maio do ano passado, tem sido essa a rotina do Glamourama.

Formada por Marvel, Jazzmo (guitarra), Peter Glitter (guitarra), Myself Deluxe (baixo) e Sid Licious (bateria), a banda, ao lado do igualmente purpurinado Nabuco On The Roxy, representa a volta do estrelismo ao rock carioca. Esqueça fusões de ritmos ou discursos sobre a violência urbana. O lance dos caras é diversão, movida à base de glam rock e influenciada por nomes como T-Rex, Bowie, Queen, Stones e... faltou alguém?

— Secos & Molhados, Serguei e, claro, Cauby Peixoto — completa Jazzmo.

O grupo já gravou um CD-demo, apropriadamente chamado *Nas coxas*, que rendeu um hit: a música "Um cadáver no palco", cantada nos shows pelos seus fãs, cada vez mais numerosos. Detalhe: a maior parte desse público é composta por mulheres.

— Outro dia uma menina me perguntou se éramos gays — conta Jazzmo, enquanto faz caras e bocas para o fotógrafo. — Disse que não, que éramos os últimos heterossexuais sensíveis da cidade e ela me perguntou se podia espalhar a notícia (risos).

— E teve uma que se ofereceu para nos maquiar — completa Deluxe, para a irritação de Mila Chaseliov, a maquiadora oficial da banda.

Apenas rock and roll, só que com um pouquinho mais de brilho. Tá limpo?

Como uma onda...

Água, vulgo H_2O, é essencial à vida. Já o Superágua pode tornar-se essencial para os seus ouvidos, caso você se dê esse refresco. O grupo formado por Ulisses Cappelletti (duas moléculas de hidrogênio, guitarra, baixo e teclados) e Jonas Rocha (uma molécula de oxigênio, programação eletrônica e samplers) é a mais perfeita onda musical do verão. Isso é líquido e certo.

Seu sublime disco de estréia, recém-lançado pela novata gravadora (independente) Zoo Records, tem o efeito de uma ducha de cachoeira ou um mergulho no mar após um dia de muito calor. A música é macia, etérea, pacificadora e com um leve balanço, como uma onda no mar. Difícil imaginar algo melhor. Talvez só coco gelado no canudinho.

— A gente acha muito legal o disco ter ficado com esse jeito, digamos, líquido — diz Ulisses, sentado no calçadão do Arpoador após uma sessão matinal de fotos para o Rio Fanzine.

Nem poderia ser diferente. O début do Superágua foi justamente perto do seu elemento. Ulisses (ex-Squaws e atualmente no grupo Paralelo 8) e Jonas (que também é DJ de house, dos bons) fizeram música pela primeira vez para a trilha do ótimo filme (de surfe) *Trocando as bordas* (2000). Além de boas ondas e visuais estilosos, *Trocando...* teve a felicidade de quebrar a regra — chatíssima, aliás — de que todo filme de surfe atual tem que ser acompanhado por uma trilha de hardcore, um som urbano demais para combinar com a plasticidade e a mística natural do esporte. Por isso, as músicas do Superágua desceram tão bem na fita.

— Nós fizemos as músicas ao mesmo tempo em que o filme era produzido. Isso nos deu uma maior interação com as imagens — conta Jonas, ele mesmo um surfista.

O resultado ficou tão bom que boa parte das músicas migrou para o disco do Superágua. Outras, novas, foram feitas depois, em estúdio. Entre elas está a que leva o nome do grupo e abre o disco. "Superágua", uma verdadeira pérola, tem a participação da voz envolvente de Sabrina Malheiros, filha de Alex Malheiros, do Azymuth. Única música com vocal no disco, ela traz na letra trechos (livremente adaptados) de um poema de Pedro "Pepê" César, surfista e um dos diretores de *Trocando as bordas*. Trechos como "Quem se entrega às ondas do mar/Carrega um duplo sinal".

— Meu queixo caiu quando ouvi a voz dela pela primeira vez — confessa Ulisses.

Queixos podem cair também ouvindo o resto do disco, seja "Tsunami", "Calmaria", "Mingus" (com uma sutil levada house) ou "1974", finos exemplos de como se fazer música suave, com identidade, sem cair nos clichês do lounge à brasileira. O Superágua consegue a proeza de soar carioca e universal ao mesmo tempo.

O próximo passo (ou seria mergulho?) é preparar um show. Ou não?

— Não era essa a nossa intenção quando começamos a trabalhar juntos. A idéia era que o disco se sustentasse sozinho, sem que precisássemos aparecer — diz Jonas. — Mas os convites

estão surgindo sem parar. Por isso, estamos trabalhando na idéia do show, incluindo também uma parte visual, que tem tudo a ver com o nosso som.

Ou seja, economize água, mas não se poupe do Superágua, onde quer que ele esteja correndo.

Fome zero de vinil

DJs se unem em campanha contra a taxação do disco importado

Disco é cultura. Pelo menos, era isso o que vinha escrito no selo dos discos de vinil que, até o começo dos anos 90, ainda eram fabricados no Brasil. Depois, com a chegada do CD, o pretinho com um buraco no meio foi tirado de circulação e todos nós passamos a viver felizes para sempre com os disquinhos prateados, que, diz a propaganda, não arranham, não pulam e têm sonoridade superior.

Ou não?

Na verdade, o vinil nunca morreu. E quem garantiu sua sobrevivência, aqui e lá fora, foram os DJs. Os motivos são bem conhecidos (e discutidos): facilidade de manipulação, sonoridade superior e uma indescritível paixão/fixação de todos por aquela bolachona preta.

Hoje, o vinil é peça-chave na cultura dance/eletrônica, do hip hop ao drum'n'bass, e está presente também no mundo paralelo do rock. O novo trabalho do Queens of The Stone Age, *Songs for the Deaf*, por exemplo, foi lançado no exterior como disco duplo, com faixas inéditas.

O culto por suas formas e sons é tamanho que o aparelho de CD mais moderno e prafrentex que existe — o CDJ 1000, da Pioneer — tem como principal e mais impressionante característica ser capaz de reproduzir o som de um vinil sendo "arranhado" pela agulha, o famoso scratch.

Ou seja, o disco de vinil está vivo, mas, reproduzindo uma velha expressão, seu preço aqui no Brasil está pela hora da morte. Por causa disso, DJs de todo o país esqueceram as diferenças musicais, se uniram de forma inédita e lançaram uma campanha contra a supertaxação do vinil importado.

O que acontece: um disco, lá fora, custa, em média, US$ 10. Se um DJ que se preze e queira ficar atualizado resolver comprar esse disco numa loja online, ele vai pagar 60% de imposto de importação, mais ICM, mais o valor do transporte, mais US$ 10 (ou seja, o valor de outro disco) de taxa alfandegária. Resultado: dependendo do valor do dólar na hora da conversão, o disco — que geralmente tem apenas duas faixas — periga sair por cerca de R$ 70 ou até mesmo por mais de R$ 100.

— Todo mundo vinha reclamando disso há muito tempo. Quando o dólar disparou, ficou praticamente inviável comprar discos no exterior — conta o DJ Marcus Morcef, responsável pelo manifesto contra a taxação que foi enviado às diversas listas de discussão de música eletrônica na internet e foi o pontapé inicial para a campanha.

O principal argumento dos DJs é que a supertaxação não protege nada e ninguém. De fato, não existe fábrica de vinil atuante e funcional no Brasil e nenhuma gravadora local lança discos de vinil em qualquer escala.

— O disco é a ferramenta de trabalho do DJ — diz Morcef. — Com o preço alto, limita-se o trabalho desse profissional.

Lançada no final do ano passado, a campanha (cujo site é http://sites.uol.com.br/provinyl/) está espalhando pelo país questionários para saber quantos DJs foram afetados pela taxação. Indiretamente, isso também vai servir como uma espécie de senso.

— Não podemos chegar na Receita ou em algum ministério e apenas dizer que somos contra as taxas — explica Morcef. — Precisamos de argumentos e mobilização. Daí a importância dos questionários.

Baseada em São Paulo, a campanha já conseguiu o apoio da Coordenadoria da Juventude de São Paulo e de Hermano Vianna, assessor do ministro da Cultura, Gilberto Gil, que se encontrou com uma comissão no sábado passado e tomou conhecimento de suas reivindicações.

— Acho a campanha muito justa — diz Hermano. — Sei da importância da cultura dos DJs para a música de hoje. Estava em Londres quando *Carolina Carol Bela*, de Marky e XRS, foi lançada e todas as lojas importantes de disco tinham vitrines verde-e-amarelas.

Segundo Hermano, o governo brasileiro, por meio do Ministério da Cultura, pode e vai ser um aliado nessa luta, mas não pode resolver nada sozinho.

— Essa discussão envolve o legislativo e outros setores do governo federal — explica. — O que podemos fazer é trabalhar no sentido de esclarecer a todos a importância dessa causa.

O DJ e produtor Schild é outro que apóia a campanha. E com bons argumentos.

— Sei que o disco não é um produto de primeira necessidade — diz ele. — Mas, por exemplo, se eu comprar um livro na Amazon, não vou pagar impostos porque o livro é considerado um artigo cultural. Mas e se eu comprar um livro que foi traduzido e lançado aqui? Isso poderia ser considerado prejudicial à indústria nacional. Mas no caso do disco de vinil, que não tem similar por aqui, os prejudicados são os DJs e, por tabela, o público.

Rio Fanzine

O homem que recriou o termo "progressivo"

Alexander Coe, o Sasha, passou batido pelo Brasil e tocou sexta passada só em Curitiba. Ele está em turnê de divulgação de seu excelente *Airdrawndagger*, já lançado aqui pela BMG (um disco progressivo, mas não prog rock). Aproveitamos a visita e ligamos pra ele, que estava pela terceira vez no país (duas em SP), sem nunca ter tocado no Rio.

— Eu queria muito ir ao Rio — diz Sasha. — Talvez no carnaval do ano que vem. Já tentei antes, mas não havia datas disponíveis.

Apesar de ser um disco nada comercial (é totalmente instrumental e climático), *Airdrawndagger* foi bem recebido pela crítica e vendeu bem:

— Alguns esperavam um disco mais popular e comercial, com aqueles artistas pop convidados de sempre. Mas eu dei algo diferente. Fiz de coração, sem pensar no mercado.

Ele acha que, apesar da superexposição, a cena de e-music ainda está em alta, ainda tem o que mostrar:

— Ainda está ascendente. Tem horas que fica muito estranho e louco, como na Inglaterra, onde ficou muito grande e comercial. Mas, de repente, volta ao básico e se renova. É comum ter a explosão e depois a acomodação.

Sobre a guerra, e como inglês, Sasha se mostrou um tanto relutante.

— É difícil tomar uma posição quando vemos tantas coisas desencontradas na TV, muita coisa manipulada, dos dois lados. Difícil dizer o que está certo ou errado. É difícil ser objetivo, especialmente no Reino Unido, onde os jornais são ligados ao EUA, tão anti-Sadam e pró-guerra. Tudo é muito perturbador — diz, titubeante.

Então, deixe *Airdrawndagger* rolar. Música fala mais do que palavras. (T. L.)

O garotão

Saudade tem idade. Por exemplo, 60 anos. Esse seria o número em cima do bolo que Newton Duarte sopraria no próximo domingo, caso ainda estivesse vivo.

Duarte, mais conhecido como Big Boy, era um radialista, DJ e jornalista fora de série, um visionário, sempre à frente do seu tempo em cada uma dessas atividades. E pode ter certeza: todos nós conectados ao mundo alternativo temos uma dívida e uma ligação com Big Boy.

Pausa. Casal amigo do RF — ele, brasileiro; ela, americana, ambos morando em São Francisco, EUA — esteve no Rio, de férias, há algumas semanas. Ele, fora do país há cinco anos, ficou impressionado ao notar que a maior parte das rádios tocava as mesmas músicas de cinco anos atrás. Já ela foi embora sem entender por que as rádios daqui tocam tanto flashback. De fato, hoje, no Rio, um aparelho de rádio é uma caixinha sem surpresas.

E aí não há como deixar de imaginar como seria a rádio no Rio — e, por tabela, nossas vidas — se Big Boy ainda estivesse vivo. Entre os anos 60 e 70, principalmente quando fazia seus programas na Rádio Mundial (AM), ele quebrou a caretice dos locutores da época deitando falação de forma descontraída, usando bordões como "hello crazy people!" e influenciando toda uma geração que viria a seguir.

Além disso, em seus programas, ele tocava não apenas rock (na ocasião, um som quase subversivo), mas também música negra em geral, do funk ao soul.

Foi também um DJ influente, tocando em bailes black no subúrbio, ao lado de bacanas como Ademir Lemos e Messiê Limá, todos também falecidos.

Tem mais. Big Boy assinou a maior parte da programação da lendária rádio Eldopop, que fez a cabeça de muita gente nos anos 70, tocando rock (do progressivo ao blues), sem intervalos e locução. E, por fim, ele também assinava uma coluna no *Globo*, sobre música alternativa. Coluna da qual o Rio Fanzine se considera um humilde discípulo.

Ou seja, o cara era o bicho. Que o diga Fernanda Abreu, que incluiu uma fala de Big Boy, sampleada, na abertura de "Baile da pesada" e o citou na letra da música.

— Eu ouvia sempre o programa dele no rádio — conta ela. — Foi graças ao Big Boy que comecei a me ligar em música para dançar. Ele levou a música a outro patamar. Foi uma espécie de Chacrinha do rádio.

Esse mix do Jovem Guerreiro com Lester Bangs nasceu no primeiro dia de junho de 1943 e morreu no dia 7 de março de 1977, de infarto, sozinho, num quarto de hotel em São Paulo. Lamentavelmente, para alguém tão querido, não há registro ou lembrança do seu trabalho por aí. Nenhuma sala, nenhum museu, nem ao menos um site dedicado a ele.

— Eu lamento profundamente essa lacuna — diz Lúcia Duarte, professora de comunicação e viúva de Big Boy. — Há um enorme material guardado, entre discos, livros e jornais. Já pensamos em uma Fundação Big Boy ou algo parecido. Mas eu tenho que trabalhar e não posso me dedicar integralmente a isso.

Felizmente, isso deve mudar. Leandro Duarte, filho mais novo de Big Boy (ele tinha 8 meses de idade quando o pai morreu), vai se formar em radialismo no fim do ano. Um dos seus projetos é um curta sobre a vida do pai.

— Há o interesse de uma produtora e talvez isso se transforme em um vídeo sobre Big Boy — revela Lúcia.

Não só isso. Negociações entre sua família e uma gravadora podem resultar numa coletânea, com músicas tiradas do acervo de Big Boy, ainda hoje alternativas, tendo sua voz entre as faixas, como se fosse nos seus programas. Legal. Quem sabe isso não inspira as rádios do Rio a descobrir que existe vida além de "Smooth Operator", da Sade? (C.A.)

Rio Fanzine

Larry Tee, criador da cena electroclash

Electroclash da fonte original

Eles colocaram o "clash" no electro. E, juntos, criaram toda uma nova cena na combalida noite nova-iorquina. A dupla Larry Tee (DJ que toca no clube Dama de Ferro, em Ipanema, numa noite promovida pelo clube Amp Galaxy, de São Paulo) e Conrad Ventur (fotógrafo e diretor do selo Mogul Electro) deu uma boa mexida na cena eletrônica atual e trouxe a música de volta para os pequenos clubes, com gente mais misturada, menos estrelismo e som com vocais e letras.

A caminho do Brasil (antes, estiveram na Argentina), eles responderam por e-mail algumas perguntas do Rio Fanzine. E deixaram uma previsão de que o futuro pode ser mais funk e disco punk.

O DJ alemão Hell reclama que o electroclash é apenas uma invenção da mídia.

Larry Tee discorda:

"Besteira. O electroclash existe e dá nome ao festival que eu e Conrad produzimos anualmente em Nova York. Electroclash também é o nome de nossa companhia, que promove festas e divulga esse novo som, que tem muito de suas raízes no electro e no punk. A mídia adotou o nome para descrever alguns desses artistas. O DJ Hell se beneficiou tremendamente disso tudo e nós somos grandes fãs dos artistas de sua gravadora, a International Deejay Gigolo Records."

Conrad concorda que o electroclash ajudou muito no renascimento da noite nova-iorquina:

"Eu daria o crédito mais ao público de Nova York e de Williamsburg (área do Brooklyn), que abraçou essa nova estética. São jovens entusiastas que criam moda, música e têm um novo ponto de vista. Se não fosse por eles, que foram aos eventos que nós promovemos, nada disso teria se espalhado. Acho também que o clima político atual de NY forçou as pessoas a serem mais criativas. O governo perseguiu e fechou os grandes clubes, então tudo tornou-se menor e mais diversificado. Nesses pequenos clubes o som era mais electro e punk rock do que trance ou house."

Larry explica o que faz uma cena acontecer:

"Em minha opinião, boa música necessita de uma variedade de fãs para apreciá-la. Senão fica só na imaginação de seu criador. Os melhores clubes são aqueles que têm a maior mistura de pessoas e tipos. Diversidade é muito importante. O electroclash é uma reação a outros formatos dance, como trance e house music, que são direcionados só para um tipo de público. Nós amamos a mistura, a diversidade."

O electroclash já teve exposição o bastante na mídia ou ainda pode render mais? Tecla Conrad:

"Acho que o electroclash estará na mídia e continuará fazendo fãs pelo mundo enquanto continuar a revelar uma nova música e novos artistas."

Contamos a eles que, aqui no Rio, as raves estão proibidas. Será que esse formato, de grandes festas, já deu o que tinha de dar? Larry polemiza:

"Eu acredito em boa música. A rave music se tornou bem monótona e, na minha opinião, as pessoas que curtem esses eventos precisam estar ligadas em alguma coisa. Eu acho que essa mentalidade está mudando, a música está se tornando mais importante outra vez. Você pode ir a um pequeno clube, tomar dois drinques e se divertir a valer. Na América, pelo menos, as raves já saíram de moda."

Contamos para eles que Peaches vem tocar aqui num grande festival. Conrad acha que ela segura a onda num grande palco:

"Peaches é uma figura tão forte que segura qualquer tipo de platéia. Sozinha, com um microfone, ela enche qualquer palco. Ela tem mais testosterona do que muitos homens. É carismática e enlouquece as platéias. Ela encabeçou a nossa Electroclash Tour, que teve 21 datas, em 2002, junto com W.I.T., Chicks on Speed e Tracy and the Plastics. Foi incrível. Teve lotação esgotada em casas com lugares para mais de mil pessoas. Acho que ela vai se esbaldar com um público maior do que esse."

Como DJ, Larry disse que gosta de "Emerge", o mega hit do FischerSpooner, mas ainda não sabe dizer se será o "Blue Monday" dessa geração:

"É uma grande música e tem alguns remixes muito bons. Mas acho que só o tempo dirá isso."

Larry já esteve em São Paulo há alguns anos, acompanhando o DJ Keoki. Mas ele e Conrad nunca vieram ao Rio. Com a bola, Conrad:

"Eu nunca estive no Rio mas já ouvi falar muito da beleza das pessoas aí. Como fotógrafo, quero captar as pessoas e os lugares. Também queremos conhecer artistas do Brasil para intercâmbio. Principalmente porque Larry está preparando uma nova compilação da nossa gravadora, a Mogul Electro, e acho que poderemos incluir alguma coisa do Brasil no CD."

Para fechar, Larry revela o que fareja nas pistas para além da onda do electroclash:

"Acho que as coisas estão tomando uma direção mais funky. Noto que, quanto mais funk injeto no meu som, mais as pessoas respondem bem na pista de dança. E está rolando também uma espécie de pogo-disco, gente dançando slam como nos tempos do punk. Tem até mosh! Acho que as coisas caminham para esse lado, funk e disco punk." (T. L.)

Heróis da classe trabalhadora

Sabe aquelas vezes em que um time muito forte — digamos a seleção brasileira de futebol — encara um adversário muito fraco — digamos a seleção de Mônaco —, formado por jogadores amadores que têm outras atividades paralelas para garantir o seu sustento? Pois é. O Lambchop, uma das atrações mais legais do TIM Festival, é esse time. Mas contrariando as estatísticas, ele nunca leva um "sacode" dos profissionais e sempre dá show.

Liderado pelo "capitão" Kurt Wagner, carpinteiro nas horas vagas, o Lambchop é de Nashville, capi-

Rio Fanzine

tal mundial do country. Seus demais integrantes — e eles são muitos — tocam guitarra, baixo, bateria, violinos, saxofone e até manuseiam "samplers". Quando não estão fazendo isso, estão trabalhando como jornalistas, engenheiros, jardineiros etc.

Essa jornada dupla, porém, não impediu que o Lambchop, que existe desde 1986, se tornasse uma das mais brilhantes bandas da atualidade, graças à sua encantadora e única mistura de soul, jazz e country. Talvez isso — esse jeito classe trabalhadora, essa atitude antiestrelato — até tenha ajudado.

— Seria ótimo se fôssemos todos músicos em tempo integral — diz Wagner. — Mas acho que um pouco da graça do grupo está no fato de não estarmos totalmente envolvidos pela indústria do disco.

Tanto não estão que dos seus 14 integrantes, nem todos vão poder viajar ao Brasil.

— Acho que vamos viajar com dez integrantes. Nem todos na banda podem deixar seus empregos nessa época do ano — explica ele.

No show, o Lambchop deve tocar músicas dos seus próximos discos (serão dois, simultâneos), ainda em fase final de mixagem, além de material de suas obras-primas *Nixon* (2000) e *Is a Woman* (2002), duas pérolas (lançadas aqui pela Trama) que, em estilo low fi, recontam parte da tradicional música americana. São arranjos delicados e texturas sutilmente trabalhadas, que contrastam com as letras amargas, angustiadas e muitas vezes irônicas de Wagner, dono de uma voz que fica entre Lou Reed e Leonard Cohen.

Uma das mais recentes aventuras do Lambchop foi fazer um show acompanhando as imagens do clássico filme *Aurora* (1927), de F. W. Murnau, no Festival de Cinema de San Francisco de 2003.

— Foi uma experiência incrível, que talvez se transforme num DVD — conta ele.

Em suas turnês, o Lambchop faz algo inusitado: leva discos especiais, literalmente fora de catálogo, para vender ou dar aos fãs.

— Mas infelizmente estamos sem estoque e não levaremos esses discos para o Brasil — lamenta Wagner, que costuma incentivar os fãs a gravarem os shows da banda. — Não somos o Metallica. Achamos ótimo que baixem nossas músicas pela Internet. Isso é um ato de amor e não de pirataria. Não vamos processar garotas de 12 anos por causa disso. (C.A.)

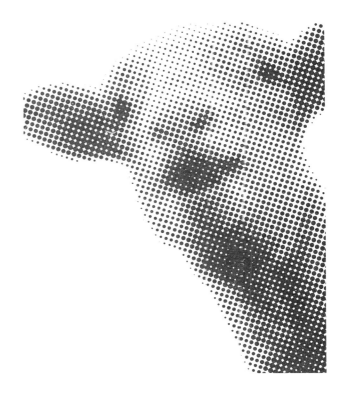

Novas equações no som do Air

O nome do novo disco do Air é *Talkie Walkie*. Mas não é bossa, não. É assim que os franceses chamam os radiocomunicadores, os walkie-talkies. Mas o talkie, o falante da dupla francesa, é Jean-Benoit (JB) Dunckel. Foi ele quem ligou pro RF dia desses para falar sobre o novo disco da banda.

De cara (ou ouvidos), fica clara a semelhança deste terceiro álbum com o primeiro, *Moon Safari*. Ele é mais viajante e menos dark do que o anterior, *10,000 Hz legend*. E bem mais pop no geral. Mas JB Dunckel não concorda.

— Não acho isso totalmente. Porque queremos fazer algo diferente — disse JB, por telefone, ao RF. — Ele tem menos efeitos, mais músicas cantadas. São modernas pop songs. *Moon Safari* é um disco mais tímido e calmo.

Independentemente disso, o disco traz o mesmo clima cinemático dos anteriores.

— Sim, talvez. Porque a música é a ciência do silêncio. Em música, o silêncio balanceia o som, o silêncio é o quarto da imaginação — afirmou JB.

Dessa vez a dupla trabalhou com Nigel Godrich (que já produziu para Radiohead, Beck e Travis, entre outros). Como chegou até ele?

— Ele era amigo de uns amigos nossos. Acabamos conversando sobre música e no próximo encontro já estávamos envolvidos. Ele nos ajudou no CD do Barrico (poeta italiano já comentado aqui no RF). Ele mixou o CD de Barrico e aquilo foi como um teste. Foi aprovado (risos).

O som do Air é moderno, mas tem fortes traços da música que se fazia nos anos 60 e 70.

— Achamos que a modernidade está em saber misturar épocas. Beethoven tentava ser moderno em sua época. Moderno é usar o conceito. E as músicas dos anos 60 e 70 são mais modernas que as de hoje, muitas vezes. É bom trazer elementos esquecidos do passado e botá-los numa situação atual. É como uma arquitetura — disse JB.

Uma das músicas do novo CD, "Alone in Kyoto", está na trilha do novo filme de Sofia Coppola, *Encontros e desencontros* (o Air fez a trilha do primeiro filme dela, *As virgens suicidas*):

— Mas não fizemos a música para o filme. Ela já existia. Nós mandamos um MP3 e ela gostou. Até porque o filme se passa no Japão.

Em *Talkie Walkie* não há cantores convidados como antes. A dupla fez todos os vocais:

— Harmonizamos como os Beach Boys e os Bee Gees. Cantamos como eles, em *falsetto*.

E as letras agora são todas em inglês:

— Gostamos do inglês. Não temos nada contra o francês. O inglês é o novo esperanto.

Sobre tocar aqui, nada no horizonte:

— Gostaríamos. Isso depende de contatos.

Por fim, no disco há uma música chamada "Mike Mills". Mas não é uma homenagem a um dos integrantes do R.E.M., como pode parecer:

— É uma coincidência. Este Mike Mills é o videomaker do Air. Ele fez os clipes de "Sexy Boy" e "All I Need". É um cara muito legal. (T. L.)

Rio Fanzine

"Pornstar" popular

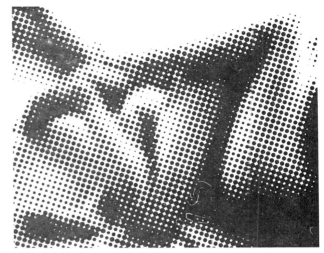

Ele é baixo, feio, gordo, peludo e conhecido no meio como "porco-espinho". Mas nada disso (talvez tenha até sido por isso) impediu Ron Jeremy de se transformar no mais popular (e longevo) ator de filmes pornográficos americanos, chamado até de "o Warren Beatty dos filmes adultos" (!). Hoje, Ron Jeremy é um ícone pop de fato.

Por tudo isso, Jeremy virou tema do documentário ("pornumentário"?) *Pornstar, the Legend of Ron Jeremy*, de Scott J. Gill — diretor de obscuros filmes B, com destaque para o cult *Phantasm III*.

O gordão peludo e baixinho (e que consegue se auto-sugar!) nasceu Ronald Jeremy Hyatt, em 1953, em Queens, Nova York, no berço de uma família judia.

Até seus tempos de faculdade, era um cara com silhueta normal, magro, galã (era popular na escola), que lembrava até o jovem Keith Moon, do The Who.

Ron se formou e deu aula por dois anos para crianças deficientes mentais, mas não era aquilo o que ele queria da vida. Desde cedo aspirava a ser ator.

Para tanto, atuou em peças off-off-Broadway (até "off-Bronx", como diz no documentário) e em peças infantis. Mas uma foto publicada na revista erótica feminina *Playgirl*, enviada pela namorada, mudou sua vida.

Por causa da foto, que mostrava seus atributos, foi chamado para atuar em filmes pornôs na era de ouro do gênero, entre 1975 e 1983. Eram tempos românticos, pré-Aids, com filmes feitos em película, com história e alguma atuação (vide *Boogie Nights*). Alguns não deviam nada a qualquer filme B.

Mas como Ron durou tanto tempo em cena, num meio em que nomes vêm e vão, e muitos se viciam em drogas pesadas pra manter o ritmo frenético? Ele não bebe, não fuma, come (muito), mas só alimentos diet. E não faz exercícios.

Nem precisa. Certa vez, transou com 14 mulheres em quatro horas para um filme gravado em tempo real, sem negar fogo ("Eu nunca usei Viagra", gaba-se).

Até hoje, Ron já fez cerca de 800 filmes X-rated (basta ir lá no imdb.com conferir) e transou com cerca de quatro mil mulheres. Fora isso, já fez 42 filmes mainstream (a maioria, produções B), apareceu em séries de TV, clipes de música pop/rock (já cantou num show do Kid Rock) e até gravou um single de rap, "Freak of the Week", com o DJ Polo, que ficou 27 semanas na parada de sucessos americana.

Vendo o documentário, notamos que Ron (que, nas horas vagas, costuma tocar piano!) dá mais importância para comida do que para mulheres, é um pão-duro miserável (ganhou muita grana, mas vive modestamente, se veste mal e tem poucos bens; "Estou economizando para os filhos", diz), não perde uma festa para a qual é convidado e faz tudo o que pode para aparecer em filmes ou na TV. Ele realmente se acha um popstar.

Contudo, apesar da fama e de todas as mulheres que teve (menos aquela pela qual foi realmente apaixonado, nos anos 80, a ex-colega de trabalho Tanya Lawson), o que o faz ser invejado e adorado pelos machos do planeta, Jeremy não é um cara feliz. Até hoje sonha em um dia se tornar um ator de filmes "normais". Já sentiu o gostinho do tapete vermelho quando fez *Detroit Rock City* (uma comédia bem legal sobre fãs do Kiss, não exibida aqui), mas Hollywood o boicota e o corta dos filmes quando descobre seu nome no elenco.

É, Ron. A vida pode ser dura, em vários sentidos. Até mesmo para um cara que consegue se autosatisfazer... (T. L.)

Emergindo na luz

Casey Spooner fala da nova fase do Fischerspooner

Quem vê Casey Spooner (a outra metade da dupla FischerSpooner, junto com Warren Fischer) nas revistas, sempre louco e cheio de celebridades em volta, nem imagina o quão profissional e dedicado ao seu grupo ele é. Durante a conversa telefônica com o RF, ele deixou claro o tempo todo que só pensa em trabalho e não faz noitada há meses. Mas pretende relaxar no Rio ("Copacabana é um bom lugar pra ficar?"), já que, depois do show no Skol Beats, em São Paulo, quer vir passar uns dias aqui.

Melhor Ipanema, Casey.

— Agora só quero trabalhar e gravar, nem saio. Pareço um nerd — diz Casey. — Mas não sou muito de noite como possa parecer. Estamos finalizando o novo álbum, que tem até data de lançamento, 21 de setembro. Já temos 18 músicas novas e vamos testar várias delas no Brasil. Será a primeira vez que vamos tocá-las ao vivo.

Ele foi logo avisando que os dias de shows espalhafatosos e teatrais ficaram para trás:

— Temos uma boa produção, mas sem as dançarinas, vídeos e efeitos especiais do passado. Agora é tudo mais simples. Temos uma banda, é mais

Rio Fanzine

live music. Será uma nova encarnação do Fischer-Spooner, menos digital.

O primeiro disco do FS, *# 1* (que vai sair aqui pela EMI), teve uma trajetória inusitada. Primeiro foi lançado independente e, depois, distribuído pelo selo Gigolo. Então, foi comprado pelo selo do Ministry of Sound (num contrato de 1,2 milhão de libras!). Apesar de puxado pelo ultra-hit "Emerge", o CD vendeu pouco e quase faliu a gravadora. Agora está sendo (re)lançado pela Capitol, com direito a duas faixas extras e uma interativa (clipe).

— Com essa confusão toda, apesar de sermos americanos (da Georgia), o disco só saiu em fevereiro nos Estados Unidos. Antes, só importado. Não sei o que causou esse frisson todo. Rolou até uma briga entre as gravadoras por nossa causa! Parecia coisa dos Sex Pistols! (ri) — conta.

Por isso, Casey foi chamado para dar uma palestra num evento da Motorola, que aconteceu domingo passado em Miami, durante a convenção anual de DJs, a Winter Conference.

— Queriam que eu falasse sobre isso, de como um nome pequeno e indie conseguiu fazer sucesso sem apoio da mídia e de marketing e depois foi disputado por grandes gravadoras — diz Casey.

Apesar do sucesso de "Emerge" (quase todos os DJs do mundo tocaram a música nos últimos dois anos), que ganhou "trocentos" remixes, bootlegs e tal, o CD não decolou. Até agora. Mas Spooner diz não ter medo de se tornar um one hit wonder (artista de um sucesso só):

— Hmm... Não. Acho que não. Não me preocupa. Não acho ruim ser um one hit wonder. É melhor do que o fracasso.

Antes do FS, Casey foi ator, fez parte da banda Sweet Thunder e trabalhou com moda e artes visuais. Por isso, a imagem no FS é tão importante quanto a música.

— Acho que os dois são importantes pra gente. Uma coisa completa a outra. Já penso a música junto com as imagens, talvez por minha carreira passada em artes visuais. Na minha cabeça, acho que as pessoas querem sonhar, ver coisas diferentes. Não quero soar como um babaca qualquer da MTV — garante.

— A onda electroclash já passou?

— Eu não tenho a menor idéia. Há meses não sei o que se passa nos clubes e nas ruas. Mas em Nova York o electroclash foi vital para ajudar a renovar a noite e as pessoas — responde.

— Será que ele já parou para contar quantos remixes "Emerge" tem até agora?

— Acho que uns 200 remixes. Perdi a conta. Toda hora nos pedem autorização pra remixá-la. Fora os bootlegs, que se multiplicam na rede.

Seu favorito?

— É o "Emerge like Nirvana'. (T. L.)

N.E.R.D. contra-ataca

Um esclarecimento ao pequeno público: os Neptunes e o N.E.R.D. são quase as mesmas pessoas. Quase. Os Neptunes são Pharrell Williams — ele mesmo, o cara que canta "Beautiful" ao lado de Snoop Dogg — e Chad Hugo. A dupla de produtores mais "casca" do mundo pop e arredores, capaz de transformar tudo em ouro sem jamais perder a mão. Seu luxuoso e inconfundível forro digital, com tons hip-hop, funk e soul, já embalou nomes tão diversos como Busta Rhymes, Justin Timberlake, Ol' Dirt Bastard e No Doubt.

Já o N.E.R.D. — que está de disco novo na área, *Fly or Die* — é uma espécie de lado B dos Neptunes. Formado por Williams, Hugo e o amigo de infância e peso morto Shay, o N.E.R.D. (de no one ever really dies) é um grupo orgânico, mais de palco do que de estúdio, com postura rock e uma sonoridade tão especial que alguém já definiu o som de seu primeiro disco, o ótimo *In Search of...* (inédito aqui), como uma espécie de Steely Dan do funk. Outro, mais irônico, disse que o disco parecia o Gentle Giant produzido por Nile Rogers, do Chic. Tony Hawk, o Ronaldo do skate, foi além e garantiu que *In Search of...* é a trilha sonora da sua vida.

— *In search of...* ainda era um disco de produtores — conta Chad Hugo. — No novo disco, nós mesmo tocamos todos os instrumentos e estamos bem mais próximos do rock.

De fato, *Fly or Die* (Virgin) é mais cru, seco e um pouco menos inspirado do que o sofisticado *In search of...*. As guitarras estão por toda parte.

Tem até Lenny Kravitz no disco. Mas tem também ?uestlove, baterista do The Roots. O disco está nas paradas de rock, vai bem nas rádios de black music e desce bem numa session de skate. Qual é a sua, N.E.R.D.?

— Somos crossover, sempre fomos — explica e confunde Hugo. — Não somos só hip hop. Não somos só rock. O nosso som é híbrido por natureza.

Híbrido e enigmático, isso sim. O N.E.R.D. pode parecer divertido, como na faixa-título do disco novo, cuja letra traz um moleque pedindo perdão aos pais por suas notas caídas na escola, sabe como é, PlayStation, mil e uma distrações, mas a coisa perde a graça quando ele avisa que achou "algo" na gaveta do pai. *Tiros em Columbine?* Talvez. Mas em "Jump", de groove incrível, outro moleque diz que não se mete com armas.

Já "Wonderful Place" dá a impressão de ser sobre uma "viagem" de E.

— Talvez seja, somos bem psicodélicos — não ajuda Hugo.

"Thrasher" é parente distante de "No one knows", do Queens of Stone Age. E "Don't worry about it", marcada por um grudento riff de guitarra, é sobre sexo, sexo, sexo...

Sexo, drogas, paz, amor, guerra, PlayStation, colégio, dúvidas, contradições. Vem cá, os integrantes do N.E.R.D. são nerds ou não são?

— Acho que sim. Adoramos a cultura pop, somos loucos por tecnologia e vivemos dentro de um estúdio. (C.A.)

Rio Fanzine

Kung fu em campo

Só shaolin salva! Trânsito ruim? Faça aquela pose de pombo manco (lembra de *Karatê kid*?) e voe por cima dos carros até o seu destino. Pitboys cercaram a sua namorada? Gire os braços em velocidade máxima e mande os manés para o espaço sideral. Vaga apertada? Use a palma do leão para dar um golpe no seu carro e, pronto, tá estacionado. A pizza não veio à francesa? Use sua afiada garra de tigre para fatiar os pedaços de margarita e tomate seco com escarola. Pixies em Curitiba e você aqui, lendo o Rio Fanzine? Use a força do seu pensamento para se teletransportar para o show, no melhor lugar, em frente ao Frank Black. Seu time vai mal no Brasileirão? Bem, infelizmente não há solução para isso, gafanhoto.

Maluquices assim — e outras ainda piores — invadem a mente após uma sessão de *Shaolin Soccer*, o incrível filme chinês dirigido por Stephen Chow, lançado originalmente em 2001 e que — no melhor estilo pata de tartaruga — entrou em cartaz nos Estados Unidos há algumas semanas. Nem tudo — ou quase nada? — que é bom para os EUA é bom para o Brasil, mas nesse caso a coisa muda de figura. Como ele é distribuído pela Miramax, aumentam as chances de o filme ser distribuído no Brasil. Nem que seja em VHS ou DVD. Já vale.

Fãs de anime (o filme foi inspirado na série *Supercampeões*), fissurados em filmes B e malucos em geral a essa altura já assistiram a uma cópia. Os demais não perdem por esperar. *Shaolin Soccer* — que virou HQ também — é uma imperfeita mistura de *Matrix, O tigre e o dragão, Os sete samurais, Os Trapalhões, Ultimate Fighting* e o jogo *Winning Eleven*.

Qualquer semelhança com o Campeonato Carioca de Futebol — o impopular Caixão — não é coincidência. *Shaolin Soccer* é tão trash quanto o torneio "organizado" pelo Caixa D'Água, só que bem mais divertido.

O roteiro? Pior que tem. Perna Dourada, craque do futebol chinês, é traído e cai em desgraça após perder pênalti na final do campeonato. Manco e miserável, encontra a salvação em Sing, um jovem praticante de artes marciais, dono de uma patada atômica, que o convence de que kung fu e futebol têm tudo a ver.

Perna Dourada vira treinador e sai em busca dos amigos de Sing, seus "irmãos shaolin", espalhados e perdidos pela cidade. Cada um deles tem uma espécie de superpoder. Nosso predileto é o que tem uma superbarriga que gruda na bola e dispara. Juntos, eles formam um time para disputar o campeonato contra o temível time do mal, do malvado Hung. Há também uma história de amor entre Sing e Mui, outra fera nas artes marciais, que usa seus conhecimentos para fazer... pães.

São quase duas horas de um adorável cinema poeira, com efeitos especiais a serviço do nonsense e piadas que passam tão rápido que você às vezes nem pega bem o lance. Além disso tudo, claro, há cenas do futebol mais surreal e bizarro já visto nas telas: chutes após um salto mortal, cabeçadas a 15 metros do chão e goleiros que realmente voam. *Shaolin Soccer* leva cinco chuteiras fácil. (C. A.)

Distorção na alma negra

Bote "Blind", do grupo americano TV On The Radio, para tocar e deixe a mente viajar no vácuo de distorção criado pelas guitarras de David Sitek e Kyp Malone. Feche os olhos, Gafanhoto, e medite sobre o abismo cada vez maior entre o mundo pop — de cartas marcadas, de ídolos pré-moldados, de majors fossilizadas, de jogadas previsíveis — e o alternativo.

De um lado, Britney Spears oferece um peitão siliconado como a grande novidade da semana. Do outro, o grupo Mombojó, lá de Recife, defende a "generosidade intelectual" e deixa suas (ótimas) músicas abertas na rede.

São idiomas e freqüências cada vez mais distantes e que cada vez menos se cruzam. E para quê? O lado B não precisa mais do lado A. Missão cumprida.

Pode trocar de faixa.

Não se trata de levantar cegamente a bandeira "só o underground salva". Mas é que realmente é difícil imaginar um grupo como o TV On The Radio — a melhor invenção do homem depois do purê de batatas — nascendo numa reunião de marketing das cinco ex-superpoderosas. Não cola.

O TVOTR não é um bebê de proveta. O grupo surpreende naturalmente. E como!

Afinal, quatro negões mais um clone do Buddy Holly dentro de um estúdio é igual a quê? A um grupo de funksoulrap, certo? Muito balanço e muito groove, correto? Que nada! Os caras têm mais a ver com a festa Maldita do que com um baile de charme. São "indies" da cor.

Dos seus dois discos — o EP *Young Liars* e o recém-lançado *Desperate Youth, Blood Thirsty Babes*" — o que salta aos ouvidos é uma incrível combinação: guitarras saturadas e distorcidas + uma voz (Tunde Adebimpe) assombrosamente parecida com a de Peter Gabriel + baterias eletrônicas abstratas e minimalistas + harmonias vocais em estilo doo woop.

O resultado não é igual a nada que você tenha ouvido antes. Ao menos, antes de 2001, quando Adebimpe e Sitek — atraídos por interesses comuns em artes plásticas, pintura e animação, além de música — começaram a levar um som no apartamento de Adebimpe, em Nova York. Dessa fase de reconhecimento, nasceu *Ok Calculator*, um disco meio amador, meio pirata, com 24 faixas, que a dupla deixou em alguns bares e cafés e que, claro, foi parar na internet.

Depois, a banda se consolidou com a entrada do guitarrista Kyp Malone, fissurado tanto em Echo & The Bunnymen como em Public Enemy. Sitek já tinha no currículo a produção de bandas como Yeah, Yeah, Yeahs. Capturados pela independente Touch And Go, pela qual fazem declarações de amor e lealdade, lançaram *Young Liars* e deixaram meio mundinho de queixo caído. Afina , após quatro músicas assombrosas, os caras ainda arrumaram tempo para botar uma cover de "Mr. Grives", dos Pixies, escondida no fim do disco.

"Juventude desesperada e gatas sedentas de sangue", já com as presenças de Gerald Smith e Jaleel Bunton, confirma o talento do TVOTR — que outro dia estava abrindo para o The Fall — em grande estilo. Paredão de guitarras, AQUELA voz e letras sobre pena de morte e a obsessão dos astros do rap por jóias. Ricochete nos ouvidos e na mente. E ao menos uma música fora de série: *Staring at the Sun*. Nina Simone namorando o Sonic Youth. Só não espere que vire um hit. (C. A.)

O som é o limite

Quem mandou o REM bradar "shiny happy people"? Deu nisso: uma banda de pop sinfônico, que tal? Vinte e quatro sujeitos — às vezes mais, às vezes menos — em cima de um palco, todos vestindo batas coloridas, tocando, batendo palmas e cantando músicas para cima, alegres e capazes de levantar o moral do mais depressivo dos sujeitos. Homens sem fé, tremei. O Polyphonic Spree está na área. E chegando cada vez mais próximo de você.

Pausa para a água-benta...

A essa altura, você e Ele lá em cima estão se beliscando. O que diabos, ops, é isso? É o elenco de

Hair? É a volta de *Jesus Cristo Superstar*? É paz e amor, bicho, em pleno 2004? Na verdade, o Polyphonic Spree é isso tudo e um pouco mais. Bem mais.

O clima do grupo texano — fora Bush! — é totalmente sessentista, sim, senhor, e nem um pouco sujeito a chuvas ou trovoadas. Tanto que uma das suas melhores músicas é justamente chamada "Reach for the Sun", incluída no seu primeiro disco, o belo *The Beginning Stages of...* . Mas nem tudo são flores.

O Polyphonic nasceu a partir de um pecado, irmãos. Seu líder (espiritual e musical), o guitarrista e vocalista Tim DeLaughter, fazia parte do grupo de rock psicodélico Tripping Daisy, que andou pela Terra nos anos 90. A viagem musical do Tripping Daisy acabou em bad trip quando o guitarrista Wes Berggren morreu de overdose em 1999. E aí babou...

DeLaughter foi trabalhar numa loja de discos em Dallas (Good Records, também um selo), mas fez renascer na cabeça um projeto antigo, que misturava músicas de filmes da Disney (?) com sons psicodélicos e gospel. Quando um amigo arrumou uma data para um show, ali pela área mesmo, DeLaughter se viu forçado a transformar sonho em realidade.

Junta daqui, junta dali, sempre cabe mais um e, quando ele viu, tinha não uma banda, mas, como disse em recente entrevista à revista *Urb*, "um acontecimento". Que não parou mais de acontecer. *The Beginning Stages of...* (2002) foi quase uma fita demo transformada em disco. Mas ficou tão legal que chegou à mão de David Bowie, que apostou no grupo e levou aquela cabeçada toda para to-

car em Londres, num festival do qual fazia a curadoria.

Pela mão santa de Bowie, o Polyphonic foi caindo nas graças de ingleses, americanos, japoneses (que relançaram *The Beginning Stages of...* com faixas extras), franceses... Ouvidos convertidos começaram a notar semelhanças entre seus vocais e aqueles dos Beach Boys, entre seu som e aquele do Flaming Lips.

No momento, tudo vai bem no rebanho do Polyphonic. Embora DeLaughter, mulher e três filhos morem num trailer — Jesus, tem coisa mais anos 60 que isso? — os progressos do grupo são visíveis.

O time cantou em anúncios para a Volkswagen e para o iPod, deu as caras no seriado *Scrubs*, participou do festival de Reading, excursionou com Bowie (e acertou uma futura parceria com ele) e gravou um disco "de verdade" (o elogiado *Together We're Heavy*, recém-lançado lá fora pela Hollywood Records).

E não ficamos por aqui. O Polyphonic Spree foi parar no cinema. Extraída de *Together...*, a música "Light and Day" está na trilha do filme *Brilho eterno de uma mente sem lembranças*, dirigido pelo bacana Michael Gondry e estrelado por Jim Carrey.

Gondry assina também o clipe da música, reagrupando trechos do filme e fazendo seus personagens acompanharem os vocais suntuosos do grupo.

Tecnicamente, o nome disso é edição, mas se quiser pode chamar de mais um milagre do Polyphonic Spree. (C. A.)

Rio Fanzine

De volta à Terra

Frota com oito DVDs de *Perdidos no espaço* pousa no Brasil

Desliguem o campo de força. Aproxima-se do planeta o DVD de uma das séries de televisão mais queridas da galáxia: *Perdidos no espaço*, que foi exibida originalmente entre os anos terráqueos de 1965 e 1968. A caixa — sim, caixa, com oito discos voadores — vai trazer toda a primeira temporada da série (em p&b) e aterrissa nas lojas no fim do mês.

O preço — perigo! perigo! perigo! — é meio estratosférico: cerca de R$200.

Fazer o quê? Trata-se de um objeto de desejo para qualquer um que tenha acompanhado o programa nos anos 60 ou tenha saído de órbita com suas reprises. Afinal, como não ter boas lembranças de *Perdidos no espaço*? Como não pensar nas aventuras da família Robinson vagando entre galáxias desconhecidas? Pergunte a Penny, por exemplo. Ou melhor, pergunte à atriz Angela Cartwright, que viveu a personagem, irmã de Will (Bill Mummy) e Judy (Marta Kristen).

— Eu tenho ótimas lembranças da série. Foi realmente uma grande experiência — diz ela, por telefone, da Califórnia, onde mora. — Naquela época, os Estados Unidos e todo o mundo estavam acompanhando a corrida espacial. Eu era pequena, mas já sonhava com outros mundos.

Criado e produzido por Irwin Allen, *Perdidos no espaço* realmente pegou o vácuo da corrida espacial, travada entre EUA e URSS em plena guerra fria.

Por isso, teve até assessoria de técnicos da Nasa em seus primeiros episódios. Essa parceria, porém, não durou muito, já que a série foi aos poucos afastando-se da lógica científica e aproximando-se de um formato de ficção livre para voar entre o suspense, a comédia e o absurdo total.

Muito disso aconteceu graças à atuação e aos trejeitos do ator Jonathan Harris, o lendário Dr. Zachary Smith, que começou a série como um vilão que entrou na nave Júpiter 2 para sabotar a missão e, aos poucos, foi largando a cara de mau e se transformando numa pessoa preguiçosa, covarde e muito, muito divertida. Graças à dublagem brasileira — que vai ser mantida no DVD — Smith ("interpretado" por Borges de Barros) ficou ainda mais engraçado por causa de bordões como "sua lata de sardinha enferrujada" e "não tema, com Smith não há problema".

Segundo Angela, Smith não foi o único personagem a sofrer uma transformação quando estava perdido no espaço.

— Meu personagem também mudou bastante, mas não tão radicalmente quanto Dr. Smith — lembra. — Penny era uma criança virando adolescente. Ao longo das temporadas, ela cresceu não apenas em tamanho, mas também em personalidade.

Segundo ela, o relacionamento entre a "família" durante as gravações era bom:

— Nos dávamos muito bem. Jonathan, por exemplo, era adorável, sempre contando histórias. Eu tinha mais afinidade com Bill porque éramos os mais jovens.

Angela lembra com bom humor como era participar da série numa época em que efeitos especiais como os de *Matrix* eram, isso sim, coisa de ficção científica:

— Hoje vejo que fazíamos milagres com todas aquelas explosões, pulos, vôos, tudo feito de forma mecânica.

Menina, e aquelas roupas, cheias de cores (a partir da segunda temporada), com cortes futuristas, estilo *Barbarella*, que parecem futuristas até hoje?

— Eram fabulosas, não eram (risos)? Eu adorava usar aquelas minissaias, aquelas botas brancas enormes. Aqueles cortes são atuais até hoje.

Como boa parte dos fãs, Angela não gostou muito da versão cinematográfica de *Perdidos no espaço*, lançada em 1998 e estrelada por William Hurt e nosso amigo Joey (Matt LeBlanc).

— Os efeitos especiais eram fabulosos, mas acho que perderam o clima familiar da série. Também achei o filme muito sombrio e sério — diz.

De volta à Terra, Penny, digo Angela, casou, teve dois filhos, virou fotógrafa, escritora e tem uma loja de roupas. Fã de *Arquivo X* e *Guerra nas estrelas*, ela aproveita o contato imediato com o RF e pede que fãs da série visitem o seu site www.angela-cartwright.com — recebo sempre mensagens de fãs do Brasil. E quero receber mais. É ótimo ver como *Perdidos no espaço* ainda vive na memória das pessoas. (C.A.)

Cortando pelas beiradas

E enquanto todo mundo olhava só para um lado, tentando saber se a banda alternativa do momento seriam os Strokes ou o Rapture, outro grupo de Nova York, o Scissor Sisters, veio cortando pelas beiradas, devagarinho. E, sem metade do estardalhaço ou da divulgação das bandas citadas, lançou o disco alternativo mais bacana do ano na área pop/rock/dance.

O début do SS, que leva o nome do grupo, é uma obra-prima dividida em 11 faixas (+ duas bônus no UK), nenhuma canção igual a outra. Sem assumir se é totalmente pop ou rock (e fazendo carreira paralela em pistas de dança com remixes), o SS trouxe de volta uma atitude que estava adormecida e não se cria em reuniões de marketing de gravadoras. Eles tem um quê de New York Dolls, mas com letras que lembram Elton John, Bowie e Steely Dan, com um pé na dance music. A ex-banda performática de cabaré é o fino.

O Rio Fanzine, que apostou neles logo de cara, conseguiu uma entrevista exclusiva para o Brasil com um dos co-fundadores da banda, o guitarrista Babydaddy (o vocalista Jake Marshal, responsável pelas excelentes letras, infelizmente estava com a garganta imprestável com tantos shows que o SS anda fazendo atualmente — está em quase todos os festivais de verão na Europa e abriu até para o Elton John!). Então, o gentil Babydaddy pulou essa questão sobre as letras da banda ("It Can't

Rio Fanzine

Come Qickly Enough" é apenas a melhor canção pop/romântica do ano), mas falou dos personagens citados nelas:

— Alguns personagens são reais, como Mary, que é uma amiga. Outros, não — diz Babydaddy por telefone, de Londres, onde a banda fincou base. — Jake lê muito, pega muitas idéias de livros e também de filmes. Ele adora óperas-rock.

Apesar do nome da banda e da letra/clipe de "Laura" se passar num cabeleireiro, ninguém no grupo trabalhou antes com tesouras ou em salões.

— Não há ex-cabeleireiros entre nós. Ana Matronic (a segunda voz) era artista performática. Jake (um ex-go-go boy) e eu começamos desenvolvendo o que viria a ser o SS em festinhas e clubecos — conta Babydaddy.

E tudo começou num clima de banda de cabaré...

— Sim, tínhamos poucos instrumentos. Eram só três pessoas, um laptop, guitarra, então era meio cabaré, meio performance. Mas queríamos soar como uma banda de rock pra valer desde sempre.

Pouco antes de sair o CD oficial (produzido por Babydaddy em seu estúdio caseiro), circulou uma espécie de versão tosca dele na internet.

— Aquele não é um real album. É um monte de demos que distribuímos para os amigos. As canções ainda não estavam arranjadas, as letras estavam incompletas. São esboços de músicas que íamos acabar.

Dessas demos, uma faixa bem pegajosa, "Electrobix", ficou de fora do álbum final. Por quê?

— "Electrobix" não entrou porque achamos que, por ter sido a primeira música que fizemos, não era bem-feita. Era mais uma brincadeira, destoa do disco, é muito gay. E nosso álbum não é só para esse público. Acabamos lançando-a apenas em single.

Por falar no assunto, algumas letras do SS têm uns toques gay, mas que fazem parte do submundo e dos tipos bizarros narrados nelas.

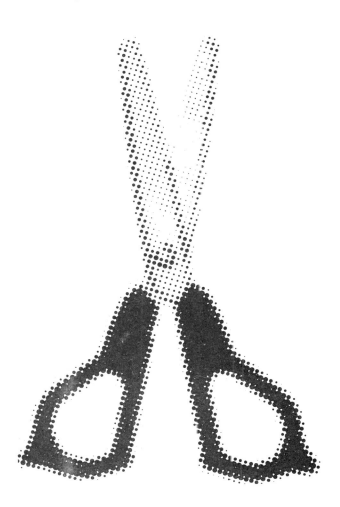

— O disco tem alguns elementos subversivos e alguns integrantes são gays. Mas não fazemos gay music, de forma alguma. Acho que o público nos aceita como uma banda pop ou rock, mainstream até. Estamos em quinto lugar na parada pop inglesa! Não é um disco que você daria para a sua mãe, mas ele tem uma mensagem positiva e abrangente, apesar dos excessos — diz Daddy.

Como rolou de abrir para sir Elton John?

— O próprio Elton nos convidou! Tocamos em duas datas com ele e foi maravilhoso. Aparentemente ele virou um grande fã depois que ouviu o CD.

Aliás, como saiu um disco tão variado, diferente a cada faixa, com vários estilos misturados (tem rock, blues, balada, pop, disco, electro, punk, glam...)?

— Quando criamos o disco, pensamos em fazer de cada faixa um novo desafio, não fazer nada repetido, não cair numa fórmula. Isso foi bem difícil de certa forma. Até decidir qual seria o primeiro single foi bastante duro, pois ele daria uma cara à banda para o público, que nunca nos tinha ouvido ou visto.

E a saída foi boa. O primeiro single foi um cover espetacular para a soturna "Comfortably Numb", do Pink Floyd, que virou uma espécie de música perdida dos Bee Gees, fase *Saturday Night Fever*, disco com falsetto. O que os caras do Floyd acharam?

— Jake é um grande fã do PF e foi quem veio com a idéia. Ele simplesmente começou a cantar a música durante um ensaio e nós fomos acompanhando no ritmo. Aí, ele resolveu gravar. Eles (David Gilmour e Roger Waters) ouviram a músi-ca e gostaram. Nos mandaram até um e-mail elogiando a versão.

Para completar a série de fatos inusitados, o SS é uma banda de Nova York que vive em Londres e seu disco só vai ser lançado nos Estados Unidos (e aqui também) no final de julho! Trocaram de país?

— Na verdade não vivemos em Londres, mas passamos a maior parte do tempo aqui por causa de nossa gravadora, da maior aceitação da banda e dos shows.

"Somos new yorkers, adoramos Nova York, mas as coisas nos levaram a passar mais tempo no Reino Unido. Não fazemos parte da cena de NY, mas somos dela tanto quanto nossa base é americana.

E o que acham de uma bandinha performática de cabaré ter ido para o mainstream tão rapidamente?

— É meio louco. Espero que continue assim, mas que não cresça tanto pra não perder a graça. Desde o começo sabíamos que não queríamos ser mais uma banda underground, mas levar o underground para o mainstream, que estava muito careta. E aconteceu de crianças e velhinhas adotarem nossa música tanto quanto os alternativos. A coisa foi crescendo lentamente, dos clubinhos para os festivais. Já nos apresentamos três vezes no programa *Top of the Pops*!

Depois da Europa, o SS vai para a América, onde faz dois shows com os B-52's em Los Angeles ("Nosso baterista, Paddy Boom, já tocou com Fred Schneider"), e esperam um dia vir ao Brasil:

— Queremos ir ao Brasil e passar um tempo no Rio. Paddy já esteve aí. Depois da turnê vamos cuidar do novo disco. Já estamos compondo as bases e vamos lançá-lo em novembro. (T. L.)

Cronologia

2003

A RIAA (Record Industry Association of America) processa 261 internautas que trocavam músicas pela rede

Madonna beija Britney Spears na boca, durante a cerimônia do MTV Music Awards

Arnold Schwarzenegger é eleito governador da Califórnia

Os Paralamas do Sucesso voltam a se apresentar ao vivo

É fabricado no México o último Fusca

A nave *Columbia* explode durante o pouso, matando todos os sete tripulantes

Em cerimônia na Casa Branca, o brasileiro Alexandre Pires chora ao se encontrar ccm o presidente americano George W. Bush

O avião supersônico Concorde faz seu último vôo, entre Nova York e Londres

Morrem Charles Bronson, Barry White, Capitão Aza, Wally Salomão, Celia Cruz, Robert Palmer, Johnny Cash...

Este livro foi composto na tipologia Cheltenham Light
em corpo 11/13.5 e impresso em papel off-set 90g/m² no Sistema
Cameron da Divisão Gráfica da Distribuidora Record.